Dirk Lippold
Marketing und Vertrieb für Unternehmensberatungen

Dirk Lippold

Marketing und Vertrieb für Unternehmensberatungen

B2B-Marketing im digitalen Wandel

DE GRUYTER
OLDENBOURG

ISBN 978-3-11-137449-9
e-ISBN (PDF) 978-3-11-137492-5
e-ISBN (EPUB) 978-3-11-137502-1

Library of Congress Control Number: 2023950558

Bibliografische Information der Deutschen Nationalbibliothek
Die Deutsche Nationalbibliothek verzeichnet diese Publikation in der Deutschen Nationalbibliografie;
detaillierte bibliografische Daten sind im Internet über http://dnb.dnb.de abrufbar.

© 2024 Walter de Gruyter GmbH, Berlin/Boston
Druck und Bindung: CPI books GmbH, Leck

www.degruyter.com

If you can do it, teach it.

If you can teach it, write about it.

Vorwort

Nur wenige Professionen haben es so hautnah mit den aktuellen Herausforderungen von Wirtschaft und Gesellschaft zu tun wie die der Unternehmensberater. Nur wenige Professionals wissen über Trends in Management, Technologie und Organisation ähnlich gut Bescheid wie Berater. Sie gehören einer Branche an, die sich in den letzten dreißig Jahren zu einer der attraktivsten Industrien entwickelt hat und die deutlich schneller wächst als die Wirtschaft insgesamt.

Tatsache ist aber auch, dass es den meisten Beratungsunternehmen, deren Wurzeln häufig bei Trendsettern, Technikern und Tüftlern zu suchen sind, an Marketing-Kompetenz mangelt. Hier zeigt die Branche – und das betonen auch Insider immer wieder – eine wesentliche strukturelle Schwäche.

Das vorliegende Fachbuch soll dazu beitragen, diese Schwäche zu beheben. Zwar ist auch das beste Marketing nicht in der Lage, schlechte Leistungen nachhaltig und profitabel zu vermarkten. Indes zeigt die Praxis immer wieder, dass es eine Vielzahl von Beratungsleistungen (Service Offerings) gab und gibt, die über fachliche und technologische Wettbewerbsvorteile verfügen, deren Vorzüge der Markt jedoch (noch) nicht honoriert.

Diesen Leistungen eine reelle Vermarktungschance einzuräumen und eine Vorgehensmodell für die entsprechende Chancenwahrnehmung aufzuzeigen, ist das Hauptanliegen der Marketing-Gleichung.

Wie kann aus dem Leistungsangebot des Beratungsunternehmens ein Wettbewerbsvorteil generiert werden, der auch vom Markt bzw. den (potenziellen) Kunden honoriert wird? Dies ist die kritische Frage, die über Erfolg oder Misserfolg der Geschäftstätigkeit entscheidet. Daher sind alle Aktivitäten zur Segmentierung des Marktes, zur Positionierung, Kommunikation, Vertrieb und Akquisition des Leistungsportfolios von erfolgskritischer Bedeutung für das Beratungsgeschäft.

Größere Beratungsgesellschaften haben überdies erkannt, dass das Leistungsprofil durch erfolgreiche Branding-Aktivitäten noch einen zusätzlichen Nutzen erfahren kann, da eine hervorragend eingeführte Marke ein weiteres Differenzierungsmerkmal ist und für eine bestimmte Leistungsqualität steht.

Ich wünsche allen interessierten Lesern viel Freude beim Gewinnen neuer Erkenntnisse über eine Branche, die Marketing als Kernkompetenz und Erfolgsfaktor auf- und ausbauen sollte.

Mein Dank gilt Dr. Stefan Giesen und Herrn André Horn, die mich verlagsseitig bei dem Buchprojekt unterstützt haben.

Zur besseren Lesbarkeit wird für alle Personen das generische Maskulinum verwendet.

Berlin, im November 2023   Dirk Lippold

Inhaltsverzeichnis

1. Sachlich-systematische Grundlegung

Das Marketing ist unbestritten einer der wichtigsten Erfolgsfaktoren der Unternehmensberatung. Roland Berger fokussiert diesen Erfolgsfaktor sogar ausschließlich auf das Branding, also auf eine gut eingeführte Marke [vgl. Berger 2004, S. 10 ff.]. Das scheint aber bei genauerer Betrachtung der Abläufe und Aktivitäten einer Unternehmensberatung zu kurz gegriffen. Im Gegenteil, Marketing und Vertrieb sind die ganz entscheidenden Faktoren einer erfolgreich operierenden Beratungseinheit – wenn auch das Branding, also eine solide Marke, in vielen Fällen die Initialzündung für spätere Aufträge sein kann.

Es soll hier also nicht alleine auf die Initialzündung bei der Auftragsvergabe abgehoben werden, sondern neben den strategischen Marketingaktivitäten – wie Segmentierung und Positionierung als Grundlage der Kommunikation mit dem Kunden – auch die vertrieblichen Aktivitäten – wie das erfolgreiche Akquisitionsgespräch und die Kundenbetreuung – betrachtet werden.

Zur Systematisierung der Wertschöpfungskette Marketing und Vertrieb im Beratungsbereich dient die Marketing-Gleichung. Die sachgerechte Anwendung der Marketing-Gleichung für die Unternehmensberatung liefert:

– Aussagen über Kundennutzen und Kundenvorteil von Beratungsleistungen
– Aussagen über die Segmentierung des Beratungsmarktes
– Aussagen über die wirkungsvolle Positionierung in den ausgewählten Beratungssegmenten
– Aussagen über den Einsatz der klassischen Kommunikationsinstrumente
– Aussagen über den Einsatz der digitalen Kommunikationsinstrumente
– Aussagen über Vertriebsstrukturen des Beratermarktes
– Aussagen über die Effektivität und Effizienz von Akquisitionsprozessen im Beratungsgeschäft
– Aussagen über einen nachhaltigen Betreuungsprozess in der Unternehmensberatung.

1.1 Marktorientierte Unternehmensplanung

Eine erfolgversprechende Marketing- und Vertriebskonzeption ist auch immer Teil der Unternehmenskonzeption, in deren Mittelpunkt die marktorientierte Unternehmensplanung stehen sollte. Die Abfolge des Planungsprozesses orientiert sich an folgenden Phasen [vgl. Lippold 2015a, S. 33 ff. sowie dazu auch Bidlingmaier 1973, S. 16 ff.]:

• **Situationsanalyse** (Wo stehen wir?)
• **Zielsetzung** (Wo wollen wir hin?)
• **Strategie** (Wie kommen wir dahin?)
• **Mix** (Welche Maßnahmen müssen dazu ergriffen werden?)

1.1.1 Bezugsrahmen und Planungsprozess

Eine erfolgversprechende Unternehmenskonzeption ist im ersten Schritt das Ergebnis einer systematischen Umwelt- und Unternehmensanalyse. Eine solche Analyse identifiziert und bewertet die Chancen und Risiken der relevanten Märkte einerseits sowie die Stärken und Schwächen des Beratungsunternehmens andererseits.

Die Verdichtung und Verzahnung dieser Daten und Informationen führt zum sogenannten **konzeptionellen Kristallisationspunkt**, der den Ausgangspunkt für Zielbildung, Strategiewahl und Vorgehensmodell sowie für den auszuwählenden Maßnahmen-Mix darstellt [vgl. Becker 2009, S. 92 f.].

In Abbildung 1-01 sind die Zusammenhänge zwischen Umwelt- und Unternehmensanalyse sowie Unternehmensplanung dargestellt.

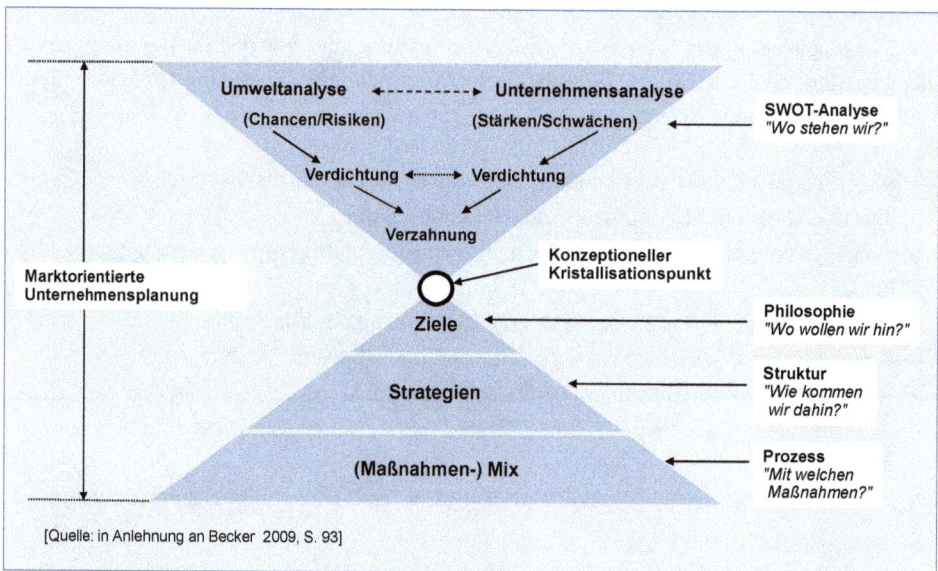

[Quelle: in Anlehnung an Becker 2009, S. 93]

Abb. 1-01:   Marktorientierte Unternehmensplanung

Da die relevanten Märkte einer Unternehmensberatung keine statischen Gebilde sind, sondern *dynamische* Strukturen aufweisen, gibt es auch nicht *ein* Unternehmenskonzept und damit auch nicht *ein* Erfolgsrezept für das Beratungsmanagement, sondern verschiedene Optionen, um auf die unterschiedlichen Rahmenbedingungen zu reagieren.

Mit Abbildung 1-01 ist zugleich auch die Grundlage für den generellen *Bezugsrahmen einer marktorientierten Unternehmensplanung* gelegt.

In Insert 1-01 ist ein Blogbeitrag wiedergegeben, der diese „Sanduhr" mit einzelnen Maßnahmen am Beispiel für Start-ups „mit Leben füllt". An dem Beispiel wird auch die besondere Bedeutung des konzeptionellen Kristallisationspunkts deutlich.

┌─ Insert ───┐

Was ist eigentlich der konzeptionelle Kristallisationspunkt?

Der Weg zu einer Gewinnerstrategie führt für Start-ups nur über den konzeptionellen Kristallisationspunkt. Gerade bei diesen jungen und noch kleinen Unternehmen, deren Wurzeln in den allermeisten Fällen bei Technikern und Tüftlern zu finden sind, zeigt sich im Bereich der strategischen Planung eine wesentliche strukturelle Schwäche. Eine Schwäche, die sich durch einige wenige Grundüberlegungen und deren Konsequenzen leicht beheben lässt. Im Mittelpunkt steht dabei der konzeptionelle Kristallisationspunkt, der den gezielten Übergang von der heutigen Situation („Present State") zur gewünschten zukünftigen Situation („Future State") beschreibt.

Der konzeptionelle Kristallisationspunkt ist somit das Zentrum einer gezielten Auseinandersetzung mit einem geordneten **Planungsprozess** als Grundlage einer **nachhaltigen Unternehmensstrategie**. Prinzipiell lässt sich jeder Planungsprozess – und so auch die Unternehmensplanung – in vier Schritten beschreiben:
Im ersten Schritt (Wo stehen wir?) geht es um eine Analyse der Ausgangssituation des Unternehmens. Diese Situationsbeschreibung lässt sich unterteilen in die (externe) **Umfeldanalyse** und in die (interne) **Unternehmensanalyse**. In der Umweltanalyse werden Chancen und Gefahren herausgearbeitet. Bei der Unternehmensanalyse stehen die Stärken und Schwächen in Vordergrund. Diese Vorgehensweise ist uns allen als **SWOT-Analyse** bekannt. Wichtig ist aber, die richtigen Schlüsse aus solch einer Analyse zu ziehen. Dazu müssen die in der Analysephase gewonnenen Daten und Informationen **verdichtet und verzahnt** werden.
Der Verdichtungs- und Verzahnungsprozess, der zudem auch eine Gewichtung und abschließende Bewertung der Datenlage beinhalten muss, führt zum **konzeptionellen Kristallisationspunkt**. Er bildet den Ausgangspunkt für die anschließende Zielbildung (2. Schritt), Strategiewahl (3. Schritt) und Maßnahmen-Mix (4. Schritt). Der konzeptionelle Kristallisationspunkt ist so bedeutungsvoll, weil hier Analysedaten zu Ziel- und Strategiedaten umgeformt werden müssen. Er bildet also die Brücke zwischen „Wo stehen wir?" und „Wo wollen wir hin?"

Gerade in **jungen Firmen** wird dieser Punkt entweder unterschätzt oder gar übersehen – ein Phänomen mit häufig existenziellen Konsequenzen. Diese Leichtfertigkeit hat vielfältige Ursachen, von denen hier nur drei genannt werden sollen:
* Scheinbar niedrige Markteintrittsbarrieren in neuen Marktsegmenten ermöglichen es nahezu jedem Entwickler oder Tüftler seine Idee auftragsunabhängig anzugehen. Der Misserfolg ist vorprogrammiert.
* Die eigenen Möglichkeiten und Ressourcen bei Marketing und Vertrieb werden häufig überschätzt.
* Der ursprünglich veranschlagte Kosten- und Zeitaufwand für Produktentwicklung und -einführung wird regelmäßig überschritten.

Generell ist es also eine falsche Einschätzung dessen, was es für **Start-ups** bedeutet, neue Produkte profitabel zu entwickeln und zu vermarkten. Umso wichtiger ist es, die Meilensteine für den Entwicklungs- und Vermarktungsprozess ständig im Auge zu behalten. Dazu ist es erforderlich, sich immer wieder die beiden Fragen „Wo stehen wir" und „Wo wollen wir hin?" zu stellen. Und die **Brücke** zwischen den beiden Fragen bildet der konzeptionelle Kristallisationspunkt.
Fazit: Aus der Analysephase kommt man in die anschließende Ziel-, Strategie- und Maßnahmenphase nur über den konzeptionellen Kristallisationspunkt.

[Quelle: Lippold 2022]

└──┘

Insert 1-01:   Der konzeptionelle Kristallisationspunkt

Abbildung 1-02 zeigt diese vier Phasen als generellen Bezugsrahmen der marktorientierten Unternehmensplanung.

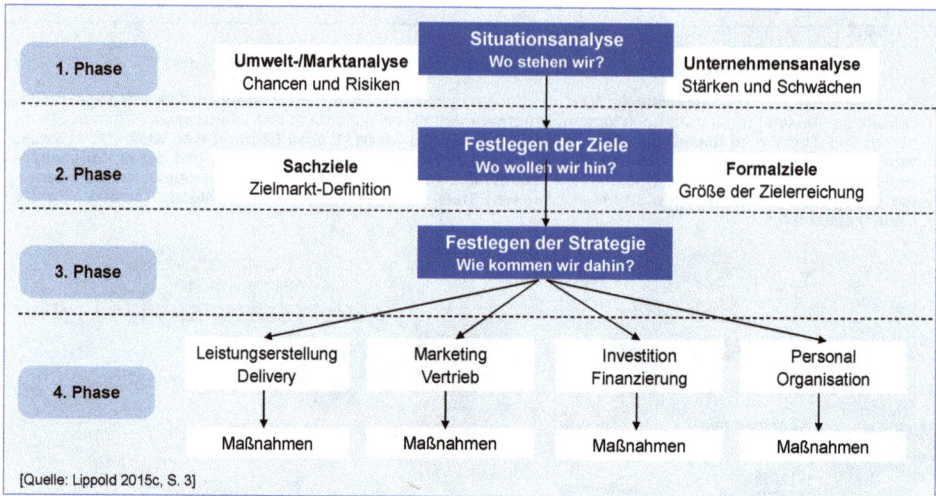

[Quelle: Lippold 2015c, S. 3]

Abb. 1-02:   Bezugsrahmen der Unternehmensplanung

In der ersten Phase geht es um die **Situationsanalyse**, d.h. um eine Analyse der wesentlichen *externen* und *internen* Einflussfaktoren auf das Beratungsunternehmen. Die Situationsanalyse gliedert sich in die Umweltanalyse (engl. *External Analysis*) und in die Unternehmensanalyse (engl. *Self Analysis*) [vgl. Aaker 1984, S. 47 ff. und S. 113 ff.].

- Die **Umweltanalyse** betrachtet wichtige unternehmensexterne Rahmenbedingungen und ihre Auswirkungen auf das Unternehmens- und Marketingumfeld.

- Die **Unternehmensanalyse** liefert eine systematische Einschätzung und Beurteilung der strategischen, strukturellen und kulturellen Situation des Unternehmens.

Das Ergebnis der Analysephase, die in der Praxis regelmäßig als **SWOT-Analyse** *(Strengths, Weaknesses, Opportunities, Threats)* durchgeführt wird, ist eine Darstellung der Ausgangssituation. An die umwelt- und unternehmensanalytisch aufbereitete Situationsanalyse schließt sich der Zielbildungsprozess als zweite Phase an. Hier werden die wesentlichen Zielgruppen, das Leistungsangebot der Unternehmensberatung und die zum Einsatz kommenden Ressourcen vorgeplant.

In der dritten Phase wird auf der Grundlage des unternehmerischen Zielsystems die **Strategie** festgelegt. Sie hat die Aufgabe, Entscheidungen für die wichtigsten Unternehmensfunktionen (z. B. Leistungserstellung/Delivery, Marketing/Vertrieb, Investition/Finanzierung, Personal/ Organisation) und den entsprechenden Ressourceneinsatz zu kanalisieren und Erfolgspotenziale aufzubauen bzw. zu erhalten.

In der vierten Phase des Planungsprozesses geht es darum, für die einzelnen **Aktionsfelder** der Unternehmensberatung einen **Handlungsrahmen** zu entwickeln, in dem die für das operative Handeln relevanten Maßnahmen und Prozesse zusammengefasst und im Sinne bestimmter Anforderungskriterien optimiert werden können. Dieser Handlungsrahmen, der auf der Wertschöpfungsstruktur einer Unternehmensberatung aufbaut, bildet den Hauptgegenstand dieses Lehrbuchs und wird im folgenden Abschnitt einführend behandelt.

1.1.2 Das Zielsystem der Unternehmensberatung

Nachdem die externen und internen Einflussfaktoren der Unternehmensberatung analysiert und ggf. Verbesserungspotenziale identifiziert sind, ist der *konzeptionelle Kristallisationspunkt* (siehe Abschnitt 2.1.1) erreicht. Im nächsten Schritt muss erarbeitet werden, wie und mit welchen Inhalten das Beratungsgeschäft betrieben werden soll. Dabei sind definierte Ziele unerlässlich: Sie steuern die Aufmerksamkeit aller Beteiligten in eine einheitliche Richtung und helfen ihnen dabei, ihre Aktivitäten zu fokussieren und untereinander abzustimmen. Formal und inhaltlich werden verschiedene Zielvorstellungen unterschieden. Der Aufbau eines solchen Zielsystems lässt sich aus Gründen der Anschauung als eine Art Pyramide darstellen, in der gleichzeitig eine hierarchische Ordnung zum Ausdruck kommt.

An der Spitze der Zielpyramide steht die *Unternehmensphilosophie* mit den allgemeinen Wertvorstellungen (engl. *Basic Beliefs*), die im Sinne eines *„Grundgesetzes"* Ausdruck dafür sind, dass Unternehmen neben ihrer einzelwirtschaftlichen Verantwortung auch eine gesamtwirtschaftliche Aufgabe zukommt [vgl. Becker 2009, S. 29]. Die allgemeinen Wertvorstellungen eines Unternehmens bilden den Rahmen für die *Unternehmenskultur*, die *Unternehmensidentität,* die *Unternehmensleitlinien* sowie die Grundlagen für den *Unternehmenszweck*.

Den eigentlichen Kern des Zielsystems bilden die *Unternehmensziele*, die dann weiter in Teilziele (z. B. Funktions- oder *Aktionsbereichsziele, Aktionsfeldziele* etc.) heruntergebrochen werden. Abbildung 1-03 gibt einen Überblick über das hierarchische Zielsystem des Unternehmens.

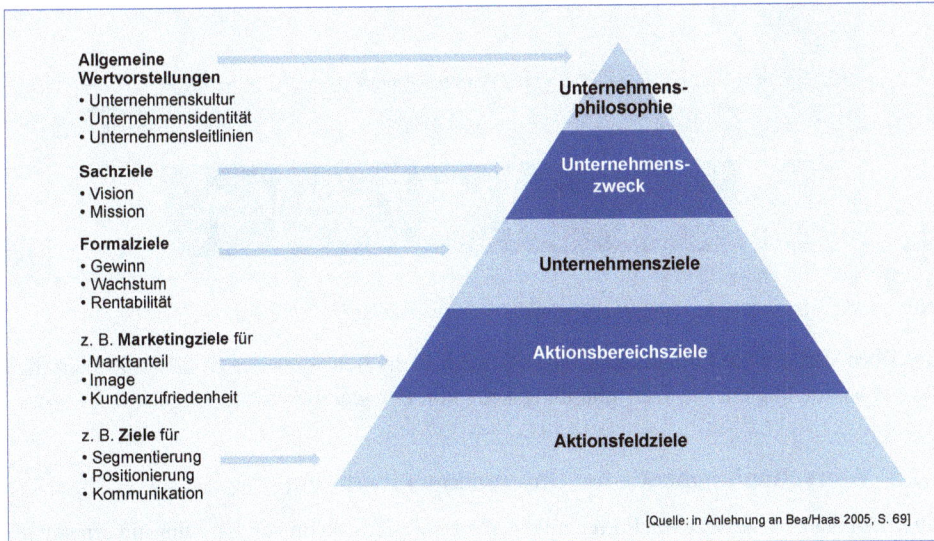

Abb. 1-03:   Die Zielpyramide des Unternehmens

Bevor auf die Komponenten der Unternehmensphilosophie näher eingegangen wird, sollen zunächst die wichtigsten Überlegungen zu Unternehmensführung, Unternehmensverfassung und Unternehmenseigentümer vorgestellt werden.

1.2 Wertschöpfungskette

1.2.1 Wertschöpfungskette nach Porter

Die Wertschöpfungskette (Wertkette) eines Unternehmens umfasst die Wertschöpfungsaktivitäten in der Reihenfolge ihrer operativen Durchführung. Diese Tätigkeiten schaffen Werte, verbrauchen Ressourcen und sind in Prozessen miteinander verbunden. Die in Abbildung 1-04 gezeigte Darstellung der Wertschöpfungskette geht auf Michael E. Porter [1986] zurück und unterscheidet *Primär*aktivitäten und *Sekundär*aktivitäten:

- **Primäraktivitäten** *(Kern- oder Hauptprozesse)* sind Eingangslogistik, Produktion, Ausgangslogistik, Marketing und Vertrieb sowie Kundendienst.

- **Sekundäraktivitäten** *(Unterstützungsprozesse)* stellen Beschaffung, Forschung und Entwicklung, Personalmanagement und Infrastruktur dar.

Aus der Kostenstruktur und aus dem Differenzierungspotenzial aller Wertaktivitäten lassen sich bestehende und potenzielle Wettbewerbsvorteile eines Unternehmens ermitteln. Durch die „Zerlegung" eines Unternehmens in seine einzelnen Wertschöpfungsaktivitäten kann jeder Prozess auf ihren aktuellen und ihren potenziellen Beitrag zur Wettbewerbsfähigkeit des Unternehmens hin durchleuchtet werden [vgl. Porter 1986, S. 19].

Abb. 1-04:   Wertschöpfungskette für Industriebetriebe nach PORTER

Das oben dargestellte Grundmodell von Porter bezieht sich in seiner Systematik allerdings schwerpunktmäßig auf die Wertschöpfungskette von *Betrieben des verarbeitenden Gewerbes*.

1.2.2 Wertschöpfungskette der Unternehmensberatung

Überträgt man den Ansatz von Porter auf die Wertschöpfungskette von Beratungsunternehmen, so ergibt sich ein grundsätzlich anderes Bild. Allerdings ist vorauszuschicken, dass es *den* Wertschöpfungsprozess einer Unternehmensberatung gar nicht gibt. Zu unterschiedlich sind die Ausprägungen der Beratungsunternehmen mit ihren einzelnen Wertketten. So sieht der Wertschöpfungsprozess einer Managementberatung anders aus als der eines IT-Beratungsunternehmens und die Wertkette einer lediglich national agierenden Logistikberatung ist unterschiedlich zu der einer internationalen aufgestellten Outsourcing-Beratung. Ein idealtypischer (weil linearer und einfacher) Wertschöpfungsprozess, an dem entlang ein Beratungsunternehmen seine Wertaktivitäten organisiert, ist:

- Akquisition,
- Projektplanung,
- Ressourcenbeschaffung und -einsatz,
- Projektabwicklung und
- Nachfolgeaufträge.

Mit dieser zeitlichen Abfolge ist aber noch nicht die eigentliche (vernetzte) Struktur der Haupt- bzw. Kernprozesse einer (typischen) Unternehmensberatung wiedergegeben. Der Prozess *Akquisition* ist beispielsweise im Hauptprozess *Marketing/Vertrieb* eingebettet und der Prozess *Ressourcenbeschaffung* stellt zweifellos einen wichtigen Teil(prozess) des Hauptprozesses *Personalmanagement* dar. In Abbildung 1-05 sind diese Beziehungen derart dargestellt, dass sich daraus folgende **Haupt- bzw. Kernprozesse** *(Primäraktivitäten)* einer typischen Wertschöpfungsstruktur für Beratungsunternehmen ableiten lassen:

- Beratung (Leistungserstellung/Delivery),
- Marketing/Vertrieb und
- Personalmanagement.

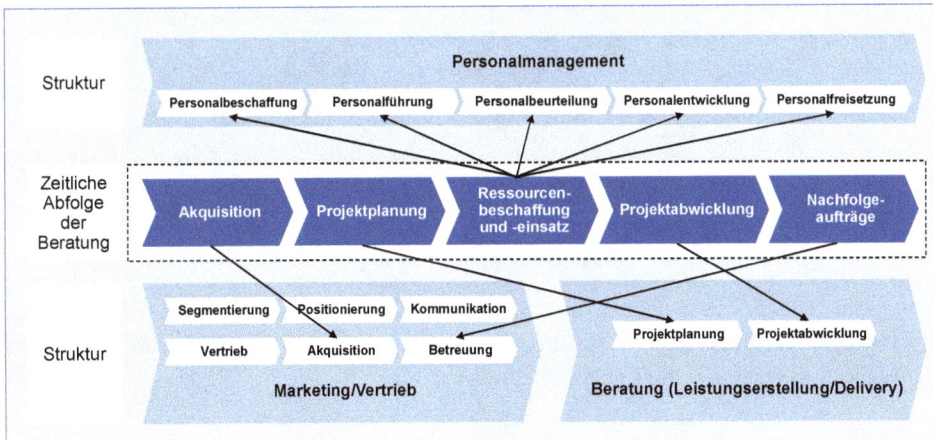

Abb. 1-05: Zeitliche Abfolge und Struktur der Kernprozesse im Beratungsgeschäft

Diese drei Primäraktivitäten bilden zugleich auch die zentralen *Kapitel 3, 4 und 5* dieses Lehrbuchs. Es handelt sich dabei um die direkt wertschöpfenden Prozesse, die die Kundenzufriedenheit beeinflussen und Differenzierungsmerkmale gegenüber dem Wettbewerb besitzen. Die **sekundären Aktivitäten** sind nicht wertschöpfend und können nochmals in Führungs- und in Unterstützungsprozesse unterteilt werden.

Zu den **Führungsprozessen** sollen hier folgende Aktivitäten gezählt werden:

- Strategisches Management und
- Controlling.

Die Unterstützungsprozesse, die für die Ausübung der Hauptprozesse notwendig sind, lassen sich unterteilen in:

- Unternehmensinfrastruktur (Finanz- und Rechnungswesen, IT-Support etc.)
- Wissensmanagement (engl. *Knowledge Management*)
- (Beratungs-)Produkt- und Toolentwicklung
- Qualitätsmanagement (engl. *Quality Management*).

Die Unterstützungsaktivitäten liefern somit einen *indirekten* Beitrag zur Erstellung der Beratungsleistung. Abbildung 1-06 liefert einen Gesamtüberblick über die (typischen) Haupt-, Führungs- und Unterstützungsprozesse einer Unternehmensberatung.

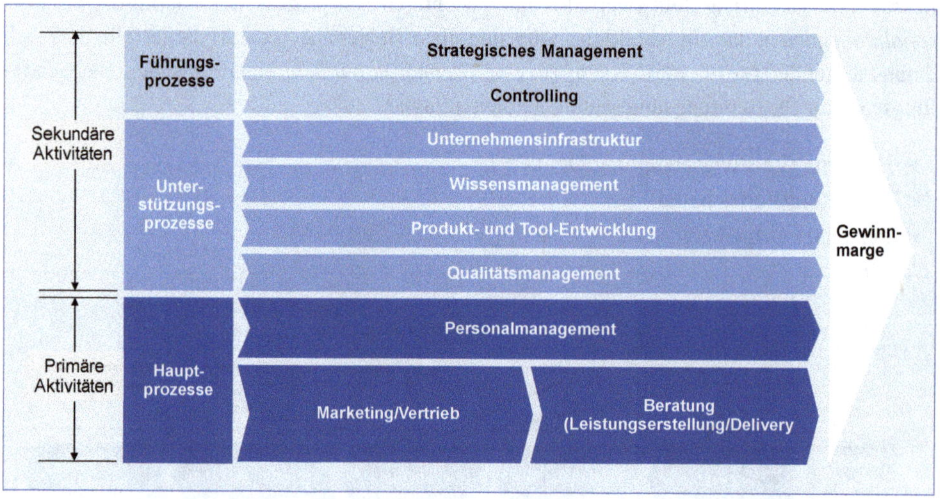

Abb. 1-06: Wertschöpfungskette für Beratungsunternehmen

Sowohl die Hauptprozesse als auch die Prozesse der Sekundäraktivitäten lassen sich unterteilen in Prozessphasen, Prozessschritte etc. Prozesse können so auf unterschiedlichen Ebenen in verschiedenen Detaillierungsgraden betrachtet werden.

1.2.3 Marketing-Wertschöpfungskette der Unternehmensberatung

Die Aufgaben von „Marketing und Vertrieb" zählen zu den Primäraktivitäten und damit zu den Kernprozessen einer Unternehmensberatung. Die Primäraktivitäten lassen sich nun – ebenso wie die Prozesse der Sekundäraktivitäten – weiter unterteilen in Prozessphasen, Prozessschritte etc.

Für die erste Unterteilung in Prozessphasen erhält man das in Abbildung 1-07 dargestellte Schema.

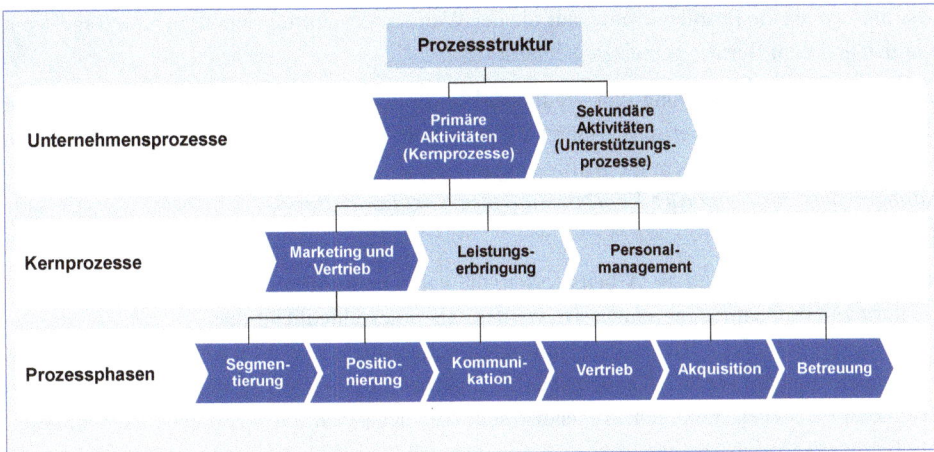

Abb. 1-07: Prozessstruktur der Marketing-Wertschöpfungskette in der Beratung

1.3 Die Marketing-Gleichung für Unternehmensberatungen

Die Idee der Marketing-Gleichung beruht auf zwei Grundüberlegungen. Zum einen ist es die Darstellung und Analyse der **Wertschöpfungs- und Prozessketten** eines Unternehmens, zum anderen ist es die Erkenntnis, dass nur der vom Markt honorierte **Wettbewerbsvorteil** maßgebend für den nachhaltigen Gewinn eines Unternehmens ist.

1.3.1 Entstehung von Wettbewerbsvorteilen im Beratungsgeschäft

Die zentrale Marketing-Überlegung ist es, die Vorteile des eigenen Unternehmens auf die Bedürfnisse vorhandener und potenzieller Kunden auszurichten. Die Bestimmungsfaktoren dieser Vorteile sind für die Unternehmensberatung das Leistungsportfolio, die besonderen Fähigkeiten und Erfahrungen, die genutzten Tool- und Know-how-Komponenten sowie die Innovationskraft, kurzum: die eingesetzte Problemlösungs- bzw. **Beratungstechnologie,** die die **Differenzierungsvorteile** und damit das Akquisitionspotenzial des Beratungsunternehmens ausmacht. Bereits Wroe Alderson, einer der herausragenden Marketing-Theoretiker des 20. Jahrhunderts, nimmt in seinem umfassenden Entwurf zu einer generellen Marketing-Theorie die zentrale Idee zur Erzielung von Wettbewerbsvorteilen vorweg:

„Der Ansatz der Differenzierungsvorteile, ..., geht davon aus, dass niemand in einen Markt eintritt, wenn er nicht die Erwartung hat, einen gewissen Vorteil für seine Kunden bieten zu können und dass Wettbewerb in dem dauernden Bemühen um die Entwicklung, Erhaltung und Vergrößerung solcher Vorteile besteht." [Alderson 1957, S. 106 zit. nach Kuß 2013, S. 233].

Die spezifische Besonderheit im Beratungsgeschäft liegt nun darin, dass ein nicht unbeträchtlicher Teil des Wettbewerbsvorteils nicht nur von der Technologie des Beraters, sondern auch von der verfügbaren Technologie und den Mitarbeitern des jeweiligen Kundenunternehmens bestimmt ist, da die Problemlösung, auf die der Wettbewerbsvorteil abzielt, in aller Regel vom Kunden und dem Berater gemeinsam erstellt wird.

Wie lässt sich die Entstehung von Wettbewerbsvorteilen bzw. des Akquisitionspotenzials im Beratungsgeschäft (theoretisch) erklären? Hierzu soll in Anlehnung an Christian Schade ein Vektorenmodell dienen, dem die Auffassung zugrunde liegt, *„dass sich ein idealtypisches Beratungsprojekt als temporäre Koproduktion durch ungleiche Partner auffassen lässt"* [Schade 2000, S. 68].

In diesem Modell werden die Arbeitsweisen, die von Kundenmitarbeitern und Unternehmensberatern zur Problemlösung eingesetzt werden, als unterschiedliche lineare *Problemlösungstechnologien* aufgefasst. Beide Problemlösungstechnologien kommen zum Einsatz, d. h. die Problemlösung wird von den Kunden und den Unternehmensberatern gemeinsam erstellt. Diese Technologien stellen Vektoren in einem Raum dar, der durch nutzenstiftende Eigenschaften des Beratungsergebnisses beschrieben wird. Dazu zählen bspw. die Breite (Anzahl der untersuchten Unternehmensfunktionen) oder Tiefe (Detaillierungsgrad) der erarbeiteten Problemlösung. Wettbewerbsvorteile ergeben sich nun aus der *Passform* der Technologien in Verbindung mit dem Verlauf der Indifferenzkurven der Nutzenfunktion des Kunden, die das unterschiedlich erreichbare *Nutzenniveau* darstellen. In Abbildung 1-08 sind vier Technologien abgebildet: die Beratungstechnologien dreier konkurrierender Unternehmensberater A, B und C sowie die (vorhandene) Technologie des Kunden.

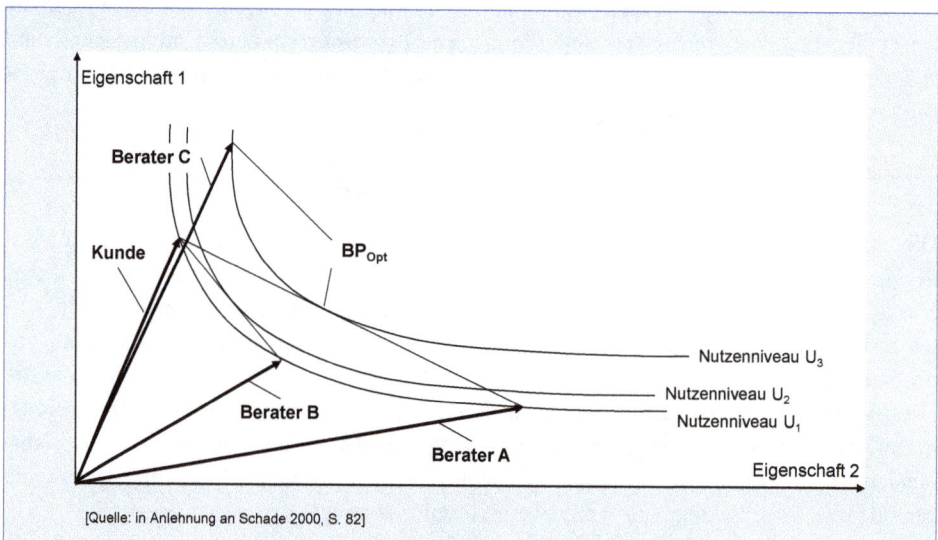

[Quelle: in Anlehnung an Schade 2000, S. 82]

Abb. 1-08:   Darstellung von Wettbewerbsvorteilen im Vektorenmodell

Betrachtet man zunächst den jeweils alleinigen Einsatz der Technologien des Kunden sowie der Berater A und B, so erreichen sie für den Kunden jeweils dasselbe Nutzenniveau U_1. Auf diese Weise ist weder ein Wettbewerbsvorteil für Berater A oder B zu erkennen, noch ist begründbar, warum überhaupt ein Berater eingesetzt werden soll. Betrachtet man jedoch den gleichzeitigen Einsatz der Kundenmitarbeiter *und* eines Unternehmensberaters, so ist die Zusammenarbeit mit einem Berater durchaus sinnvoll und vorteilhaft: Es liegt eine Nutzensynergie vor. Während der Kunde durch eine Zusammenarbeit mit dem Berater A ein Nutzenniveau

U_3 erreichen kann, führt die Kooperation mit dem Berater B lediglich zu einem Nutzenniveau von U_2. Berater A verfügt also über einen (fachlichen) Wettbewerbsvorteil [vgl. Schade 2000, S. 83].

Der wesentliche Aspekt des Ergebnisses besteht nun darin, dass gerade Berater B, dessen Beratungstechnologie fast genau die gleiche Eigenschaftsmischung wie die des optimalen Beratungsprojektes BP_{opt} aufweist, nicht zum Zuge kommt. Vielmehr wird deutlich, dass Wettbewerbsvorteile vor allem dadurch erreicht werden können, dass sich die Technologien zwischen Unternehmensberatern und Kundenunternehmen ergänzen. Die Betrachtung der reinen Eignung unterschiedlicher Berater im Hinblick auf das zu lösende Problem ist also häufig „zu kurz gesprungen", um die Wettbewerbsvorteile im Beratungsgeschäft zu verstehen.

Das Beispiel in Abbildung 1-08 zeigt vielmehr, dass sich ein hohes Nutzenniveau und damit Wettbewerbsvorteile in Folge erst durch das *Matching unterschiedlicher Technologien* ergeben. Ein ähnlich hohes Nutzenniveau kann in dem Beispiel nur noch der Berater C erreichen, der zwar (nur) über eine Technologie mit nahezu identischer Eigenschaftsmischung wie das Kundenunternehmen verfügt, der diese Technologie aber deutlich besser beherrscht und damit einen Wettbewerbsvorteil gegenüber anderen Beratern generiert. Somit sind es zwei Arten von Wettbewerbsvorteilen, die durch das Vektorenmodell aufgezeigt werden können: zum einen eine Beratungstechnologie, die relativ weit von der verfügbaren Technologie des Kundenunternehmens angesiedelt ist und durch ein Matching zu einem hohen Nutzenniveau führt, zum anderen durch eine Beratungstechnologie, die zwar in die gleiche Richtung wie die Technologie des Kunden zeigt, die dieser aber deutlich überlegen ist.

1.3.2 Konzeption, Aufbau und Elemente der Marketing-Gleichung

Dieser **Wettbewerbsvorteil** (an sich), der durch das unterschiedliche Nutzenniveau bestimmt wird, ist aber letztlich ohne Bedeutung, wenn er nicht auch von den Kundenunternehmen wahrgenommen wird. Erst die Akzeptanz im Markt sichert den nachhaltigen Gewinn. Genau diese Lücke zwischen dem Wettbewerbsvorteil *an sich* und dem vom Markt *honorierten* Wettbewerbsvorteil gilt es zu schließen. Damit sind gleichzeitig auch die beiden Pole aufgezeigt, zwischen denen die Marketing-Wertschöpfungskette einzuordnen ist. Eine Optimierung des Marketingprozesses führt somit zur Schließung der Lücke [vgl. Lippold 2010a, S. 3 f.].

Voraussetzung für die angestrebte Optimierung ist, dass der Marketingprozess in seine Aktionsfelder *Segmentierung, Positionierung, Kommunikation, Vertrieb, Akquisition* und *Betreuung* zerlegt wird und diese jeweils einem zu optimierenden **Kundenkriterium** („Variable") zugeordnet werden:

- **Segmentierung** zur Optimierung des Kundennutzens
- **Positionierung** zur Optimierung des Kundenvorteils
- **Kommunikation** zur Optimierung der Kundenwahrnehmung
- **Vertrieb** zur Optimierung der Kundennähe
- **Akquisition** zur Optimierung der Kundenakzeptanz
- **Betreuung** zur Optimierung der Kundenzufriedenheit

Entsprechend lässt sich folgende Gleichung im Sinne einer Identitätsbeziehung ableiten:

Honorierter Wettbewerbsvorteil = fachlicher Wettbewerbsvorteil + Kundennutzen + Kundenvorteil + Kundenwahrnehmung + Kundennähe + Kundenakzeptanz + Kundenzufriedenheit

Dabei geht es nicht um eine mathematisch-deterministische Auslegung des Begriffs „Gleichung". Angestrebt wird vielmehr der Gedanke eines herzustellenden *Gleichgewichts* (und *Identität*) zwischen dem Wettbewerbsvorteil an sich und dem vom Kunden honorierten Wettbewerbsvorteil. Mit anderen Worten, hinter dieser Begriffsbildung steht die These, dass das Gleichgewicht durch die Addition der einzelnen, an Kundenkriterien ausgerichteten Aktionsfelder erreicht werden kann [vgl. Lippold 1998, S. 9 f.].

Zur Veranschaulichung dieser Gleichgewichtsbeziehung dient die in Abbildung 1-09 vorgenommene Darstellung in Form einer Waage.

Abb. 1-09: Marketing-Waage

Der ganzheitliche Ansatz der Marketing-Gleichung, der die einzelnen Aktionsfelder in einen zeitlichen und inhaltlichen Wirkungszusammenhang stellt, ist zudem in Abbildung 1-10 dargestellt. In dieser Abbildung wird auch deutlich, dass die einzelnen Aktionsfelder zugleich die Hauptprozessphasen der Vermarktung darstellen.

Abb. 1-10: Die Marketing-Gleichung im Überblick

1.3.3 Organisatorische Implikationen

Mit der Marketing-Gleichung liegt ein praxisorientierter Ansatz vor, der auf eine (mehr theoretische) Trennung von Strategie und Mix verzichtet, gleichwohl aber ein Vorgehensmodell und einen Handlungsrahmen für die zielgerichtete Maßnahmenplanung und den entsprechenden Mitteleinsatz darstellt. Auf dem Fundament der Marketing-Gleichung werden für jede Prozessphase die entscheidenden Aktionsparameter und Werttreiber sichtbar gemacht. Gleichzeitig zeigt die Marketing-Gleichung sehr deutlich, welche Wertschöpfungsphasen aus organisatorischer Sicht dem Marketingmanagement und welche dem Vertriebsmanagement zugerechnet werden (siehe Abbildung 1-11).

Danach sind die Phasen *Segmentierung* und *Positionierung* organisatorisch dem strategischen Marketing und die Phase *Kommunikation* dem operativen Marketing zuzuordnen. Die Phasen *Vertrieb*, *Akquisition* und *Betreuung* sind dagegen Domänen des Vertriebsmanagements.

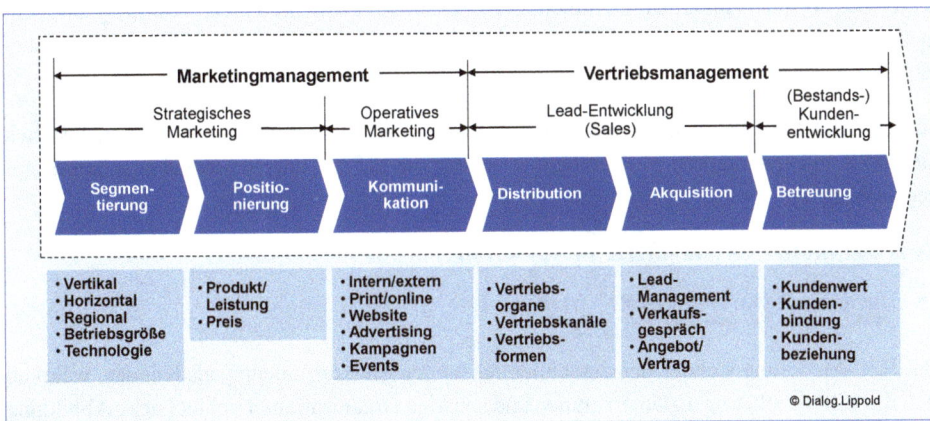

Abb. 1-11:   Systematik der Marketing-Gleichung

Die Durchführung der Akquisition, also des persönlichen Verkaufs, obliegt in funktionaler Hinsicht der Verantwortung der Verkaufsorganisation. Hier kommt die in der Praxis übliche organisatorische Trennung zwischen Marketing und Vertrieb zum Ausdruck – und zwar sowohl im B2C- als auch im B2B-Marketing.

So wird das **Marketing von Konsumgütern** vom Produkt- oder Brandmanagement unter Federführung der Marketingleitung wahrgenommen. Die sehr personal- und kostenintensive Verkaufsorganisation, deren Kern sich aus Reisenden und Handelsvertretern des Außendiensts zusammensetzt, ist dagegen dem Vertriebsleiter unterstellt. Um das Kundenpotenzial bei Großkunden (z. B. Warenhäuser oder Ketten) optimal ausschöpfen zu können (Achtung: B2B-Anteil der Konsumgüterhersteller), sind Key Account Manager in Verbindung mit Category Managern ebenfalls der Vertriebsleitung zugeordnet [vgl. Runia et al. 2011, S. 286].

Im **B2B-Marketing** hängt – mehr noch als im B2C-Bereich – die konkrete Ausgestaltung von Marketing und Sales von der Größe des Unternehmens, der Beratungs- und Erklärungsbedürftigkeit der Produkte und Dienstleistungen und der individuellen Kundenstruktur ab. Während die strategischen Marketingfragen zumeist in der Geschäftsführung (teilweise mit externer Unterstützung von Beratern oder des Marketing) behandelt werden, liegen die operativen

Marketingaufgaben mit dem Kampagnen- und Event-Management vollständig in der Verantwortung der Marketingleitung. Das Lead- und Kundenmanagement ist – mit Unterstützung der Key-Account-Manager – wiederum der Vertriebsleitung zugeordnet.

1.4 Abgrenzung zwischen B2C- und B2B-Marketing

Neben der methodisch wichtigen Einführung in die Marketing-Gleichung ist noch ein weiterer Aspekt zu berücksichtigen: die **Zuordnung des Marketing von Unternehmensberatungen zum Business-to-Business (B2B-)Marketing**. Diese Zuordnung ist deshalb von Bedeutung, weil die gängige Zuordnung des Beratungsmarketing zum *Dienstleistungsmarketing* eine weitgehend homogene Gestaltung der Marketingaktivitäten nicht leisten kann und daher aus Marketing-Sicht nicht zielführend ist. Das ist darauf zurückzuführen, dass sich der Dienstleistungssektor aus so unterschiedlichen Anbietern wie Banken, Versicherungen, Transportunternehmen, Steuerberatungen, Reinigungsunternehmen, Gaststätten und eben auch Unternehmensberatungen zusammensetzt.

Nicht zuletzt diese *Inhomogenität* des Dienstleistungsbereichs hat wohl dazu geführt, dass sich die Praxis an einer Marketing-Typologie orientiert, die auf den unterschiedlichen Käufergruppen aufbaut:

- **Business-to-Consumer (B2C) – Marketing**
- **Business-to-Business (B2B) – Marketing**

Das B2C-Marketing wendet sich ausschließlich an den Endkonsumenten als Kunden, während sich das B2B-Marketing an Unternehmen und sonstige Organisationen richtet (siehe Abbildung 1-12).

Die **Stellung des Kunden im Wirtschaftsablauf** ist somit das wesentliche Unterscheidungskriterium zwischen B2C und B2B. Mit dieser Einteilung lässt sich das unterschiedliche Kaufverhalten der einzelnen Käufergruppen dahingehend systematisieren, dass es typenübergreifend eine differenzierte, innerhalb eines Typs aber weitgehend einheitliche Ausrichtung der Marketingaktivitäten zulässt. Konkret bedeutet dies, dass sich die Marketing-Konzeptionen von Unternehmen des B2C-Bereichs teilweise grundsätzlich von denen der Unternehmen des B2B-Bereichs unterscheiden, sich innerhalb der jeweiligen Bereiche aber weitgehend ähneln.

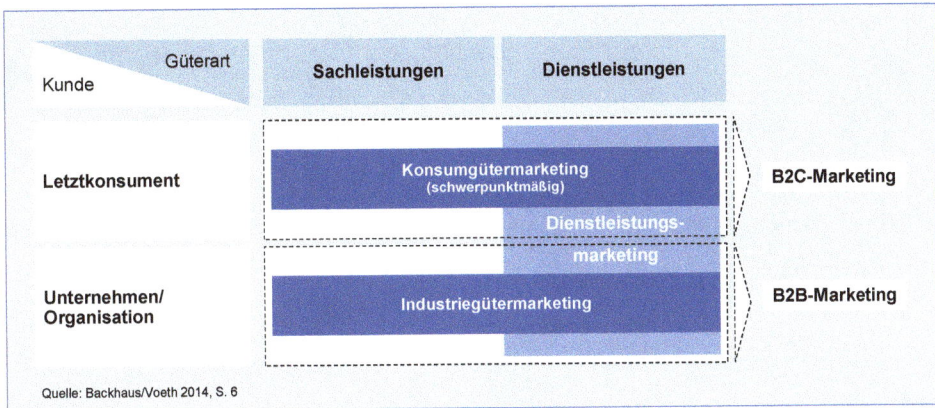

Abb. 1-12:   Abgrenzung B2C- und B2B-Marketing

Das Konsumgütermarketing ist auf Endverbraucherebene nahezu ausnahmslos dem B2C-Marketing zuzuordnen. Die Bedarfsdeckung von Unternehmen und Organisationen mit Ver- und Gebrauchsgütern (z. B. für Betriebskantinen) kann vernachlässigt werden.

Ebenso eindeutig ist die Zuordnung der Vermarktungsaktivitäten des Industriegüterbereichs zum B2B-Marketing, das ohnehin den Begriff des Industriegütermarketing zunehmend ersetzt. B2B-Marketing ist breiter gefasst als das Industriegütermarketing, da es die Vermarktung von Konsumgütern gegenüber dem Handel und vor allem – und das ist hier entscheidend – die Vermarktung von Dienstleistungen gegenüber organisationalen Kunden mit einbezieht [vgl. Homburg/Krohmer 2006, S. 332 unter Bezugnahme auf Backhaus/Voith 2004, Baumgarth 2004 und Kleinaltenkamp 2000].

Weniger eindeutig ist hingegen die Zuordnung des Dienstleistungsmarketing. Der Dienstleistungssektor ist geprägt von einer Vielfalt von Dienstleistungsarten, die entweder nur Personen (z. B. Friseur), nur Unternehmen/Organisationen (z. B. Unternehmensberatung) oder beiden Käufergruppen (z. B. Banken/Versicherungen) angeboten werden.

Abbildung 1-13 liefert eine Zuordnung der güterbezogenen Segmente zu den beiden Käufergruppen (Konsumenten bzw. Unternehmen/Organisationen). Allerdings weist die Darstellung in ihrer Zuordnung immer noch eine Ungenauigkeit auf.

So ist der Konsumgüterbereich hier eindeutig dem B2B-Marketing zugeordnet. Das ist aber schon deshalb nicht korrekt, weil im Konsumgüterbereich der persönliche Verkauf des Herstellers überall dort zum Tragen kommt, wo die eigene Vertriebsorganisation im Rahmen der Distributionskanäle direkt auf den nächsten Verwender trifft.

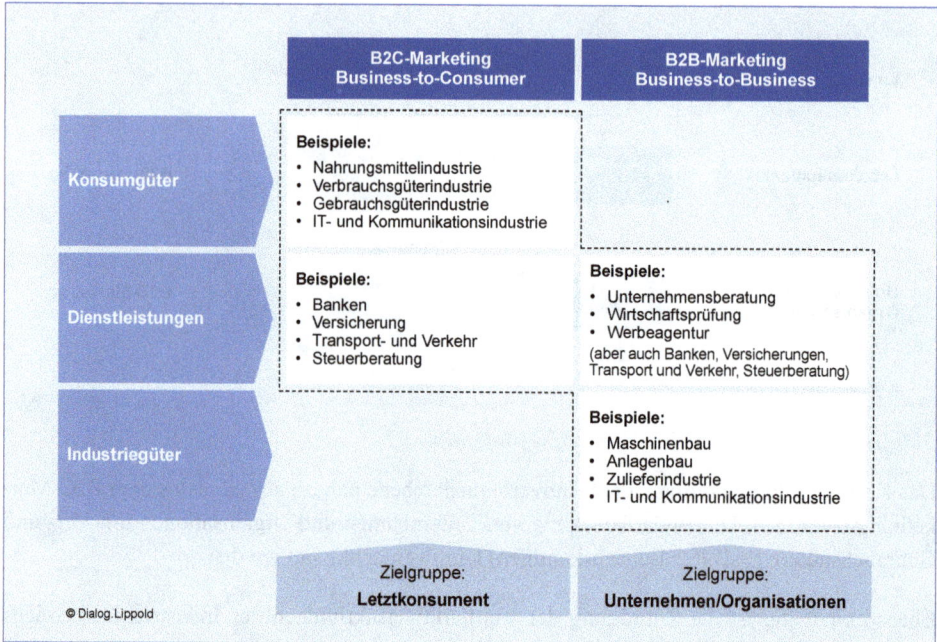

	B2C-Marketing **Business-to-Consumer**	**B2B-Marketing** **Business-to-Business**
Konsumgüter	**Beispiele:** • Nahrungsmittelindustrie • Verbrauchsgüterindustrie • Gebrauchsgüterindustrie • IT- und Kommunikationsindustrie	
Dienstleistungen	**Beispiele:** • Banken • Versicherung • Transport- und Verkehr • Steuerberatung	**Beispiele:** • Unternehmensberatung • Wirtschaftsprüfung • Werbeagentur (aber auch Banken, Versicherungen, Transport und Verkehr, Steuerberatung)
Industriegüter		**Beispiele:** • Maschinenbau • Anlagenbau • Zulieferindustrie • IT- und Kommunikationsindustrie
	Zielgruppe: **Letztkonsument**	Zielgruppe: **Unternehmen/Organisationen**

© Dialog.Lippold

Abb. 1-13:   Zuordnung der güterbezogenen Segmente zu B2C und B2B

So muss ein Markenartikelhersteller beispielsweise mit dem Zentraleinkauf von Warenhäusern oder Handelsketten über Abnahmemengen sowie Preise und Konditionen verhandeln oder Jahresgespräche über Verkaufsförderungsaktionen führen.

Solche Jahresgespräche zielen allerdings nicht auf den direkten Verkauf der Produkte. Sie sind vielmehr eine Vorstufe, um z.B. mit der Listung eines neuen Produkts in den Handelsbetrieben oder im Rahmen einer Weihnachtsaktion erst die Möglichkeit für das Herstellerunternehmen eröffnet, dass die Produkte in die Regale kommen und dann in größeren Stückzahlen verkauft werden können.

In Abbildung 1-14 sind diese Schnittstellen, an denen der persönliche Verkauf des Herstellers auch für den Konsumgüterbereich von Bedeutung ist, besonders gekennzeichnet. Die Darstellung macht deutlich, dass bei Konsumgütern immer dann B2B-Marketingstrukturen ins Spiel kommen, wenn Absatzmittler – also vornehmlich der Groß- und Einzelhandel – eingeschaltet werden. Gleichzeitig zeigt die Darstellung auch den einzigen relevanten Verkaufsweg für Unternehmensberater.

Unabhängig von diesen mehr klassischen güterbezogenen Überlegungen kommt hinzu, dass mit der Nutzung von Online-Vertriebskanälen der persönliche Verkauf des Konsumgüterherstellers zunehmend auch an der Schnittstelle zum Endverbraucher stattfindet.

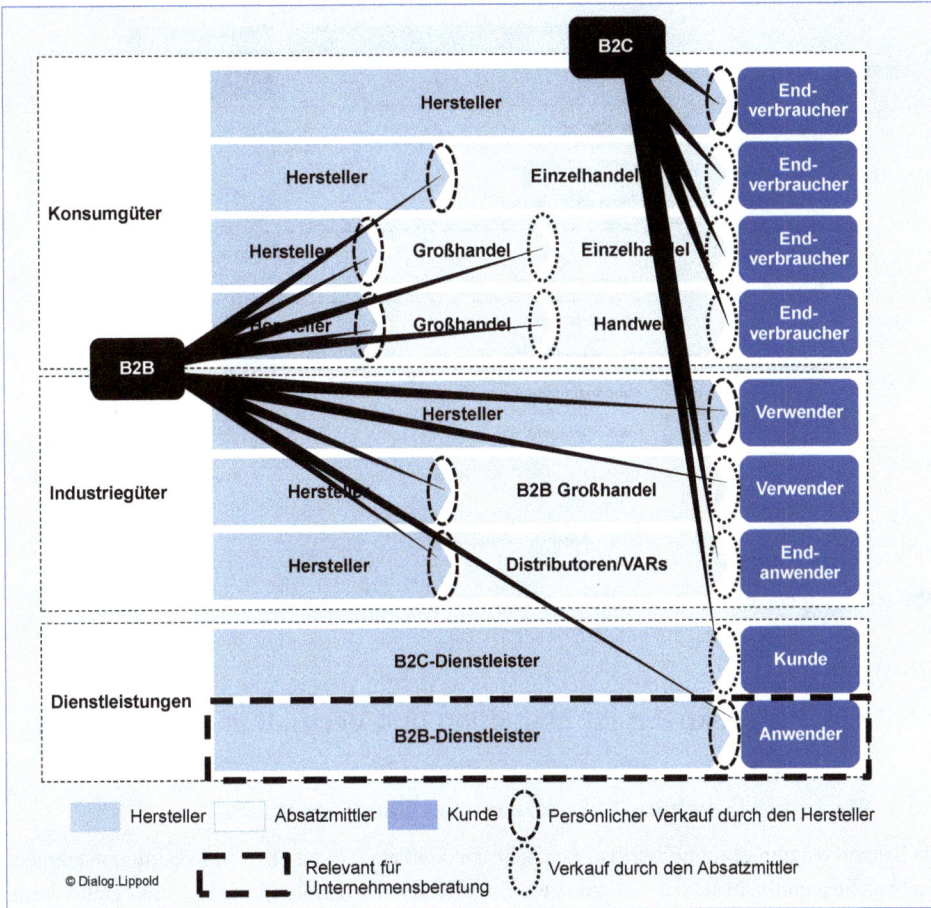

Abb. 1-14:   Persönlicher Verkauf durch den Hersteller

Deutlich werden die Unterschiede zwischen B2B und B2C auch bei der Zuordnung der **Marketingziele**.

Marketingziele - sowohl für B2C als auch für B2B – lassen sich grundsätzlich in **marktökonomische Ziele** (z. B. Marktanteil, Marktdurchdringung) und **marktpsychologische Ziele** (z. B. Image, Bekanntheitsgrad) einteilen [vgl. Becker 2019, S. 65 ff.].

In Abbildung 1-15 sind diese Ziele mit ihrem Geltungsbereich für das B2C- bzw. das B2B-Marketing aufgeführt. Eine zielgesteuerte Führung im Marketingbereich verlangt, dass die Marketingziele operational definiert sind und damit eindeutigen Messvorschriften unterliegen. Dieser Forderung ist bei den marktökonomischen Zielen leicht Rechnung zu tragen. Die marktpsychologischen Ziele sind jedoch an ökonomisch determinierten Sollgrößen nicht zu messen. Diese nicht-monetären Ziele lassen sich mit dem Instrumentarium der Marktforschung aber durchaus operationalisieren (z. B. Kundenbefragung) und können damit in ein zielgesteuertes Führungsmodell einbezogen werden [vgl. Bidlingmaier 1973, S. 138 f.].

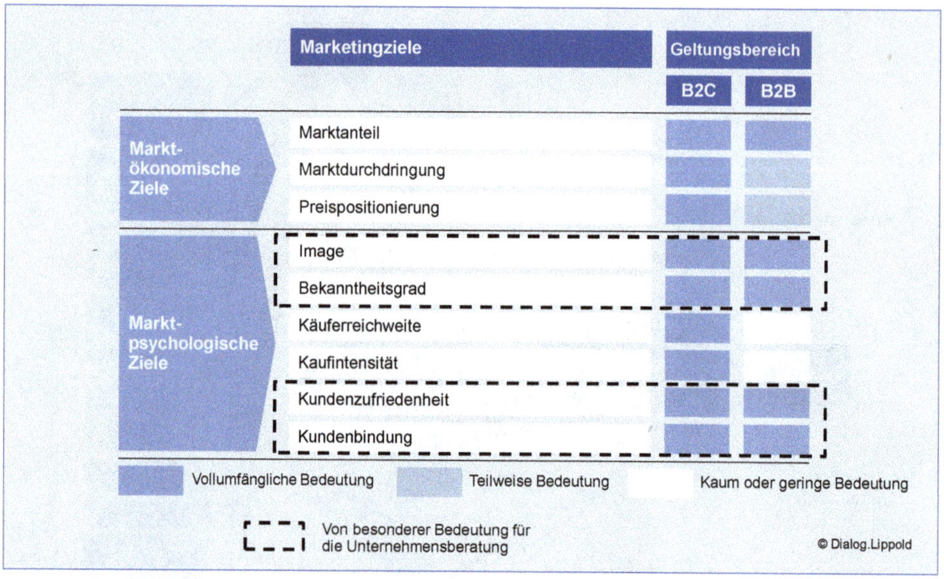

Abb. 1-15:   Zuordnung der Marketingziele

1.5 Neue Perspektiven für Marketing und Vertrieb in der Beratung

1.5.1 Marketing-Gleichung als prozessualer Handlungsrahmen

Da heutzutage immer mehr marktstrategische Themen am eigentlichen Marketingmanagement vorbeigehen und stattdessen von speziell eingerichteten Stabsabteilungen, Strategieberatern, Inhouse Consultants, Task Forces oder gar von der Geschäftsführung selber verfolgt werden, bietet die **Marketing-Gleichung** eine neue, frische Perspektive für das Marketing als Erfolgsfaktor auch im Beratungsbereich.

Die Marketing-Gleichung hebt nicht nur auf die Initialzündung bei der Auftragsvergabe ab, sondern sie betrachtet neben den strategischen Marketingaktivitäten – wie Segmentierung und Positionierung als Grundlage der Kommunikation mit dem Kunden – auch die vertrieblichen Aktivitäten, wie das erfolgreiche Akquisitionsgespräch und die Kundenbetreuung.

Nahezu jeder Marketer ist in seinem Berufsleben mindestens einmal dazu aufgefordert worden, für sein Unternehmen ein Marketing-Konzept oder – etwas anspruchsvoller – eine Marketing-Strategie zu entwickeln. Solch ein „Entwurf" lässt sich deutlich leichter angehen, wenn man über einen vernünftigen Handlungsrahmen – also eine Gliederung – verfügt, der den geforderten Marketing-Prozess schrittweise aufführt, in seine wichtigsten Prozessphasen zerlegt und zugleich die Voraussetzung für eine Optimierung der angestrebten Marketing-Ziele schafft.

Die Anwendung der Marketing-Gleichung in der Unternehmensberatung bietet den Marketing-Verantwortlichen einen Bezugsrahmen und ein Prozessmodell für Marketing-Strategie, Marketing-Services und Vertrieb. Es ist kein statisches, sondern ein dynamisches Modell und damit eine Ergänzung der instrumentellen Perspektive des marketingpolitischen Instrumentariums (Marketing-Mix). In Abbildung 1-16 sind die Unterschiede, aber auch die Verbindungen zwischen der Marketing-Gleichung und dem Marketing-Mix dargestellt.

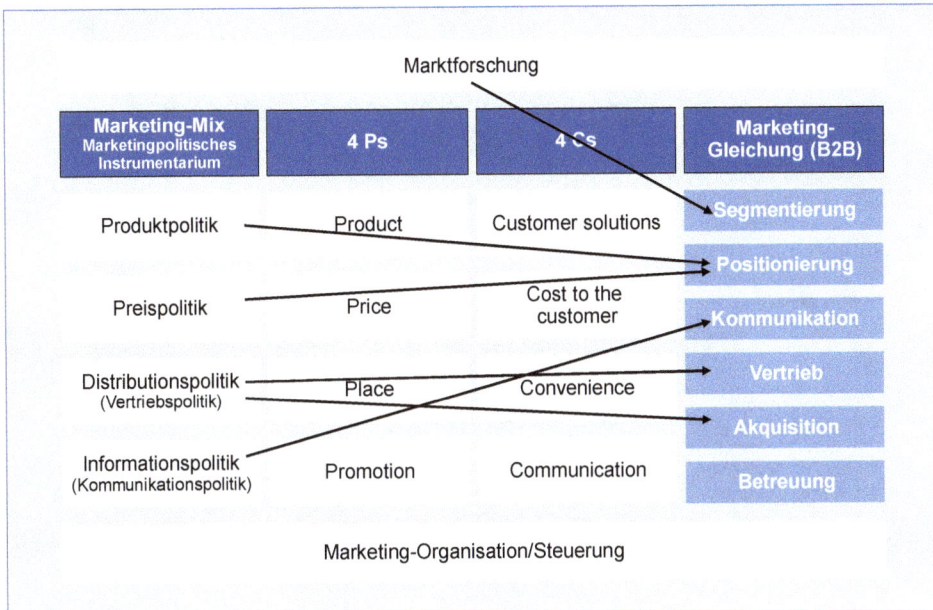

Abb. 1-16:   Einordnung der Marketing-Gleichung

1.5.2 "Consulting goes digital"

Aus Sicht der Beratung hat die digitale Transformation nicht nur kundenseitige Aspekte. Auch Unternehmensberatungen selbst stehen vor der Herausforderung, das eigene Geschäftsmodell zu überdenken. Um wettbewerbsfähig zu bleiben müssen Chancen technologiebasierter Beratungsansätze genutzt werden. Durch virtualisierte Prozesse, durch ein digital ergänztes Leistungsportfolio und durch angepasste Organisationsstrukturen können Kostensenkungspotenziale freigesetzt werden. Kundenanforderungen lassen sich besser abdecken und gleichzeitig die Work-Life-Balance von Mitarbeitern verbessern [vgl. Nissen et al. 2018, S. 8].

Mit den neuen Generationen, die es gewohnt sind, digital und virtuell zu interagieren, wächst die Akzeptanz für digitale und agile Zusammenarbeit und für entsprechende, innovative Beratungsleistungen. Wo aber steht die Beratungsbranche im Transformationsprozess?

Zur Bestimmung der Ausgangssituation zum „Stand der digitalen Transformation im deutschen Markt der Unternehmensberatung" sollen die Ergebnisse der gleichnamigen Studie aus dem Jahr 2018 [Nissen et al. 2018] und der entsprechenden Nachfolgestudie aus 2020 [Nissen et al. 2020] herangezogen werden.

In Insert 1-02 ist die Nutzung digitaler Beratungstechnologien von 2017 im Vergleich zur Nutzung von 2020 dargestellt. Danach hat es keine großen Veränderungen bei der Nutzung etablierter verteilter und cloudbasierter Technologien ergeben. Audio- und Videokonferenzsysteme, Social Media und Suchmaschinenoptimierung haben ihren ohnehin schon größten Anteil nochmals ausbauen können.

┌─ **Insert** ───

Nutzung digitaler Beratungstechnologien - 2020 und 2017

■ Studie 2020 (n=70)   ■ Studie 2017 (n=218)

Audio-/Video-Konferenzen	80,0% (70,3%)
Social Media	71,4% (48,5%) — Erhöhung um 22,9%
Suchmaschinenoptimierung	70,0% (58,0%) — Erhöhung um 12,0%
Desktop Sharing Technologien und vergleichbare Collaboration Tools	50,0%
Dokumentenmanagementsysteme	42,9%
Digitales Content Marketing	38,6% (30,5%)
Chats	32,9% (58,0%)
Workflow-Systeme	28,6%
Wissensmanagementsysteme (Wissenssicherung, -verteilung, -nutzung)	25,7% (27,2%)
Customer Journey Analysen der eigenen Webseiten	21,4%
Professionelle Data Mining Werkzeuge (nicht Excel)	18,6% (8,7%) — Erhöhung um 9,9%
Webbasiertes Coaching	17,4% (17,0%)
Collaboration Platform für Beratungs- und Kommunikationsprozesse	15,7%
Process Mining Werkzeuge	12,9% (3,5%) — Erhöhung um 9,4%
Moderne Analytik-Applikationen (nicht Excel)	10,0%
Digitaler Beratungsvermittlungsmarktplatz (Online-Akquise)	5,7% (12,5%) — Verringerung um 6,8%
Expertenplattformen (Online-Verbindung zu Fachexperten on demand)	5,7% (10,3%) — Verringerung um 4,6%
Anwendungen auf Basis von Künstlicher Intelligenz	5,7%
Self-Service-Consulting (Digitale Beratungstechnologie für Klienten)	5,7% (18,0%) — Verringerung um 12,3%
Robotic Process Automation	4,3%
Eigener Beratungs-Shop	4,3% (13,5%) — Verringerung um 9,2%
Virtual Reality Tools	2,9% (0,3%)
Chat Bots	1,4%
Produktkonfigurator für Beratungsleistungen	1,4% (1,0%)
Crowdbasierte Beratungsansätze	1,4% (0,0%) — Verringerung um 4,6%

Die Mehrheit der Berater nutzen in ihrem Beratungsalltag etablierte verteilte bzw. cloudbasierte Technologien, wie Audio-/Videokonferenzen, Chats oder Dokumentenmanagementsysteme, die einen geringen Virtualisierungsgrad aufweisen. Ebenfalls viele Berater verwenden Suchmaschinenoptimierung sowie Social Media Tools, um die eigene Reputation zu erhöhen. Ein Vergleich zur Studie von 2017 liefert unterschiedliche Entwicklungen. Keine markanten Veränderungen haben sich bei der Nutzung etablierter verteilter und cloudbasierter Technologien ergeben. Der Großteil der Befragten setzt weiterhin Audio-/Videokonferenzsysteme, Chats, Desktop Sharing Tools und Dokumentenmanagementsysteme ein. Diese Art von unterstützenden Technologien wird allerdings nicht mehr dazu beitragen, einen Wettbewerbsvorteil gegenüber anderen Beratungsunternehmen erzielen zu können. Zur Steigerung der eigenen Reputation nutzen außerdem über 70% der Studienteilnehmer Social Media Tools und Suchmaschinenoptimierung, was ein deutlich höherer Anteil als im Jahr 2017 ist.

[Quelle: Nissen et al. 2018, S. 20; Nissen et al. 2020, S. 17 f.]

└──

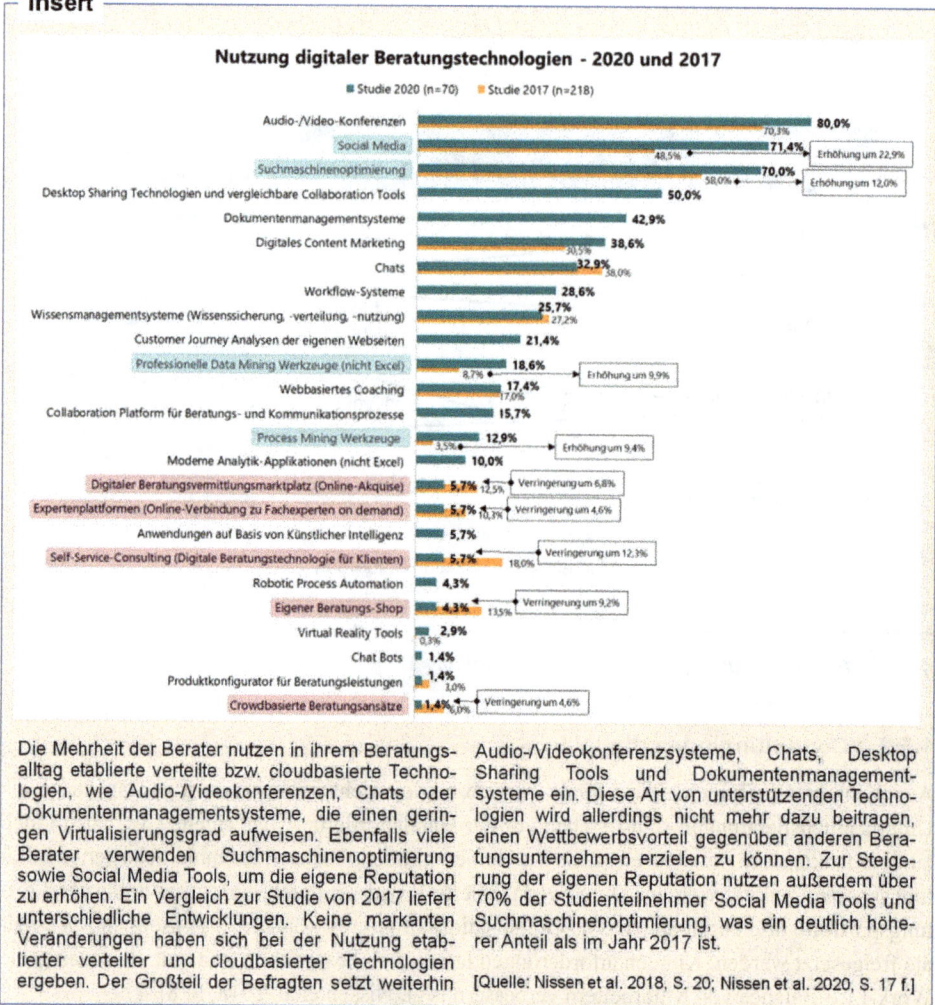

Insert 1-02:   Nutzung digitaler Beratungstechnologien 2020 und 2017

In Insert 1-03 sind die digitalen Beratungstechnologien speziell der **Akquisitionsphase** in der Beratung zugeordnet und ebenfalls nach ihrem Nutzungsgrad aufgeführt.

Es zeigt sich, dass heute digitale Technologien in der Akquise ebenso wie in allen Phasen des Wertschöpfungsprozesses der Unternehmensberatung eingesetzt werden, wenn auch in unterschiedlicher Intensität.

Es ist absehbar, dass die Digitalisierung die Geschäftsprozesse fast aller Unternehmensberatungen verändert. Analoge Prozesse werden schnell zu digitalen Formaten. Berater, die diesen Veränderungsprozess nicht akzeptieren, geraten über kurz oder lang unter Handlungszwang. Es besteht die Gefahr, den Anschluss zu verpassen [vgl. Wuttke 2022, S. 2].

Nutzung digitaler Beratungstechnologien in der Akquisitionsphase
Studie 2020 (n = 70)

- Audio-/Video-Konferenzen — 80,00%
- Social Media — 71,43%
- Suchmaschinenoptimierung — 70,00%
- Digitales Content Marketing — 38,57%
- Chats — 32,86%
- Customer Journey Analysen der eigenen Webseiten — 21,43%
- Professionelle Data Mining Werkzeuge (nicht Excel) — 18,57%
- Process Mining Werkzeuge — 12,86%
- Digitaler Beratungsvermittlungsmarktplatz (Online-Akquise) — 5,71%
- Eigener Beratungs-Shop — 4,29%
- Produktkonfigurator für Beratungsleistungen — 1,43%
- Robotic Process Automation — 4,29%
- Chat Bots — 1,43%

Auch in der Akquisitionsphase liegen Audio- und Videokonferenzen, Social Media und die Suchmaschinenoptimierung deutlich auf den drei ersten Plätzen. Den drei Spitzenreitern folgen das Digitale Content Marketing, Chats sowie die Customer Journey zu Analysen der eigenen Website.

[Quelle: Nissen et al. 2020, S. 17 f.]

Insert 1-03:   Nutzung digitaler Beratungstechnologien in der Akquisitionsphase

1.5.3 Social Media: Nach B2C jetzt auch B2B

Auch für die Fundierung wichtiger Kaufentscheidungen spielen soziale Medien eine immer größere Rolle, so dass sie vermehrt in den Fokus des Marketing-Managements rücken. Besonders wichtig dabei ist, dass die sozialen Medien und Messenger-Dienste als Stationen *(Touchpoints)* auf der *„Reise der Verbraucher durch die Markenwelt" (Customer Journey)* begriffen werden. Ob sie zur digitalen Bereitstellung von Inhalten *(Content Marketing)*, zur Vermarktung z. B. mit Hilfe von Einflusspersonen *(Influencer-Marketing)* oder zum Kunden-Service genutzt werden, muss dann im Einzelfall entschieden werden [vgl. Bergemann 2019, S. 312].

Naturgemäß war es zuerst der B2C-Bereich, der sich wegen des neuen, attraktiven Zugangs zu seinen Kunden der Nutzung sozialer Medien bediente. Zwischenzeitlich zeigt die Unternehmenspraxis, dass Social Media auch in Industriegüterunternehmen zum Einsatz kommt und auch dort eine hohe Relevanz besitzt. Grundsätzlich ermöglichen soziale Medien einer großen Anzahl an Internetnutzern – in Echtzeit oder zeitversetzt – eigene Inhalte zu erstellen, Inhalte anderer Nutzer oder bestimmter Organisationen zu lesen und diese an andere Nutzer zu verbreiten [vgl. Lippold 2020, S. 82].

1.5.4 Beratung und Künstliche Intelligenz

Einen ganz besonderen Stellenwert unter den verschiedenen digitalen Tools nimmt die Künstliche Intelligenz (KI) ein. KI ist nicht nur in der Wirtschaft allgemein, sondern ganz speziell auch im Marketing angekommen. KI ermöglicht es dem Marketing, schneller und besser Kundendaten zu analysieren als dies ein Mensch tun kann. Unternehmen, die Kundenwünsche besser und schneller verstehen, können Produkte, Leistungen und Services entsprechend genauer und nachhaltiger ausrichten – ein Wettbewerbsvorteil, der gar nicht hoch genug bewertet werden kann [vgl. Bünte/Wecke 2022, S. 1].

Laut einer Studie der Berliner SRH University of Applied Sciences verwenden bereits knapp 50 Prozent der befragten Marketing-Manager KI-Tools in ihrer Abteilung – wenn auch größtenteils als Insellösungen, also einzelne, nicht miteinander vernetzte KI-Tools. Trotzdem zeigt das Ergebnis, dass KI nicht mehr nur ein Schlagwort der Medienwelt ist, sondern ein fester Bestandteil im operativen Marketing vieler Unternehmen [vgl. Bünte/Wecke 2022, S. 16].

KI hat sich in den letzten Jahren von einem technischen Spielzeug zu einem unverzichtbaren Werkzeug in vielen Geschäftsbereichen entwickelt. Insbesondere im Online-Marketing ermöglicht der Einsatz von KI

–   Inhalte zu personalisieren,
–   Kundenverhalten vorherzusagen,
–   Effektivität von Kampagnen zu steigern,
–   Zielgruppengerechte Inhalte generieren.

Um in jeder Phase der Kundenbeziehung die richtige Entscheidung in Marketing und Vertrieb zu treffen bietet KI verschiedene Ansätze [vgl. Wuttke 2022, S. 109]:

•   Customer-Lifetime-Value-Prognosen helfen, das Werbebudget zu optimieren.

•   Affinitätsmodelle helfen, das Kaufverhalten vorherzusagen.

•   Empfehlungssysteme helfen, das richtige Angebot auszuspielen.

Sicherlich, nicht alle KI-Anwendungsgebiete, die offensichtlich zunächst nur einen Gewinn für das B2C-Marketing versprechen, können auch unmittelbar auf das B2B-Marketing und damit auch auf die Unternehmensberatung übertragen werden. KI kann die Berater aber gerade bei Routinearbeiten wie bei der Recherche, dem Charting und der Datenaufbereitung wesentlich unterstützen. Auch bei der Entscheidungsfindung und der Umsetzung von Change-Management-Prozessen kann der Einsatz von KI hilfreich sein. Auf diesen Gebieten sind Generative KI-Systeme wie ChatGPT und DALL-E führend [vgl. Hossenfelder 2023].

Damit sind auch bereits einige Tools im KI-Umfeld genannt. Um die ganze Leistungsfähigkeit der KI im Online-Marketing zu realisieren, ist es wichtig, einen kurzen Blick auf die Technologien zu werfen, die für Anwendungen im Bereich der Künstlichen Intelligenz herangezogen werden können [vgl. Deiwick 2023].

Insert 1-04 zeigt die wichtigsten KI-Technologiekomponenten im Überblick.

Insert

Schlüsseltechnologien und Tools im KI-Umfeld

KI-Schlüsseltechnologien

Natural Language Processing (NLP)

NLP erlaubt Maschinen, **menschliche Sprache** zu verstehen und zu generieren. Es wird in sprachgesteuerten Assistenten, Chatbots und zur Vervollständigung von Google-Suchanfragen verwendet.

Maschinelles Lernen (ML)

ML nutzt Algorithmen zur **Mustererkennung** in großen Datenmengen und bildet die Grundlage für Dienste wie Netflix-Empfehlungen, Google-Suchmaschinen oder Prioritäten in Social-Media-Feeds.

Generative KI

Generative KI kann neue Inhalte wie **Texte, Bilder oder Musik** erstellen. Sie ist besonders im Online-Marketing wichtig, da sie automatisiert hochwertigen Content generiert.

Deep Learning

Deep Learning – eine Unterdisziplin des maschinellen Lernens – konzentriert sich auf **neuronale Netzwerke** zur Verarbeitung großer Datenmengen und verbessert die Genauigkeit und Leistung.

KI-Tools und -Modelle

① Texterstellung	② Bildbearbeitung	③ Videobearbeitung	④ Social Media
• ChatGPT • Neuroflash • Jasper • Conversion Maker • Rytr • AISEO	• Dall-E • Adobe Firefly • Canva • Midjourney • Runway	• Vyond • Lumen 5	• Hotsuite • Talkwalker

Durch das umfangreiche Angebot an KI-Technologien werden zahlreiche Aspekte des Online-Marketings optimiert und die Produktivität wird erheblich gesteigert. KI-Technologien können dazu verwendet, den Prozess der Content-Erstellung zu automatisieren und zu beschleunigen. Mit Tools, die die Natural Language Generation (NLG) nutzen, erstellen Unternehmen hochwertige Inhalte, die auf die Bedürfnisse und Interessen ihrer Zielgruppe zugeschnitten sind. Dies kann nicht nur die Produktivität steigern, sondern trägt auch dazu bei, die Qualität und Relevanz der Inhalte zu verbessern. Bei der Erstellung von groß angelegten Marketing-Kampagnen hilft die Künstliche Intelligenz dabei, das Verhalten der Kunden besser zu verstehen und vorherzusagen. Das Angebot an Tools, die auf einer Künstlichen Intelligenz basieren, ist groß und wird in den nächsten Jahren zunehmend steigen. Die bisher hilfreichsten KI-Modellen für das Online-Marketing sind oben aufgeführt.

[Quelle: Deiwick 2023]

Insert 1-04:   Schlüsseltechnologien und Tools im KI-Umfeld

2. Segmentierung – Optimierung des Kundennutzens

2.1 Aufgabe und Ziel der Segmentierung

Der Beratungsmarkt ist keine homogene Einheit. Er besteht aus einer Vielzahl von Kundenunternehmen, die sich in ihren Zielsetzungen, Anforderungen, Wünschen und Kaufmotiven hinsichtlich des Einsatzes von Beratungsleistungen z. T. deutlich voneinander unterscheiden. Unterteilt man die Menge der potenziellen Kunden derart, dass sie in mindestens einem relevanten Merkmal übereinstimmen, so erhält man Kundengruppen, die als Teilmärkte bzw. Segmente bezeichnet werden. Eine solche Segmentierung ist immer dann anzustreben, wenn die Marktsegmente einzeln effektiver und effizienter bedient werden können als der Gesamtmarkt [vgl. Kotler et al. 2007, S. 357].

Im Rahmen des Vermarktungsprozesses ist die Segmentierung, d. h. die Auswahl attraktiver Marktsegmente für die Geschäftsfeldplanung der Unternehmen, das *erste* wichtige *Aktionsfeld* (siehe Abbildung 2-01). Von besonderer Bedeutung ist dabei das Verständnis für eine *kundenorientierte Durchführung* der Segmentierung, denn der Vermarktungsprozess sollte grundsätzlich aus Sicht der Kunden beginnen.

Segmentierung heißt also auch immer „Kunden verstehen". Daher steht die **Kundenanalyse**, die sich mit den Zielen, Problemen und Nutzenvorstellungen der potenziellen Kunden befasst, im Vordergrund der Segmentierung. Die hiermit angesprochene Rasterung der Kundengruppen erhöht die Transparenz des Marktes, lässt Marketing-Chancen erkennen und bietet die Möglichkeit, Produkt- und Leistungsmerkmale feiner zu differenzieren [vgl. Kotler 1977, S. 165].

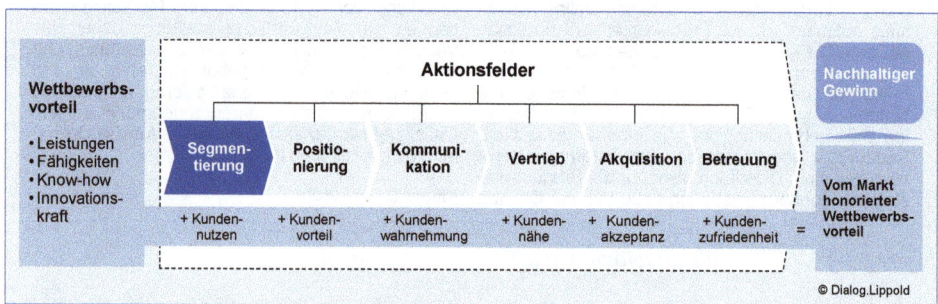

Abb. 2-01: Segmentierung als erstes Aktionsfeld der Marketing-Gleichung

Ein **Marktsegment** ist eine *Zielgruppe* mit einer weitgehend *homogenen* Problemlandschaft und *Nutzenvorstellung* [vgl. Tüschen 1989, S. 44]. An jedes Segment ist somit die Forderung zu stellen, dass es in sich betrachtet möglichst gleichartig (homogen) und im Vergleich zu anderen Segmenten möglichst ungleichartig (heterogen) ist. Dementsprechend sollte ein hohes Maß an Identität zwischen einer bestimmten Art und Anzahl von Käufern (Zielgruppe) einerseits und der angebotenen Beratungsleistung einschließlich ihres Vermarktungskonzeptes andererseits erzielt werden [vgl. Becker 2019, S. 248].

Aufgabe der Segmentierung ist es, alle relevanten Zielgruppen und deren Nutzenvorstellung über die angebotenen Leistungen zu bestimmen. Die Segmentierung hat demnach die Optimierung des Kundennutzens zum Ziel:

Kundennutzen = f (Segmentierung) → optimieren!

Durch die Marktsegmentierung soll die heterogene Struktur der Käufer aufgelöst werden, d. h. der Markt eines Unternehmens ist in homogene Käufergruppen zu zerlegen, um ihn entsprechend bearbeiten zu können [vgl. Strothmann/Kliche 1989, S. 67]. Bei der Segmentierung handelt es sich um einen kreativen Akt, der letztlich Zielgruppen mit möglichst homogenem Bedarf und einheitlichem Kaufverhalten identifizieren soll. Eine wesentliche Hilfestellung leisten hierbei die vielfältigen Methoden der *Marktforschung*.

Vom Aufgabenspektrum her betrachtet, lässt sich die Marktsegmentierung in die *Marktsegmenterfassung* (Informationsseite) und in die *Marktsegmentbearbeitung* (Aktionsseite) einteilen. Auf der *Informationsseite* stehen das Kaufverhalten der Unternehmen und deren Analyse über die Marktforschung im Vordergrund. Die *Aktionsseite* ist geprägt von der Segmentbestimmung und -auswahl sowie der segmentspezifischen Bearbeitung, die jedoch den anderen Aktionsfeldern des Vermarktungsprozesses vorbehalten ist (siehe Abbildung 2-02).

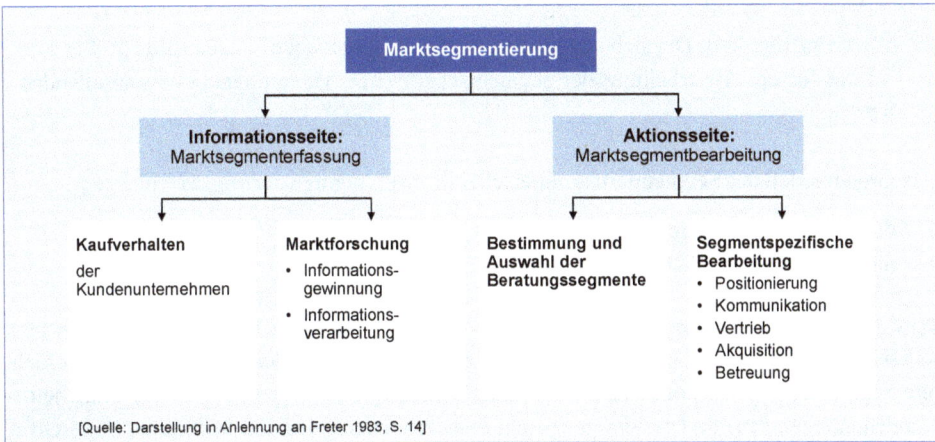

Marktsegmentierung

Informationsseite: Marktsegmenterfassung	**Aktionsseite:** Marktsegmentbearbeitung

Kaufverhalten der Kundenunternehmen

Marktforschung
- Informationsgewinnung
- Informationsverarbeitung

Bestimmung und Auswahl der Beratungssegmente

Segmentspezifische Bearbeitung
- Positionierung
- Kommunikation
- Vertrieb
- Akquisition
- Betreuung

[Quelle: Darstellung in Anlehnung an Freter 1983, S. 14]

Abb. 2-02: Aufgabenspektrum der Marktsegmentierung

Der Beratungsmarkt ist kein monolithischer Block. Er umfasst mehr Einsatz- und Anwendungsfelder, mehr Käufergruppen, mehr Anwendungsfunktionen und mehr technologische Gestaltungsmöglichkeiten, als ein Unternehmen überhaupt abdecken kann [vgl. Tüschen 1989, S. 38]. Der Gesamtmarkt aller Kundenunternehmen und Organisationen muss also in Teilmärkte (Segmente) aufgeteilt werden, damit diese individuell mit Marketingmaßnahmen bearbeitet werden können. Die Aufteilung hat so zu erfolgen, dass die einzelnen Segmente Unternehmen und Organisationen enthalten, die ähnliche Eigenschaften aufweisen und nach gleichen Gesichtspunkten einkaufen.

Die Marktsegmentierung muss sicherstellen, dass Leistungen, Preise, Vertriebswege und Kommunikationsmaßnahmen zu den spezifischen Anforderungen der identifizierten Kundengruppen passen. Damit wird deutlich, welche bedeutende Rolle die Segmentierung des Zielmarktes auch im Beratungsmarketing einnimmt.

Neben der Forderung nach Homogenität der ausgewählten Zielgruppen sind noch weitere **Anforderungen** an ein effektives Segmentieren zu stellen [vgl. Meffert et al. 2008, S. 190]:

- **Messbarkeit**. Die Segmente müssen hinsichtlich Potenzial und Volumen mit den vorhandenen Marktforschungsmethoden messbar und erfassbar sein.

- **Relevanz**. Ein Marktsegment sollte hinsichtlich seiner Größe und seines Gewinnpoten-
  zials ausreichend dimensioniert sein, damit sich ein segmentspezifisches Marketingpro-
  gramm lohnt.

- **Erreichbarkeit**. Die Segmente müssen eine gezielte Ansprache ermöglichen und somit
  für segmentspezifische Marketingaktivitäten erreichbar sein.

- **Trennbarkeit**. Die Segmente müssen vom Marketingkonzept her trennbar und damit
  einzeln ansprechbar sein („Scharfschützen-Konzept").

- **Stabilität**. Die Marktsegmente sollten über einen längeren Zeitraum stabil und innerhalb
  einer ökonomischen Mindestzeit ausschöpfbar sein.

- **Wirtschaftlichkeit**. Der sich aus der Segmentierung ergebende Nutzen sollte größer sein
  als die für die Ausarbeitung der segmentspezifischen Marketingaktionen anfallenden
  Kosten.

Das Grundmodell der Segmentierung unterscheidet zwei **Segmentierungsarten**:

- die eindimensionale Segmentierung und
- die mehrdimensionale Segmentierung.

Wird nur ein Segmentierungsmerkmal (z. B. die Unternehmensgröße) als kaufrelevant erachtet,
so handelt es sich um eine **eindimensionale Segmentierung**. Werden dagegen zwei oder mehrere Segmentierungsmerkmale (z. B. die Unternehmensgröße und zusätzlich die Branche der
Kundenunternehmen) berücksichtigt, spricht man von einer **mehrdimensionalen Segmentierung**.

Abbildung 2-03 fasst die verschiedenen Arten der Segmentierung im Überblick zusammen.

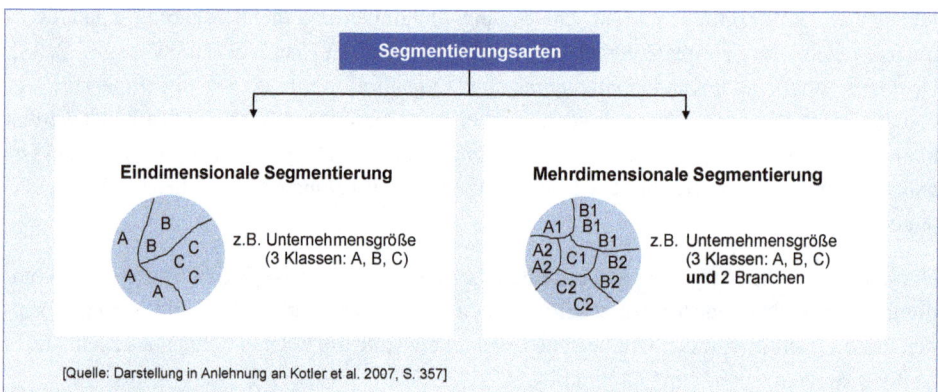

[Quelle: Darstellung in Anlehnung an Kotler et al. 2007, S. 357]

Abb. 2-03:   Segmentierungsarten

2.2 Segmentierungspraxis

Für das Anwendungsfeld des B2B-Marketing gibt es eine Reihe von Segmentierungsansät-
zen, die sich wie folgt gruppieren lässt [vgl. Backhaus/Voeth 2014, S. 124 ff.]:

- Einstufige Ansätze, die lediglich einzelne Kriterien wie z. B. die Größe der Kundenunternehmen für die Segmentierung heranziehen;

- Mehrstufige Ansätze, die in einem stufenweisen Filterungsprozess Kriterien für das organisationale Beschaffungsverhalten festlegen (z. B. zunächst die Unternehmensgröße,
dann die Organisationsstruktur);

- Mehrdimensionale Ansätze, die im Prinzip die gleichen Kriterien wie mehrstufige Ansätze verwenden, jedoch nicht stufenweise, sondern gleichzeitig;

- Dynamische Ansätze, die Veränderungen von Kundenbedürfnissen und -präferenzen
nachvollziehen.

Diese Segmentierungsansätze sollen hier jedoch nicht weiterverfolgt werden. Zur Identifizierung von Marktsegmenten im Beratungsbereich wird stattdessen ein Ansatz gewählt, der das
mehrstufige mit dem *mehrdimensionalen* Modell unter dem Aspekt der *Praktikabilität* und *Um-
setzbarkeit* kombiniert und auf *zwei* wesentliche Kategorien von Segmentierungskriterien re-
duziert. Es handelt sich hierbei zum einen um den segmentierungs-*strategischen* Gesichtspunkt
der Abgrenzung von Organisationsgruppen anhand von Organisations*charakteristika* (organisationsbezogene Kriterien) und zum anderen um den segmentierungs-*taktischen* Gesichtspunkt
des tatsächlichen Organisations*verhaltens* bei der Kaufentscheidung [vgl. Becker 2009, S. 280
f., der darüber hinaus noch *organisationsmitglieder-bezogene Kriterien* als dritte Kategorie an-
führt; diese dritte Kategorie ist hier jedoch erst im Rahmen des Aktionsfeldes *Akquisition* rele-
vant].

Damit sind zugleich auch die beiden Segmentierungsstufen genannt [vgl. auch Wind/Cardozo
1974]:

- Makrosegmentierung zur Abgrenzung von Kundengruppen mit homogener Problemlandschaft und Nutzenvorstellung (→ segmentierungs-*strategischer* Aspekt) und

- Mikrosegmentierung zur Auswahl und Ansteuerung der an der Kaufentscheidung beteiligten Personen *innerhalb* der ausgewählten Kundengruppe (→ segmentierungs-*takti-
scher* Aspekt).

In Abbildung 2-04 ist das Konzept der mehrstufigen Segmentierung in Form der zielgruppen-
bezogenen Makrosegmentierung einerseits und der darauf aufbauenden zielpersonenorientier-
ten Mikrosegmentierung andererseits grafisch dargestellt.

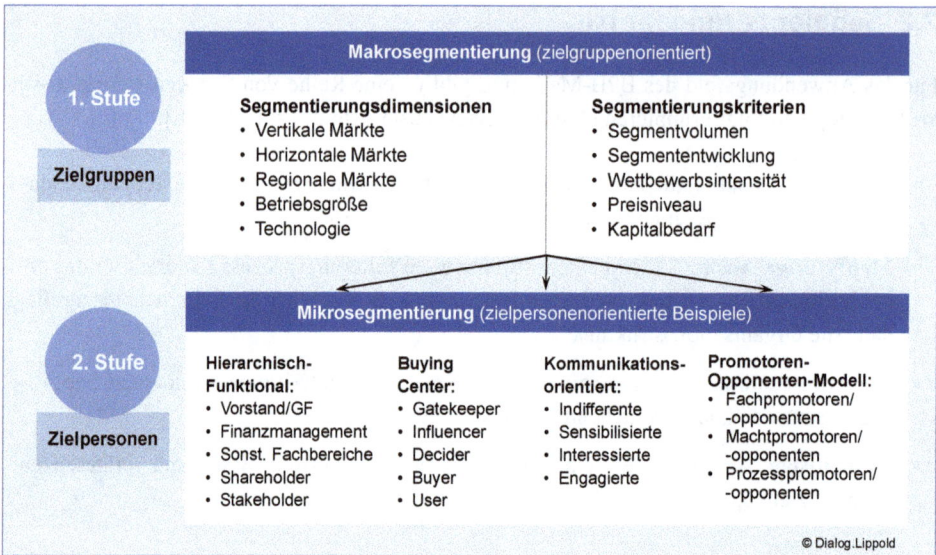

Abb. 2-04: *Das Konzept der mehrstufigen Segmentierung im B2B-Bereich*

2.3 Makrosegmentierung

Die (strategisch ausgelegte) Makrosegmentierung konzentriert sich problembezogen auf eine effiziente Aufteilung des Gesamtmarktes in möglichst homogene Teilmärkte. Dabei wird eine Beschreibung und Abgrenzung der Kundengruppen mit Hilfe folgender organisationsbezogener Kriterien vorgenommen, die in etwa den „demografischen" Kriterien im B2C-Bereich entsprechen [vgl. Lippold 1998, S. 111]:

- Vertikale Märkte (Branchen)
- Horizontale Märkte (Funktionen)
- Räumliche Märkte (Regionen)
- Betriebsgröße (Umsatz, Anzahl der Beschäftigten, Bilanzsumme etc.)
- Technologie (Hardware, Betriebssystem, Datenbanksystem, Netze etc.).

Diese Segmentierungskriterien definieren und beschreiben den *„strategischen Aktivitätenraum"* des Unternehmens [vgl. Becker 1993, S. 244].

2.3.1 Vertikale Segmentierung

Aus Sicht vieler Unternehmensberatungen ist die vertikale Segmentierung, d. h. die Aufteilung des Marktes nach **Branchen** maßgebend. Die Branchenorientierung empfiehlt sich vornehmlich für Anbieter, die ihr wichtigstes Kundenpotenzial im Mittelstand sehen und daher eine vertikale Gliederung ihres Produkt- und Leistungsangebotes anstreben.

Neben der generellen Branchenzugehörigkeit (Industrie, Handel, Banken, Versicherungen, Transport, Verkehr, sonstige Dienstleistungen und Öffentlicher Bereich) ist vor allem die Differenzierung *innerhalb* dieser Wirtschaftsbereiche besonders aussagekräftig. Im industriellen Bereich beispielsweise kann weiter unterschieden werden nach *Wirtschaftsabteilungen* wie chemische Industrie, Maschinen- und Anlagenbau, Elektroindustrie, Nahrungs- und Genussmittelindustrie etc. oder nach *Fertigungsarten* wie Auftrags- und Einzelfertiger, Serienfertiger, Massenfertiger und Prozessfertiger.

Häufig bietet erst eine solch umfassende Differenzierung (z. B. anhand eines Segmentierungsbaumes wie in Abbildung 2-05 dargestellt) Anhaltspunkte dafür, welche primären Zielgruppen ausgewählt, oder welche Organisationsgruppen als weniger relevant ausgeschlossen werden sollen [vgl. Lippold 1993, S. 226].

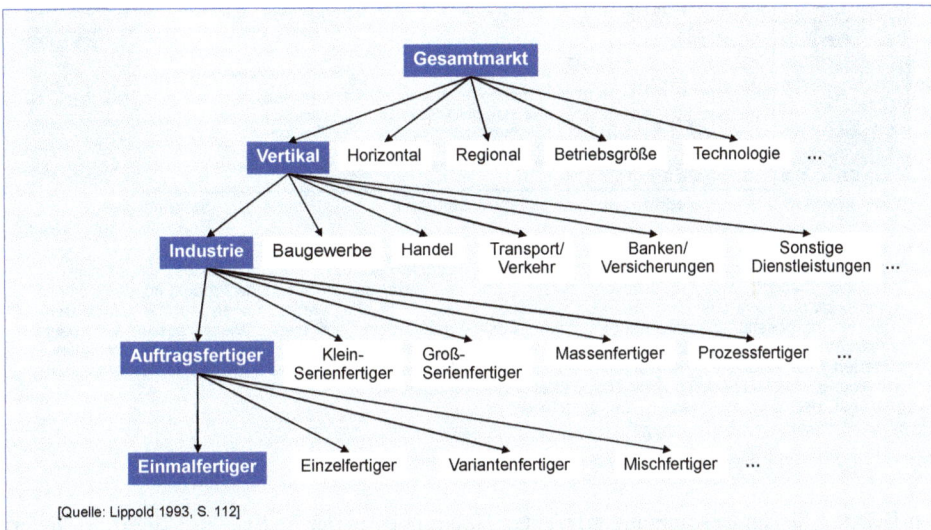

[Quelle: Lippold 1993, S. 112]

Abb. 2-05:   Beispiel für einen Segmentierungsbaum

Eine besonders aussagekräftige Segmentierung im Bereich der Fertigungsindustrie hat die Unternehmensberatung UBM (heute: Oliver Wyman) für ihre Kunden entwickelt.

Insert 2-01 zeigt das Ergebnis dieser Abgrenzung in Form einer Matrix. Eine solche Segmentierung ist besonders hilfreich für Unternehmen, die gezielt Produkte oder Dienstleistungen für die so identifizierten Marktsegmente anbieten (z. B. IT-Beratungshäuser, die sich auf die Einführung von ERP-Systemen für die Produktionsplanung und -steuerung spezialisiert haben).

Insert

Produktkomplexität

	niedrig	mittel	hoch	
Komplexe Produkte	**Einmalfertigung** • Schiffbau • Hütten- und Walzeinrichtungen • Sondermaschinen • Groß-Werkzeugmaschinen	**Variantenfertigung nach Auftrag** • Luft- und Raumfahrt • Schienenfahrzeugbau • Werkzeug-, Textil- und Verpackungsmaschinen	**Automobilmontage** • Montagewerke der Automobilhersteller	
Baugruppen, Produkte mittlerer Komplexität	**Einzelfertigung (Auftrag)** • Kessel- und Behälterbau • Sonstiger Maschinenbau • Elektro-Sondermaschinenbau	**Variantenfertigung nach Programm** • Landmaschinen • Baumaschinen • Feinmechanik • Getriebe	**Massenfertigung (Montage)** • Zulieferer • Konsumelektronik • Büro- und Informationstechnik	**Fertigungsindustrie**
Teile, einfache Produkte		**Wiederholfertigung** • Betonfertigteile • Schleifmittel, Werkzeuge • Gießereien, Schmieden • Druckereien	**Linienfertigung** • Lampen, Leuchten • Metallblechwaren • Kunststoff, Gummiwaren • Bekleidung, Textil • Keramik, Optik	
Prozessgüter		**Diskontinuierlicher Prozess** • Nahrungsmittelindustrie • Getränkeindustrie • Feinchemie • Pharmaindustrie	**Kontinuierlicher Prozess** • Raffinerien • Metallerzeugung • Glas, Zement • Papiererzeugung • Grundstoffchemie	**Prozessindustrie**

[Quelle: UBM 1989]   niedrig   mittel   hoch   **Stabilität des Produktionsprozesses**

In diesem Segmentierungsbeispiel werden die beiden Merkmale *Stabilität des Produktionsprozesses* und *Komplexität des zu fertigenden Produktes* zueinander in Beziehung gesetzt. Die Stabilität des Produktionsprozesses korreliert sehr stark mit der Anzahl der produzierten Erzeugnisse und wird mit den Ausprägungen *niedrig, mittel* und *hoch* auf der Abszisse abgetragen. Auf der Ordinate werden die verschiedenen Komplexitätsstufen des Produktes dargestellt. Je komplexer das zu fertigende Produkt ist, desto höher sind auch die Anforderungen an die *Stücklistenorganisation*. Auf diese Weise lassen sich dann Industriesegmente wie Einmal-, Einzel-, Varianten-, Massen-, Wiederhol- oder Prozessfertiger voneinander abgrenzen

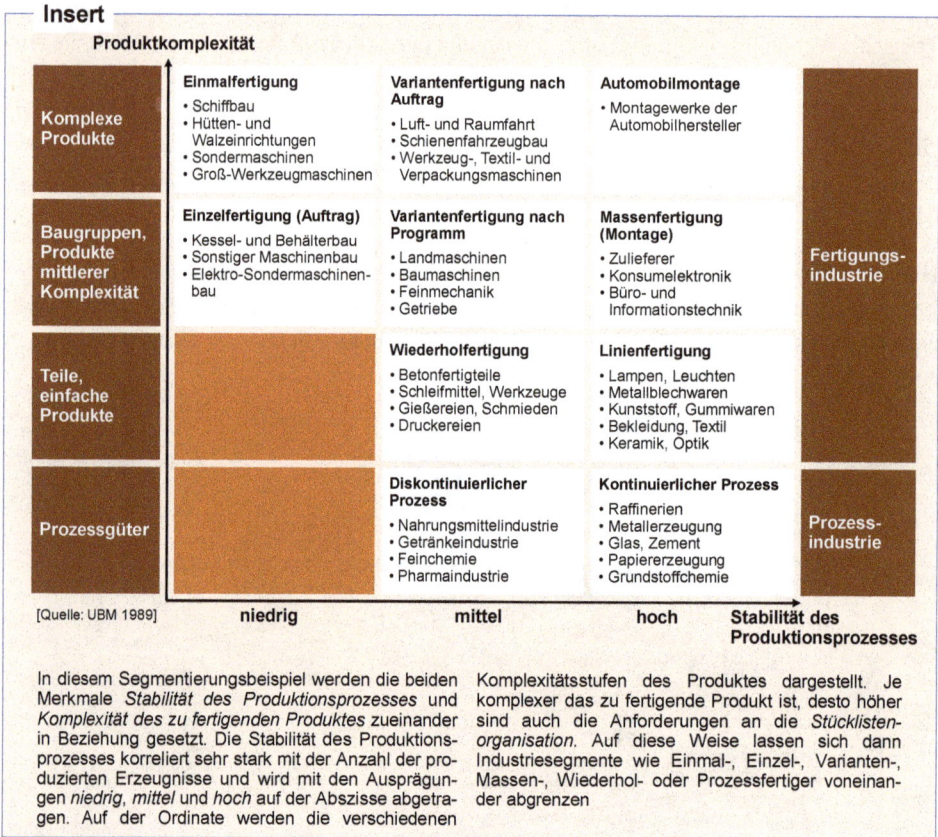

Insert 2-01:   *Segmentierung der Fertigungsindustrie*

Ein Beispiel für die Bestimmung relevanter Zielgruppen in der Mittelstandsberatung liefert Insert 2-02.

Danach werden die beiden Merkmale *Unternehmensperformance* (mit den Ausprägungen *niedrig, mittel* und *hoch*) und *Unternehmenszugehörigkeit* (mit den Ausprägungen *Entrepreneurial Companies, Corporate Companies* und *Semi-public Companies*) zueinander in Beziehung gesetzt. Die so identifizierten Marktsegmente reichen von „erfolgreichen" und „innovativen" Unternehmen, über „Start-ups" bis hin zu „Sanierungsfällen" und „Insolvenzen".

Auf diese Weise lässt sich bspw. der spezifische Bedarf an Unternehmensberatungsleistungen für einzelnen Marktsegmente ableiten [vgl. Lippold 2010, S. 7].

Insert ───

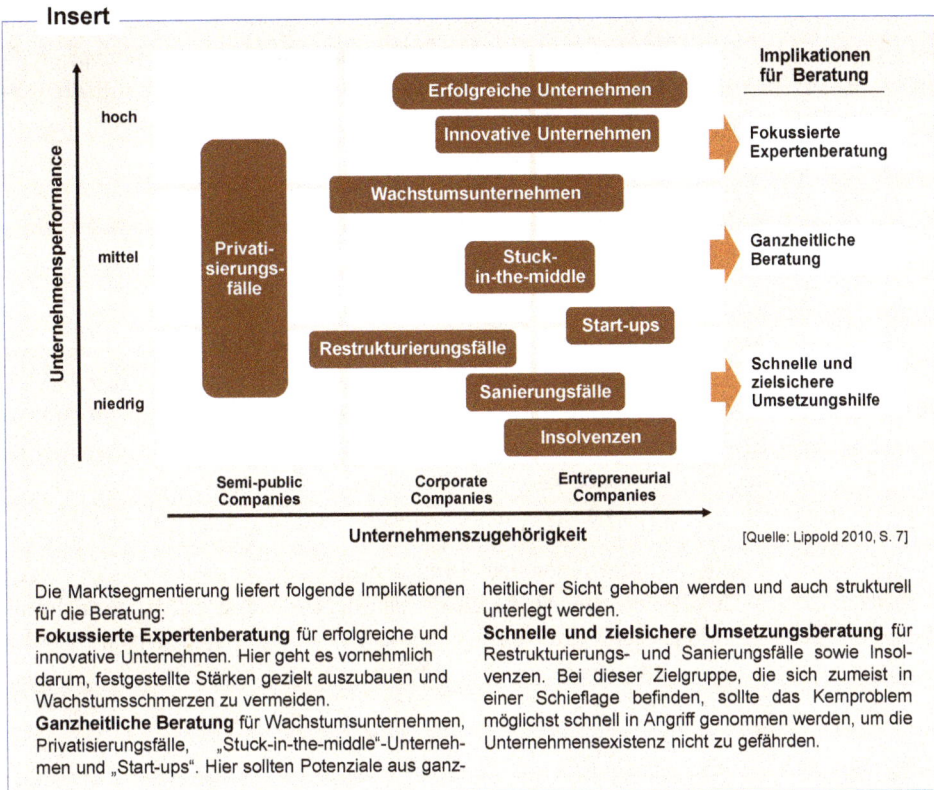

Die Marktsegmentierung liefert folgende Implikationen für die Beratung:

Fokussierte Expertenberatung für erfolgreiche und innovative Unternehmen. Hier geht es vornehmlich darum, festgestellte Stärken gezielt auszubauen und Wachstumsschmerzen zu vermeiden.

Ganzheitliche Beratung für Wachstumsunternehmen, Privatisierungsfälle, „Stuck-in-the-middle"-Unternehmen und „Start-ups". Hier sollten Potenziale aus ganz-

heitlicher Sicht gehoben werden und auch strukturell unterlegt werden.

Schnelle und zielsichere Umsetzungsberatung für Restrukturierungs- und Sanierungsfälle sowie Insolvenzen. Bei dieser Zielgruppe, die sich zumeist in einer Schieflage befinden, sollte das Kernproblem möglichst schnell in Angriff genommen werden, um die Unternehmensexistenz nicht zu gefährden.

Insert 2-02:   Segmentierungsansatz für eine Mittelstandsberatung

2.3.2 Horizontale Segmentierung

Die horizontale Segmentierung kann dann für Beratungsunternehmen von Interesse sein, wenn die angebotenen Dienstleistungen eine Kaufrelevanz für bestimmte betriebliche Funktionsbereiche haben (z. B. Beratung für Materialwirtschaft/Logistik, Controlling-Beratung, CRM-Beratung).

Zu den relevanten *Funktionsbereichen* zählen

- Materialwirtschaft/Logistik,
- Produktionsplanung und -steuerung,
- Personalwirtschaft,
- Finanzwirtschaft,
- Informationstechnik/Informationssysteme,
- Kostenrechnung/Controlling und
- Marketing/Vertrieb.

2.3.3 Regionale Segmentierung

Bei der räumlichen Marktaufteilung geht es darum, ob und inwieweit die Käufergruppen regional begrenzt, überregional und/oder in verschiedenen Auslandsmärkten aktiv bearbeitet werden sollen. Bei jüngeren Unternehmensberatungen mit Wachstumsambitionen verläuft die Entwicklung des Absatzgebietes häufig recht unkontrolliert. Sie beginnt mit einem lokalen Absatzgebiet, dem eine regionale und teilweise auch internationale Markterschließung folgt. Häufig stagniert diese Entwicklung, wenn das Unternehmen auf konkurrierende Wettbewerbszonen anderer Unternehmen stößt und keine Ressourcen zur Überwindung bereitstehen oder geplant sind [vgl. Schildhauer 1992, S. 68].

Beim Auf- und Ausbau einer breiten, möglichst **internationalen Vermarktungsbasis** zeigt sich eine Schwäche vieler Unternehmen – Kundenunternehmen und Unternehmensberatungen. Der Mangel an kritischer Masse (im Sinne einer Mindestgröße für Internationalität) und die unzureichende Wachstumsfinanzierung sind wesentliche Gründe für das Scheitern vieler Unternehmen im internationalen Wettbewerb. Trotzdem wollen viele Beratungsunternehmen ihre Kunden beim Überschreiten von Ländergrenzen mit ihrem Know-how begleiten.

Für die **Segmentierung der internationalen Kunden** bieten sich neben den Ländergrenzen auch deren vertriebliches Engagement bei der Bearbeitung der ausländischen Märkte an. Intensitätsstufen der Internationalisierung, die sich am Umfang des eingesetzten Kapitals und der Managementleistung im Gastland bemessen lässt, können sein [vgl. Lippold 2015, S. 338 unter Bezugnahme auf Becker 2019, S. 324 ff.]:

- Export,
- Lizenzvergabe,
- Franchising,
- Joint Venture
- Auslandsniederlassung sowie
- Tochtergesellschaft im Ausland.

Als „strategische Urzelle" des übernationalen Marketings ist prinzipiell der **Export** anzusehen. Hierbei werden die Kapital- und Managementleistungen vollständig im In- oder Stammland erbracht.

Als zweite Stufe ist die Vergabe von **Lizenzen** anzusehen. Dabei werden befristete Patente oder eingetragene Warenzeichen ausländischen Unternehmen entgeltlich zur Nutzung überlassen, ohne allerdings großen Einfluss auf das Vermarktungskonzept zu haben.

Beim **Franchising** nutzt der ausländische Franchise-Nehmer ein klar umrissenes, vertraglich festgelegtes Marketing- und Vertriebskonzept. Diese Stufe eignet sich besonders gut, um international weitgehend standardisierte Konzepte durchzusetzen.

Das **Joint Venture** ist ein Gemeinschaftsunternehmen zwischen dem Stammhaus und einem oder mehreren ausländischen Partnern. Die Gründung eines solchen Gemeinschaftsunternehmens, dessen Standort im Land des jeweiligen Partners liegt, wird vor allem dann vorgenommen, wenn das eigene Know-how für den Aufbau eigener Tochtergesellschaften bzw. Produktionsbetriebe fehlt.

Beim stärkeren Ausbau des Auslandgeschäfts werden eigene **Auslandsniederlassungen** eingerichtet, die zumeist als Vertriebsniederlassungen konzipiert sind. Solchen Niederlassungen folgt häufig der Aufbau eigener **Produktionsbetriebe und Tochtergesellschaften**, die eine systematische Bearbeitung der Auslandsmärkte ermöglichen (siehe Abbildung 2-06).

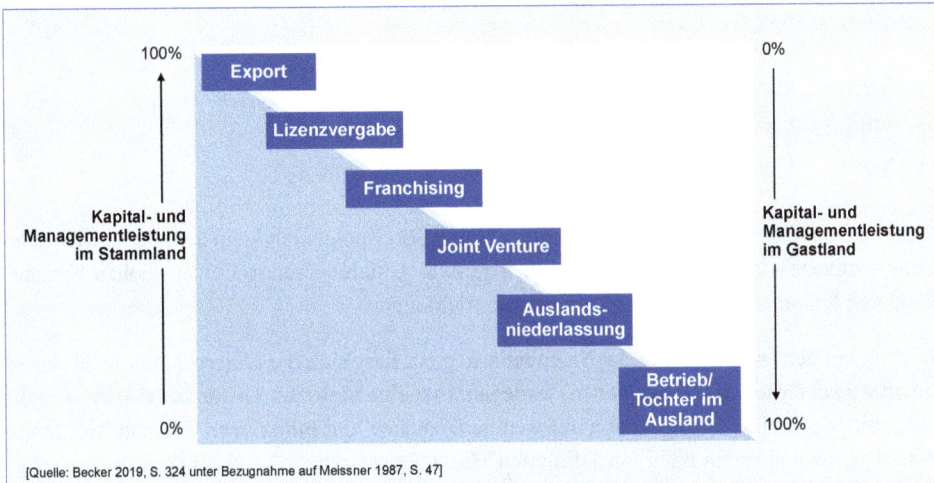

[Quelle: Becker 2019, S. 324 unter Bezugnahme auf Meissner 1987, S. 47]

Abb. 2-06:   Realisierungsstufen im internationalen Marketing

2.3.4 Segmentierung nach der Betriebsgröße

Eine weitere Segmentierung kann nach der Größe der Kundenunternehmen vorgenommen werden. Hierfür bietet sich eine Klassifizierung nach der *Beschäftigtenzahl*, nach der *Umsatzgröße* oder – vornehmlich bei Banken und Versicherungen – nach der *Bilanzsumme* an. Die Betriebsgröße ist immer dann von besonderer Bedeutung, wenn es sich um den Verkauf von Projekten mit sehr großem Volumen handelt. So sind kleinere und mittelgroße Organisationen tendenziell weniger bereit, solche komplexen Lösungen zu beauftragen. Hier werden eher standardisierte Leistungen akzeptiert.

Ein Beispiel dafür ist der jahrelange Versuch der SAP, ihr ERP-Softwaresystem R/3, das nahezu in jedem deutschen Großunternehmen eingesetzt ist, auch im Mittelstand zu positionieren. Während größere Unternehmen durchaus bereit und in der Lage sind, die Einführungs- und Beratungskosten im Umfeld des Softwaresystems zu bezahlen, sind mittelständische Unternehmen weniger geneigt, diese Zusatzkosten zu tragen.

2.3.5 Segmentierung nach technologischen Aspekten.

Für viele Unternehmen – insbesondere aus dem High-Tech-Bereich – ist die systemtechnische Infrastruktur der Kundenunternehmen ein wichtiges Segmentierungsmerkmal. Differenzierungen können hier insbesondere nach Technologiekomponenten wie Hardware, Betriebssystem oder Datenbanksystem vorgenommen werden. Allerdings verlieren solche technologischen Merkmale zunehmend an Bedeutung, weil Unternehmen immer mehr auf technologische Standards, Industriestandards oder Quasistandards setzen. So ist bspw. im Betriebssystembereich die verstärkte Verbreitung von UNIX und Windows NT unübersehbar.

Eine weitere Segmentierungsmöglichkeit auf Ebene der Makrosegmentierung ist die Aufteilung des Zielmarktes nach *Innovationstypen*, die ebenfalls dem Technologiekriterium zugeordnet werden können. Danach ist zu unterscheiden zwischen folgenden drei Segmenten [vgl. Strothmann/Kliche 1989, S. 75]:

- HIPs: Unternehmen mit hohem Innovationspotenzial
- MIPs: Unternehmen mit mittlerem Innovationspotenzial
- NIPs: Unternehmen mit niedrigem Innovationspotenzial.

Als Kriterium zur Bestimmung des jeweiligen Innovationspotenzials kann der innerbetriebliche Technologieeinsatz herangezogen werden, wie z. B. Unternehmen mit einem hohen Einsatzstand von Kommunikations- und Fertigungseinrichtungen.

Wichtig bei der Durchführung der Segmentierung ist, dass sich die Unternehmen nicht nur in ein oder zwei Kriterien (Dimensionen) festlegen. Erst eine **mehrdimensionale Marktausrichtung**, die bspw. eine Konzentration auf wenige Branchen und Funktionen oder auf bestimmte Betriebsgrößen in einem räumlich definierten Marktgebiet vorsieht, kann der Gefahr einer möglichen Verzettelung der knappen Entwicklungs- und Marketingkapazitäten begegnen. Umgekehrt kann die mehrdimensionale Segmentierung aber auch dazu führen, dass das Potenzial eines aus der Schnittmenge mehrerer Merkmale gewonnenen Marktsegments für eine intensive Bearbeitung nicht ausreicht [vgl. Lippold 1993, S. 227].

In Abbildung 2-07 sind beispielhaft vier Segmentierungsdimensionen dargestellt.

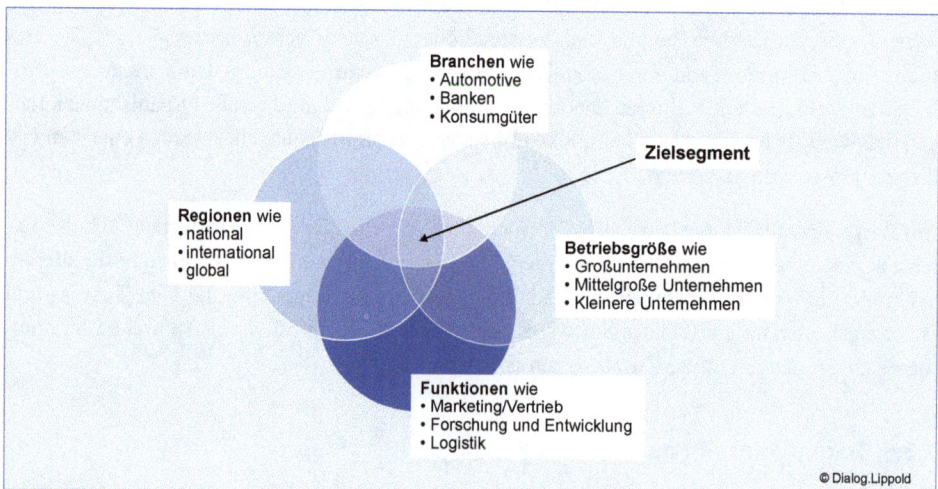

Abb. 2-07:   Mehrdimensionale Segmentierung im B2B-Bereich

2.4 Mikrosegmentierung

Der Segmentierung auf Mikroebene (Unternehmensebene) liegt eine andere logische Dimension zugrunde als der Makrosegmentierung. Während in der Makrosegmentierung die strategisch bedeutsame Auswahl des zu bearbeitenden Marktausschnitts (Zielgruppe) getroffen wird, legt die Mikrosegmentierung fest, welche *Zielpersonen* innerhalb der zuvor definierten *Zielgruppe* angesprochen werden sollen [vgl. Lippold 2021c].

Als Kriterien zur Abgrenzung der Mikrosegmente können Merkmale der an der Kaufentscheidung beteiligten Personen, wie Stellung in der Hierarchie, Zugehörigkeit zu bestimmten Funktionsbereichen oder persönliche Charakteristika, herangezogen werden. Für das B2B-Marketing und damit für das Beratungsmarketing ist diese **Multipersonalität** von besonderer Bedeutung. Folgende *Zielpersonenkonzepte* sollen vorgestellt werden [vgl. Lippold 1998, S. 130 ff.]:

- Hierarchisch-funktionales Zielpersonenkonzept
- Buying Center
- Kommunikationsorientiertes Zielpersonenkonzept.
- Promotoren-Opponenten-Konzept

2.4.1 Hierarchisch-funktionales Zielpersonenkonzept

Als eine sehr pragmatische Abgrenzung von Personen, die bei der Auswahl insbesondere von IT-orientierten Dienstleistungen (z. B. ERP-Einführungsberatung, SOA, SaaS) beteiligt sind, hat sich das *hierarchisch-funktionale Zielpersonenkonzept* erwiesen. Es geht davon aus, dass in den Beschaffungsprozess des Kundenunternehmens die drei Funktionsbereiche

- Geschäftsleitung,
- IS-/IT-Management (CIO) und
- Fachabteilung

involviert sein können [vgl. Hansen et al. 1983, S. 52]:

Die Funktionsträger dieser drei Gruppen können wiederum drei Hierarchiestufen zugeordnet werden: Geschäftsleitung der obersten, IT-Management und Leiter der Fachabteilung der mittleren und IT-Mitarbeiter und Sachbearbeiter der untersten Managementebene.

Bei den Mitgliedern der Geschäftsleitung handelt es sich in erster Linie um Entscheidungsträger. Sie verfügen über das hierarchische Potenzial, eine Beschaffungsentscheidung durchzusetzen. In kleineren Unternehmen ist dies der Unternehmer selbst bzw. die Geschäftsführung, in größeren Unternehmen das Management der ersten und zweiten Führungsebene.

In diesem Zusammenhang soll kurz auf die englischen Management-Bezeichnungen eingegangen werden. Vor allem börsennotierte Start-ups und international operierende Unternehmen werben zunehmend mit angelsächsischen Jobtiteln – stets mit einem „C" für Chief als Kürzel – um Führungs- bzw. Führungsnachwuchskräfte. Hier der sicherlich nicht vollständige CXO-Katalog:

- **Chief Executive Officer (CEO).** Bei Großunternehmen bzw. Konzernen ist der CEO der Vorstandsvorsitzende, bei kleineren Unternehmen der Firmenchef.

- **Chief Operating Officer (COO).** Als Vorstand des operativen Geschäfts ist der COO für alle Betriebsabläufe und operative Entscheidungen des Unternehmens zuständig.

- **Chief Financial Officer (CFO).** Als Finanzvorstand einer Aktiengesellschaft bzw. als kaufmännischer Geschäftsführer einer GmbH obliegen dem CFO die Verwaltung der Geldmittel, das Controlling und die Finanzplanung des Unternehmens.

- **Chief Digital Officer (CDO).** Der CDO ist eine relativ neu geschaffene Führungsposition, die mit zunehmender Digitalisierung zunehmend an Bedeutung gewinnt. Als Mitglied des Top Managements (C-Level) ist der Chief Digital Officer für die Planung und Steuerung der digitalen Transformation in einem Unternehmen verantwortlich.

- **Chief Human Resources Officer (CHRO).** Er ist der Personalchef eines Unternehmens bzw. der Personalvorstand einer börsennotierten Gesellschaft.

- **Chief Procurement Officer (CPO).** In deutschen Unternehmen entspricht die Funktion ungefähr dem Leiter Einkauf in einer GmbH oder dem Leiter Beschaffung/Einkauf in einer AG. In Unternehmen, in denen die Rohstoffbeschaffung oder der Einkauf eine strategische Rolle spielt, ist ein CPO oft selbst Vorstandsmitglied.

- **Chief Marketing Officer (CMO).** Der CMO ist der Hauptverantwortliche für das Marketing eines Unternehmens. Er ist in der Regel Mitglied des Vorstands oder der Geschäftsführung und zeichnet Verantwortung für die Strategieentwicklung und die Markenführung.

- **Chief Information Officer (CIO).** Als IT-Leiter (Leiter Informationstechnik) nimmt er in einem Unternehmen die Aufgaben der strategischen und operativen Führung der Informationstechnik (IT) wahr. Somit ist der CIO unternehmensweit auch der erste Ansprechpartner für die digitale Transformation.

- **Chief Knowledge Officer (CKO).** Dieser Chief nimmt die Rolle des Wissensmanagers wahr. Insbesondere in Unternehmen, deren Kerngeschäft sich durch wissensbasierte Lösungen oder Dienstleistungen charakterisieren lässt, soll er eine Kultur des Wissensaustauschs etablieren und fördern.

- **Chief Content Officer (CCO).** Der CCO verantwortet die Inhalte der verschiedensten internetorientierten Marketing-Maßnahmen, zum Beispiel die Inhalte der Firmenweb-site oder die unternehmensbezogenen Social Media-Aktivitäten.

In Abbildung 2-08 sind die hierarchischen Beziehungen der einzelnen Chiefs dargestellt, wobei betont werden muss, dass die Über- bzw. Unterstellungen insbesondere von der Größe und dem Produktportfolio des Unternehmens abhängen.

Besonders interessant ist das „Zusammenspiel" zwischen dem CEO und dem COO. Während der CEO eher generelle und vor allem strategische Entscheidungen innerhalb und für das Unternehmen trifft, leitet der COO das operative Geschäft des Unternehmens.

Das bedeutet, dass er verantwortlich ist für die Qualität und die Wettbewerbsfähigkeit der Produkte beziehungsweise Dienstleistungen, die das Unternehmen am Markt anbietet. Dazu koordiniert er sämtliche operativen Teilbereiche des Unternehmens.

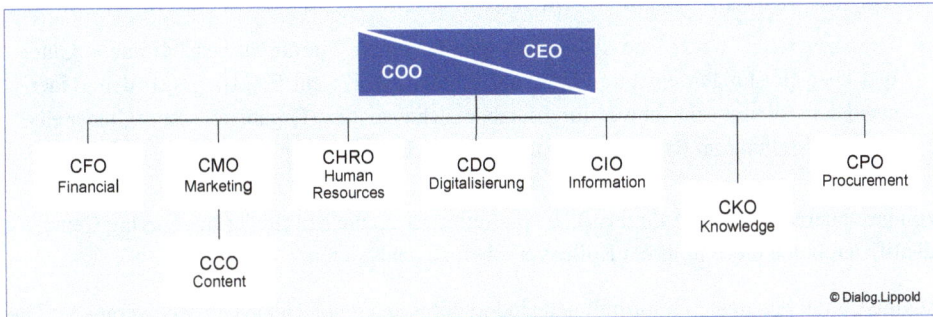

Abb. 2-08:   Mögliche hierarchische Ausprägungen der einzelnen CXOs

2.4.2 Buying Center

Bei wichtigen Beschaffungsvorhaben des Kunden – und dazu zählen in aller Regel Beratungsprojekte – wirken auf dessen Seite zumeist mehrere Personen als Entscheider oder Entscheidungsbeteiligte mit. Ein solches Gremium wird als **Buying Center** bezeichnet. Es weist den Beteiligten verschiedene Rollen im Hinblick auf die Auswahlentscheidung zu [vgl. Webster/Wind 1972, S. 72 ff.]:

- **Initiatoren** (engl. *Initiator*) regen zum Kauf eines bestimmten Produktes an und lösen den Kaufentscheidungsprozess aus. Initiatoren müssen nicht zwingend die späteren Nutzer der Lösung sein, sondern können aus den verschiedensten betrieblichen Funktionsbereichen kommen. Initiatoren können IT-Manager oder -Mitarbeiter ebenso wie Anwendungsspezialisten, Vertriebs- oder Serviceleiter bzw. Mitarbeiter sein.

- **Informationsselektierer** (engl. *Gatekeeper*) strukturieren Informationen über das zu beschaffende Produkt vor, bringen diese in das Buying Center ein und steuern den organisationsinternen Informationsfluss. Diese Personengruppe ist häufig in den Fachbereichen, also denjenigen Bereichen, in denen das Produkt (die Lösung) zum Einsatz kommt, zu finden (z. B. Service-, Vertriebs-, Produktions- oder Marketingleiter).

- **Beeinflusser** (engl. *Influencer*) sind formal zwar *nicht* am Beschaffungsprozess beteiligt, verfügen aber als Spezialisten über besondere Informationen. Insbesondere über die Vorgabe gewisser Mindestanforderungen kann ihre (informelle) Teilnahme am Auswahlprozess mitentscheidend sein. Beeinflusser sind bspw. im Qualitätsmanagement oder in (Normen-)Ausschüssen zu finden.

- **Entscheider** (engl. *Decider*) sind jene Organisationsmitglieder, die aufgrund ihrer hierarchischen Position letztlich die Kaufentscheidung treffen. Das monetäre Volumen des Auftrags ist zumeist ausschlaggebend dafür, auf welcher Hierarchieebene die Auftragsvergabe entschieden wird (zumeist erste oder zweite Führungsebene).

- **Einkäufer** (engl. *Buyer*) besitzen die formale Kompetenz, Lieferanten auszuwählen und den Kaufabschluss zu tätigen. Sie führen die Einkaufsverhandlungen unter kaufmännischen und juristischen Aspekten. In größeren Organisationen gehören Einkäufer einer Beschaffungs- oder Einkaufsabteilung an.

- **Benutzer** (engl. *User*) sind schließlich jene Personen, die die zu beschaffenden Güter und Dienstleistungen einsetzen bzw. nutzen werden. Da ein Einsatz gegen den Widerstand der User nur sehr schwer durchsetzbar ist, haben diese Organisationsmitglieder eine Schlüsselstellung im Rahmen des Auswahl- und Entscheidungsprozesses.

Von besonderer Bedeutung für das B2B-Marketing ist es, die Mitglieder des Buying Center zu identifizieren und diese in ihrem Rollenverhalten zu analysieren.

Buying Center bilden sich informell und sind in der Regel nicht organisatorisch verankert. Daher sind Umfang und Struktur dieses Einkaufsgremiums auch nur sehr schwer zu erfassen. Es lässt sich aber die These vertreten, dass die Anzahl der jeweils Beteiligten am Buying Center im Wesentlichen von folgenden Faktoren abhängt [vgl. auch Menthe/Sieg 2013, S. 75]:

- Wert bzw. Größe und Komplexität des Beschaffungsobjektes
- Einfluss des zu beschaffenden Produkts bzw. der Problemlösung auf Prozesse und Organisation
- Informationsbedarf über das Investitionsobjekt
- Unternehmensgröße
- Art und Ausprägung des Einkaufsprozesses (zentral/dezentral organisierter Einkauf, Anzahl der benötigten Unterschriften)
- Unternehmenskultur bezüglich Innovationen und Entscheidungsfindung.

Auch kann nicht festgeschrieben werden, ob teilweise mehrere Rollen von einer Person und ob die einzelnen Rollen teilweise von mehreren Personen wahrgenommen werden. Empirische Untersuchungen haben aber gezeigt, dass die Funktion der einzelnen Rollen vom Grundsatz her bei jeder komplexen Beschaffungsmaßnahme ausgeübt wird [vgl. Lippold 1998, S. 135].

2.4.3 Kommunikationsorientiertes Zielgruppenkonzept

Im Vordergrund des kommunikationsorientierten Zielpersonenkonzepts steht eine **Typologisierung** der Zielpersonen (siehe Abbildung 2-09). Diese Typologisierung grenzt die Zielpersonen nach ihrer Stellung, ihrem Verhältnis und Kenntnisstand gegenüber dem anbietenden Unternehmen ab. Das Modell unterteilt die gesamte Zielgruppe in *Indifferente*, *Sensibilisierte*, *Interessierte* und *Engagierte* bezüglich ihrer Einstellung zum Angebot des Unternehmens [vgl. Lippold 2015, S. 229 ff.}.

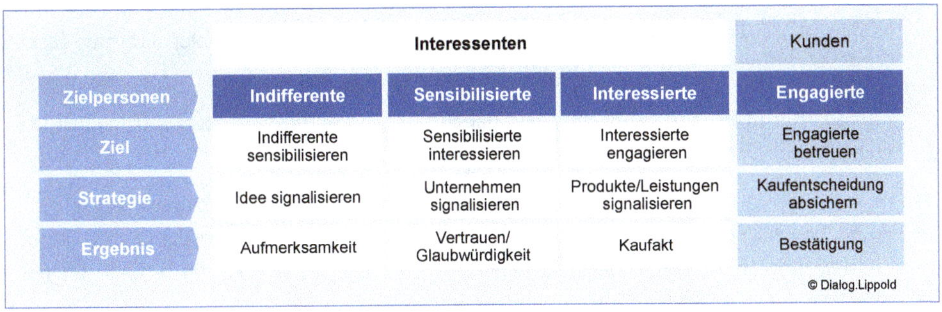

Zielpersonen	Interessenten			Kunden
	Indifferente	**Sensibilisierte**	**Interessierte**	**Engagierte**
Ziel	Indifferente sensibilisieren	Sensibilisierte interessieren	Interessierte engagieren	Engagierte betreuen
Strategie	Idee signalisieren	Unternehmen signalisieren	Produkte/Leistungen signalisieren	Kaufentscheidung absichern
Ergebnis	Aufmerksamkeit	Vertrauen/ Glaubwürdigkeit	Kaufakt	Bestätigung

© Dialog.Lippold

Abb. 2-09:   Elemente eines Kommunikationskonzepts

Den größten Teil der Zielpersonen bilden die **Indifferenten**. Sie stehen dem Unternehmen mit seinem Produkt- und Leistungsprogramm uninformiert und uninteressiert gegenüber. Kommunikationsziel muss es hier sein, die Indifferenten zu sensibilisieren. Das heißt, diesen Zielpersonen muss beispielsweise die Idee, dass ein neues, innovatives Produkt oder eine neue Problemlösung (gegenüber einer konventionellen Lösung) Vorteile bietet, nahegebracht werden. Das Ergebnis ist *Aufmerksamkeit*.

Die zweite Gruppe der Zielpersonen ist bereits für die Idee sensibilisiert. Hier gilt es, das Interesse dieser **Sensibilisierten** auf das eigene Unternehmen zu lenken. Das Ziel lautet also Sensibilisierte interessieren. Den Sensibilisierten ist deutlich zu machen, dass unter allen Anbietern im definierten Marktsegment keiner mehr *Vertrauen* verdient als das signalisierende Unternehmen.

Die dritte Gruppe sind jene Zielpersonen, die sich bereits konkret für bestimmte Produkte bzw. Leistungen des Unternehmens interessieren. Um diese **Interessierten** für das Unternehmen zu engagieren, muss der Kaufentscheidungsprozess dahingehend beeinflusst werden, dass sich der Interessent für das ihm angebotene Produkt entscheidet. Ziel ist hier letztlich der *Kaufakt*.

Das vierte und letzte Zielpersonengruppe sind die **Engagierten**. Sie sind vielleicht die wichtigste Zielgruppe, da sie sich aus den Kunden formiert. Besonders wichtig ist der Kunde deshalb, weil nicht nur sein Neu- sondern auch sein Ersatzbedarf ein erhebliches Absatzpotenzial darstellt. Die Engagierten tragen entscheidend dazu bei, dass das Unternehmen jetzt und in Zukunft erfolgreich ist. Kurzum: Der Kunde ist in seiner Kaufentscheidung zu bestätigen. Das Ziel für die Kernzielgruppe lautet daher *Bestätigung*.

2.4.4 Promotoren-Opponenten-Modell

Bei Investitionsprojekten, die einen nicht unerheblichen Einfluss auf das Veränderungsmanagement (engl. *Change Management*), also auf Struktur und Prozesse des beschaffenden Unternehmens haben, können die Akteure des Buying Center auch nach **Promotoren** oder **Opponenten** unterschieden werden, je nachdem, ob sie das Beschaffungsobjekt (z. B. Einführung eines ERP-Systems) eher fördern und unterstützen oder eher behindern und verlangsamen. Je nach Art des Einflusses im Buying Center können Promotoren bzw. Opponenten weiter unterteilt werden [vgl. Homburg/Krohmer 2009, S. 143 f.]:

- **Machtpromotoren** bzw. **-opponenten** beeinflussen das Buying Center aufgrund ihrer hierarchischen Stellung in der Organisation.

- **Fachpromotoren** bzw. **-opponenten** haben Einfluss aufgrund ihrer entsprechenden fachlichen Expertise und ihres besonderen Informationsstands.

- **Prozesspromotoren** bzw. **-opponenten** beeinflussen den Entscheidungsprozess aufgrund ihrer formellen und informellen Kommunikationsbeziehungen in der Organisation. Sie unterstützen bzw. behindern den Kaufprozess, in dem sie Verbindungen zwischen Macht- und Fachpromotoren bzw. -opponenten herstellen.

Abbildung 2-10 gibt einen Überblick über Beziehungen und Beiträge von Macht-, Prozess- und Fachpromotoren. Es soll nicht unerwähnt bleiben, dass sich die Promotoren- bzw. Opponentenrolle sowohl auf den Beschaffungsvorgang insgesamt (also auf die Problemlösung an sich) als auch auf bestimmte Auswahlalternativen (also auf das Produkt A oder B) beziehen kann.

Die Kenntnis der Rollenstruktur und die Identifikation der verschiedenen Akteure eines Buying Center stellen zentrale Ansatzpunkte für das B2B-Marketing dar. Insbesondere die unterschiedlichen Vorgehensweisen und Maßnahmen im Rahmen des Aktionsfeldes *Akquisition* sollten sehr stark geprägt sein von den unterschiedlichen Bedürfnissen und Anforderungen der verschiedenen Akteure im Buying Center.

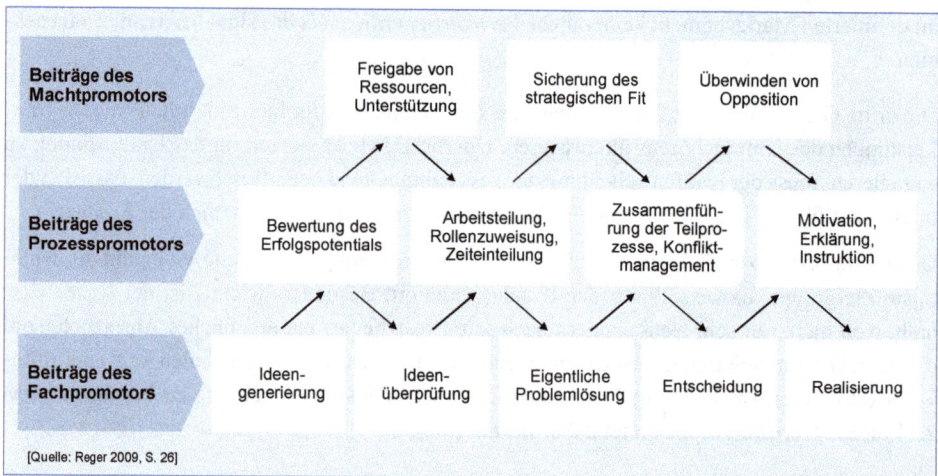

[Quelle: Reger 2009, S. 26]

Abb. 2-10:   Beziehungen und Funktionen von Macht-, Prozess- und Fachpromotoren

Bei den Mitgliedern der **Geschäftsleitung** handelt es sich in erster Linie um Machtpromotoren, die über das hierarchische Potenzial verfügen, um eine Beschaffungsentscheidung durchzusetzen. In kleineren Kundenunternehmen ist dies der Unternehmer selbst bzw. die Geschäftsführung, in größeren Unternehmen das Management der ersten und zweiten Führungsebene.

Bei Kundenunternehmen mit einer eigenen IT-Abteilung kann das **IT-Management** ein wichtiger Fach- aber auch Machtpromotor sein, den der Anbieter in jedem Fall in seinen Akquisitionsprozess einzubeziehen hat. Diese Zielpersonen sind ständig darum bemüht, alle technisch-wirtschaftlichen Details aufzunehmen, die sie in die Lage versetzen, mit dieser spezifischen

Energie auf Entscheidungs- und Innovationsprozesse einzuwirken [vgl. Strothmann/Kliche 1989, S. 81].

Die Zielpersonen der **Fachabteilungen** sind der Gruppe der Fachpromotoren zuzuordnen. Sie bereiten nicht nur den Entscheidungsprozess vor, sondern sie sind letztendlich auch die Personengruppe, die die auszuwählende Problemlösung nutzen soll.

2.5 Segmentbewertung

Wenn die Bedürfnisse, Ziele, Probleme und Erwartungen der anzusprechenden Zielgruppe transparent sind, dann ergeben sich daraus unmittelbar die qualitativen Anforderungen an die anzubietenden Beratungsleistungen. Um jedoch den Mitteleinsatz für die Vermarktung planen zu können, werden Angaben über den quantitativen Bedarf jeder Zielgruppe bzw. jedes Marktsegments benötigt. Damit stellt sich die Frage nach der *Attraktivität* der zu bearbeitenden Marktsegmente. Zur Bewertung und Absicherung der Attraktivität von Marktsegmenten können folgende Kriterien herangezogen werden [vgl. Tüschen 1989, S. 48 ff.]:

*   Segmentvolumen und -potenzial
*   Wettbewerbsintensität
*   Preisniveau
*   Kapitalbedarf.

2.5.1 Segmentvolumen und -potenzial

Segmentvolumen und *Segmentpotenzial* stellen das Mengengerüst der Nachfrage auf Basis der Anzahl der aktuellen und potenziellen Kunden dar (siehe Abbildung 2-11).

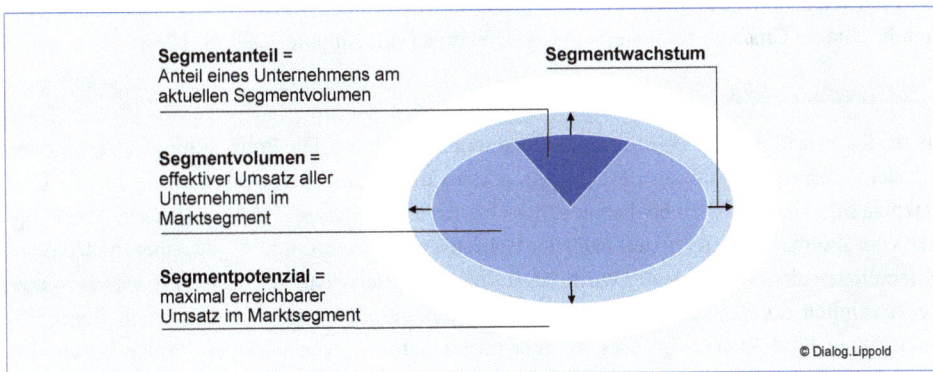

Abb. 2-11:   Segmentbezogene Zielgrößen einer quantitativen Nachfragebeurteilung

Dieses Mengengerüst erlaubt eine erste Einschätzung, ob es sich überhaupt um ein *tragfähiges Marktsegment* handelt. Im ersten Schritt wird also die Anzahl der Betriebe ermittelt, die der Zielbranche angehören, eine bestimmte Betriebsgröße aufweisen und in einer definierten Region ansässig sind. Zusätzlich können je nach Art der Beratungsleistungen auch technologische Kriterien zur Eingrenzung des insgesamt erreichbaren Marktpotenzials herangezogen werden [vgl. Tüschen 1989, S. 48]. Der (wertmäßige) *Segmentanteil* eines Unternehmens ergibt sich aus dem Verhältnis des Umsatzes, der mit den eigenen Kunden im aktuellen Segment erzielt wird, zum gesamten Segmentvolumen.

Segmentvolumen und Segmentpotenzial werden in wachstumsintensiven Marktsegmenten stärker auseinanderfallen als in gesättigten Segmenten.

2.5.2 Wettbewerbsintensität

Mit der aktuellen Größe eines Marktsegments wächst auch die *Anzahl der Wettbewerber*, so dass das insgesamt erreichbare Segmentpotenzial im zweiten Schritt durch die Wettbewerbsintensität relativiert werden muss. Segmente, die bspw. von international agierenden Anbietern bearbeitet werden, dürften als sehr wettbewerbsintensiv einzustufen sein. Ein transparentes Angebot und hohe Anforderungen an Stabilität, Qualität und Funktionalität kennzeichnen solche wettbewerbsintensiven Märkte.

Anders sieht es hingegen in Marktnischen aus, die hinsichtlich des Segmentpotenzials weniger attraktiv sind: Hier werden sich größere Anbieter kaum engagieren. Auch in Segmenten mit sehr individuell geprägten Kundenproblemen ist die Wettbewerbsintensität aufgrund der intransparenten und weniger gut vergleichbaren Leistungsangebote eher niedrig einzuschätzen. Unter dem Aspekt der Bewertung neuer Marktsegmente ist die Berücksichtigung von *Segmentbarrieren* als Gesamtheit aller hemmenden Einflussfaktoren für den Eintritt in das Marktsegment von besonderer Bedeutung [vgl. Tüschen 1989, S. 49 f.].

Darüber hinaus gilt die generelle Empfehlung, dass ein jüngeres Unternehmen nicht zu viele Marktsegmente für sich definieren sollte, da dazu die Investitionskraft in der Regel nicht ausreicht. Die Erfahrung zeigt, dass die Markteintrittsschranke bzw. Marktsegmentbarriere etwa so hoch ist, wie die bisherigen Investitionen des Markt(segment)führers. Andererseits werden die Eintrittsbarrieren durch den Technologiewandel permanent verändert und das bietet wiederum besondere Chancen für neue **Service Offerings** [vgl. Lippold 1998, S. 127].

2.5.3 Preisniveau

Im dritten Schritt ist das *Preisniveau* des Segments auszuloten. Die Preisstellung in Verbindung mit dem Absatzpotenzial (an Beratungsprojekten) liefert eine erste Abschätzung für die Umsatzplanung. Hierbei ist zu beobachten, dass häufig ein *Mengen-/Preisverhältnis* in Abhängigkeit vom Zielmarkt (differenziert nach der Betriebsgröße) existiert. D. h. je kleiner die Kundenunternehmen sind, desto kleiner wird i. d. R. auch der Preis sein, der für eine Beratungs- bzw. Serviceeinheit erzielt werden kann. In einem Produktgeschäft (also mit nahezu beliebig reproduzierbaren Produkten) wäre dies weniger problematisch, denn geringere Preise lassen sich durch entsprechende Mengen kompensieren.

Nicht so bei den *Serviceeinheiten*, die z. B. in Form von Einführungs-, Installations- und Beratungsleistungen häufig mit dem Produkteinsatz verbunden sind. Serviceeinheiten sind weder beliebig reproduzierbar noch beliebig teilbar. Sie basieren auf einer Kalkulation (Stunden- oder Tageshonorare), die sich zum überwiegenden Teil aus den Personal- und Arbeitsplatzkosten zusammensetzen. Diese Überlegung begründet auch die Erfahrung in der Software- und

Beratungsbranche, dass in kleineren Betrieben auf eine Produkteinheit nur Bruchteile einer Serviceeinheit entfallen, dagegen in Großbetrieben der Serviceanteil (meistens in Form von Modifikationen) häufig deutlich über dem entsprechen Produktanteil liegt [vgl. Lippold 1998, S. 128].

2.5.4 Kapitalbedarf

Ein weiteres Kriterium für die Attraktivität eines Segments ist der mit seiner Bearbeitung verbundene **Finanzmittelbedarf**. Bei solchen Investitionsüberlegungen tut sich das Management von Beratungsunternehmen im Vergleich zu Produktionsunternehmen etwas leichter. Investitionen in bestimmte Marktsegmente bedeuten im Consulting zumeist Investitionen in das Know-how der Mitarbeiter und nicht in Maschinen und Anlagen. Entscheidet man sich dafür, ein neues Marktsegment zu bearbeiten, so steht das Beratungsmanagement vor der Entscheidung, in die Beschaffung neuer Mitarbeiter mit den entsprechenden Skills oder in das Know-how bestehender Mitarbeiter durch gezielte Ausbildungsmaßnahmen zu investieren.

2.6 Geschäftsfeldplanung

Unter organisatorischen Gesichtspunkten und unter dem Aspekt einer gezielteren Marktbearbeitung ist die Segmentierung zugleich Grundlage der *Geschäftsfeldplanung bzw. -bestimmung* (engl. *Defining the Business*). Die für das eigene Leistungsangebot als relevant erachteten Segmente werden als **strategische Geschäftsfelder (SGF)** bezeichnet. Sie sind im Beratungsgeschäft eine Kombination aus Leistungsangebot und Markt (Zielgruppe). Sie erfüllen eigene Marktaufgaben, indem sie jeweils originäre Kundenprobleme lösen. Sie weisen gegenüber anderen Segmenten eine hinreichende Eigenständigkeit auf und haben eigene Ertragsaussichten [vgl. Tüschen 1989, S. 43; Müller 1995, Sp. 761 und Szyperski/Winand 1979, S. 197].

Ausgangspunkt der Geschäftsfeldplanung ist das bestehende Angebot bzw. Leistungsprofil der Unternehmensberatung, das den identifizierten Marktsegmenten gegenübergestellt wird. Auf diese Weise erhält man eine zweidimensionale *Leistungs-/Markt-Matrix*, in der jene Leistungs-/Markt-Kombinationen ausgewählt werden, die das Unternehmen momentan bedient. Auf der Grundlage der als besonders strategisch erachteten Kriterien (z. B. eine bestimmte Technologie oder Kundengruppe) werden sodann einzelne Leistungs-/Markt-Kombinationen zu strategischen Geschäftsfeldern zusammengefasst [vgl. Müller-Stewens/Lechner 2001, S. 114 ff.].

Das organisatorische Gegenstück zu markt(segment)orientierten Geschäftsfeldern bilden **strategische Geschäftseinheiten (SGE)**. Eine strategische Geschäftseinheit entsteht durch die *interne Segmentierung* eines Unternehmens und ist für die Bearbeitung eines oder mehrerer Geschäftsfelder zuständig [vgl. Müller-Stewens/Lechner 2001, S. 121].

Eine – zumindest vertrieblich ausgerichtete – Organisation nach Geschäftsfeldern in Form von Geschäftseinheiten verkürzt die Wege zum Kunden, weil sie neben den eigenen Produkten bzw. deren Funktionalitäten auch die Bedürfnisse der Kunden in den Mittelpunkt stellt. In Abbildung 2-12 sind die Stufen der Geschäftsfeldplanung dargestellt.

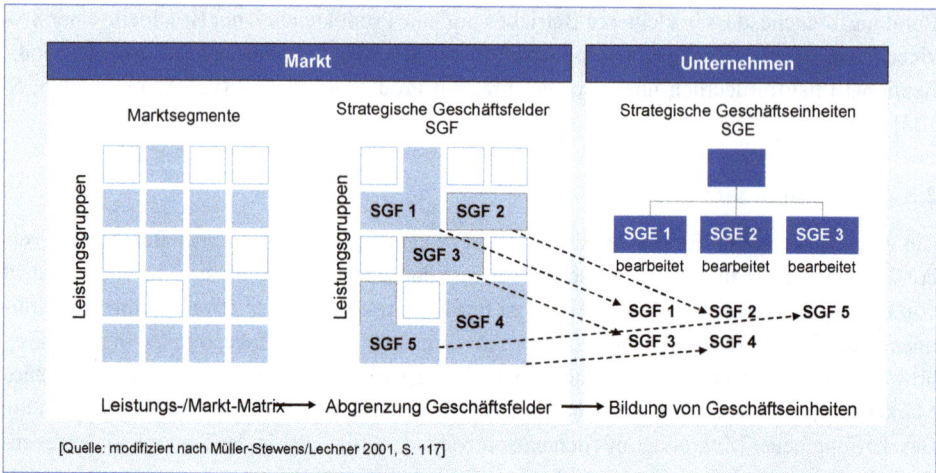

[Quelle: modifiziert nach Müller-Stewens/Lechner 2001, S. 117]

Abb. 2-12:   Stufen der Geschäfsfeldplanung

2.7 Segmentierungsstrategien und praktische Umsetzung

Die Bildung von Geschäftsfeldern als Ergebnis der Segmentierung wirft zugleich die Frage nach der *Anzahl* der zu bearbeitenden Geschäftsfelder bzw. Marktsegmente und damit den *Grad der Abdeckung* des Marktes auf. Grundsätzlich lassen sich die in Abbildung 2-13 dargestellten fünf typische Marktbearbeitungsmuster unterscheiden [vgl. Becker 2009, S. 448 f. unter Bezugnahme auf Abell 1980]:

- **Gesamtmarktabdeckung.** Hierbei geht es um die Abdeckung aller relevanten Teilmärkte mit jeweils darauf abgestimmten Leistungsalternativen. Für den Beratungsbereich ist dieses Marktbearbeitungsmuster kaum relevant, denn selbst die großen internationalen Beratungsunternehmen werden kaum eine Gesamtmarktabdeckung (z. B. inklusive Mittelstandsberatung) anstreben. Das bekannteste Beispiel für den B2B-Bereich ist die IBM im Computermarkt in den 1990er Jahren.

- **Marktspezialisierung.** Dieses Marktbearbeitungsmuster sieht die vollständige Abdeckung eines Teilmarktes mit einem „kompletten" Programm vor (Beispiele: Automotive-Beratung, Bankenberatung, Beratung für die Bekleidungsindustrie).

- **Leistungsspezialisierung.** Bei der Leistungsspezialisierung geht es um die vollständige Abdeckung eines Leistungsbereichs (Beispiele: Marketingberatung, CRM-Beratung, Sanierungsberatung).

- **Selektive (differenzierte) Spezialisierung.** Dieses Marktbearbeitungsmuster sieht die Bearbeitung ausgewählter Teilmärkte zur Ausschöpfung möglichst attraktiver Leistungs-/Markt-Kombinationen vor (Beispiele: CRM-Beratung für SAP-Anwender, Strategieberatung für den Mittelstand).

- **Nischenspezialisierung.** Bei der Nischenspezialisierung geht es um die Konzentration auf einen (kleinen) Teilmarkt aufgrund spezieller Kompetenzen und/oder besonderer Attraktivität der Nische (Beispiele: Hochregallagersteuerung, Life-Cycle-Managementberatung in der Automobilindustrie).

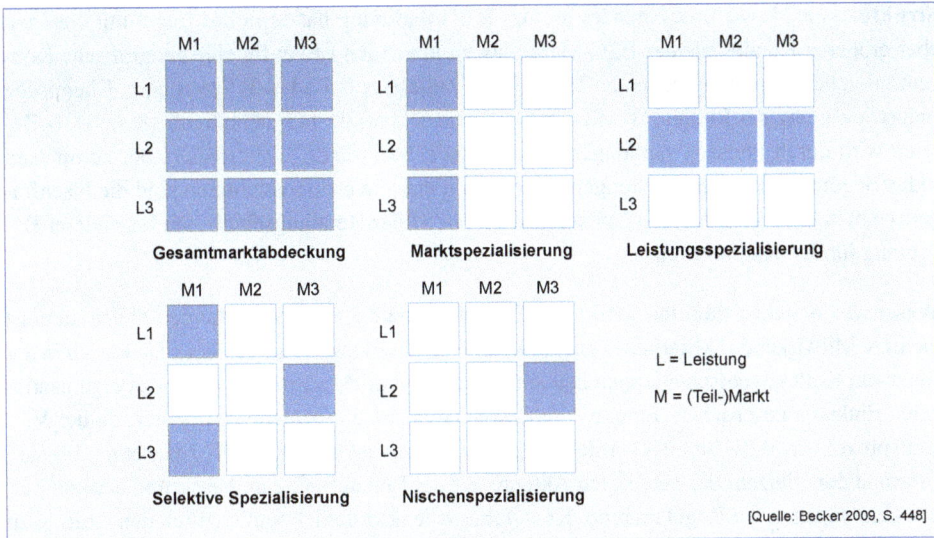

Abb. 2-13: *Idealtypische Marktbearbeitungsmuster*

In diesem Zusammenhang müssen auch zwei typische Risiken der Marktsegmentierung genannt werden. Zum einen handelt es sich um die Gefahr der *Übersegmentierung*, zum anderen um die Gefahr der *Überkonzentration*.

Bei der **Übersegmentierung** (engl. *Oversegmentation*) besteht das Risiko darin, dass Märkte „künstlich" zu stark aufgeteilt werden. Diese Gefahr ist vornehmlich dann gegeben, wenn eine Unternehmensberatung (zu) viele Service Offerings mit unterschiedlichen Marketingprogrammen in einem Zielmarkt vorhält. Eine **Überkonzentration** (engl. *Overconcentration*) ist vor allem dann gegeben, wenn sich ein Unternehmen zu sehr auf ein Segment konzentriert [vgl. Becker 2019, S. 291].

2.8 Organisationales Kaufverhalten

Das Kaufverhalten von Organisationen (Unternehmen und Behörden) weicht in vielerlei Hinsicht vom Kaufverhalten der Konsumenten ab. **Unternehmen** erwerben Roh-, Hilfs- und Betriebsstoffe, technische Anlagen, Ersatzteile, Werkzeugmaschinen, Produktkomponenten, Telekommunikationseinrichtungen und gewerbliche Dienstleistungen, um eigene Produkte und Dienstleistungen zu erstellen. **Behörden bzw. öffentliche Institutionen** kaufen Güter und Dienstleistungen ein, um die ihnen übertragenen Aufgaben zu erstellen. Das Verständnis für die Besonderheiten organisationaler Kaufentscheidungen ist für die Marktsegmentierung im B2B-Bereich eine wichtige Voraussetzung.

B2B-Märkte sind in bestimmten Merkmalen anders ausgeprägt als B2C-Märkte. Die Besonderheiten ergeben sich aus der Markt- und Nachfragestruktur, aus dem spezifischen Wesen des organisationalen Einkaufs sowie aus der Komplexität im organisatorischen Zusammenspiel zwischen Lieferanten und Kunden [vgl. hierzu und im Folgenden Kotler et al. 2007, S. 315]:

Struktur von Markt und Nachfrage. Das B2B-Marketing hat es in der Regel mit weniger, aber größeren Kunden als das B2C-Marketing zu tun. Auch ist häufig eine geografische Konzentration bestimmter Branchen zu beobachten (Zulieferer in Baden-Württemberg, Chemische Industrie entlang des Rheins, Werften in Norddeutschland). Die Gesamtnachfrage im B2B-Bereich wird durch Preisschwankungen weniger stark beeinflusst. Insbesondere bei komplexen Industriegütern und -dienstleistungen mit einem hohen Investitionsvolumen sind die Nachfragerhythmen eher unregelmäßig. In solchen Fällen ist der Beratungsanteil von besonderer Bedeutung für den Kaufabschluss.

Wesen des organisationalen Einkaufs. Organisationale Kaufentscheidungen haben zumeist mehrere Mitwirkende (Mitarbeiter aus Einkauf, Fachabteilung, Management). Da es sich in der Regel um Kollektiventscheidungen handelt, wird auch von **Multipersonalität** des organisationalen Einkaufs gesprochen. Eine zweite Besonderheit ist die **Multitemporalität**, da der Verkaufsprozess im B2B-Bereich zeitlich länger anzusetzen ist als beim B2C-Marketing. So sind aufgrund der Vielzahl der beteiligten Akteure auf der Einkaufsseite und aufgrund der komplexen Leistungen in der Regel mehrere Kontaktbesuche erforderlich, um letztlich den Auftrag zu erhalten. Eine weitere Besonderheit ist die Vielzahl von weiteren Organisationen, die insbesondere bei komplexen Gütern und Leistungen sowohl auf der Anbieterseite (z. B. als Subunternehmen) als auch auf der Nachfragerseite (z. B. Ingenieurbüros) in den Verkaufsprozess eingebunden sind. Charakteristisch für den B2B-Bereich ist weiterhin ein professionelles Beschaffungsmanagement mit einem hohen Formalisierungsgrad (Einholung von Alternativangeboten, Ausschreibungen). **Multioperativität** und **Multiorganisationalität** sind hier die besonderen Merkmale des organisationalen Einkaufs [vgl. Backhaus/Voeth 2014, S. 10].

Komplexität des organisatorischen Zusammenspiels. Komplexe technische Zusammenhänge bei einer Vielzahl von industriellen Gütern bestimmen das B2B-Marketing, das die Aufgabe hat, Leistungsdaten und technische Informationen verständlich aufzubereiten. Eine weitere Besonderheit im B2B-Bereich ist, dass die einkaufende Organisation häufig solche Lieferanten auswählt, die umgekehrt auch bei ihr einkauft (Reziprozität). Aufgrund des Einkaufsvolumens und der damit verbundenen Einkaufsmacht, ist dem anbietenden Unternehmen besonders an einer engen, langfristigen und auch persönlichen Geschäftsbeziehung gelegen.

Abbildung 2-14 liefert einen Überblick über die Besonderheiten der B2B-Märkte.

Struktur von Markt und Nachfrage	Wesen des organisationalen Einkaufs	Komplexität im organisatorischen Zusammenspiel
• Weniger und größere Käufer • Geografische Käuferkonzentration • Abgeleitete Nachfrage • Unbeständige Nachfrage • Besondere Bedeutung von Dienstleistungen	• Multipersonalität (Buying Center) • Multiple Verkaufskontakte (Sales Cycle) • Multioperationalität und Multiorganisationalität • Professionelles Einkaufsmanagement und hoher Formalisierungsgrad	• Komplexe Zusammenhänge (z.B. Systemkauf) • Reziprozität • Langfristigkeit der Geschäftsbeziehung • Hoher Grad der persönlichen Interaktion der Geschäftspartner

[Quelle: Kotler et al. 2007, S. 315]

Abb. 2-14: Charakteristika des organisationalen Kaufverhaltens

2.9 Künstliche Intelligenz in der Marktsegmentierung

Zentrales Ziel der Segmentierung ist es, seine Kunden bestmöglich zu verstehen. Schließlich ist es von entscheidender Bedeutung für jedes Beratungsunternehmen, wenn es weiß, welche Kundengruppen mit welchen spezifischen Bedürfnissen und Verhaltensweisen sich voneinander abgrenzen lassen.

Diese Zielsetzung verlangt ab einer gewissen Größe und Vielfalt der potenziellen Kundengruppen den Einsatz von intelligenten Analysen des derzeitigen und potenziellen Kundenstammes. Besonders geeignet sind hierzu maschinelle Clusteringverfahren. Als Anwendungsfall der Künstlichen Intelligenz (KI) werden dem Algorithmus die verschiedensten Kundendaten bereitgestellt. Dieser bildet sodann eigenständig Gruppen, die möglichst homogen sind – unabhängig davon, welches Marktbearbeitungsmuster, welche organisationsbezogene Kriterien oder welches Zielpersonenkonzept vorliegt.

Die Erstellung einer clusterbasierten Kundensegmentierung kann als Einstieg in die Welt der Künstlichen Intelligenz im Marketing und Vertrieb angesehen werden. Kundensegmentierungen können je nach Anwendungsfall für unterschiedliche Zwecke genutzt werden, beispielsweise für die Ermittlung von offenen Umsatzpotenzialen, für die Kampagnenoptimierung oder für die explorative Analyse Ihres Kundenbestands. Die maschinell erstellte Kundensegmentierung deckt sich häufig mit dem Bauchgefühl der verantwortlichen Fachbereiche und gibt ihnen Sicherheit und neue Einblicke in das Kundenverhalten. [vgl. Wuttke 2022, S. 116].

Wuttke [S. 117 f.] empfiehlt folgendes iterative Vorgehen bei einer clusterbasierten Segmentierung:

- Schritt 1: Definition der Zielstellung (z.B. Identifkation von Kunden, Planung und Steuerung von Kampagnen)

- Schritt 2: Datenaufbereitung und Auswahl der Merkmale (relevante Datenquellen identifizieren, Merkmale ableiten)

- Schritt 3: Erstellung des Clusterings (Modellierung) (z.B. mit K-Means als iteratives Verfahren)

- Schritt 4: Exploration und Beschreibung der Ergebnisse (liefert fachliche Expertise und die Interpretation der Ergebnisse)

Die Segmentierung des (potenziellen) Kundenmarkts ist zwar einerseits sehr wertvoll, anderseits kann dieser Prozess auch sehr aufwendig sein. Daher sollte zuvor geprüft werden, ob eine clusterbasierte Methode der richtige Ansatz für die Problemstellung ist, denn häufig können auch einfache eindimensionale oder mehrdimensionale Verfahren bereits gute Ergebnisse liefern.

3. Positionierung – Optimierung des Kundenvorteils

3.1 Aufgabe und Ziel der Positionierung

Die Positionierung ist das zweite wichtige Aktionsfeld im Vermarktungsprozess (siehe Abbildung 3-01). Sie zielt darauf ab, innerhalb der definierten Segmente bzw. Geschäftsfelder eine klare *Differenzierung* gegenüber dem Leistungsangebot des Wettbewerbs vorzunehmen: Die Einbeziehung des Wettbewerbs und seiner Stärken und Schwächen ist also ein ganz entscheidendes Merkmal der Positionierung [vgl. Lippold 2018c].

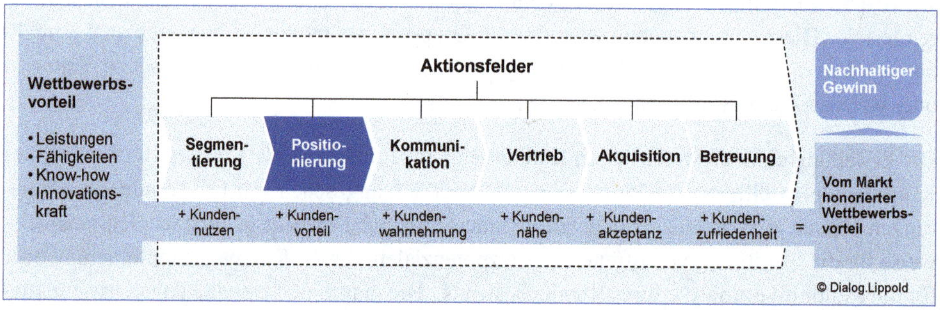

Abb. 3-01:   Positionierung als zweites Aktionsfeld der Marketing-Gleichung

Jedes Unternehmen tritt in seinen Marktsegmenten in aller Regel gegen einen oder mehrere Wettbewerber an. In dieser Situation reicht es nicht aus, *ausschließlich* nutzenorientiert zu argumentieren. Neben den reinen **Kunden**_nutzen_ muss vielmehr der **Kunden**_vorteil_ treten. Der Kundenvorteil im Consulting definiert sich als der Vorteil, den der Kunde beim Erwerb der Leistung gegenüber der des Wettbewerbers hat. Wer überlegenen Nutzen (= Kundenvorteil) bieten will, muss die Bedürfnisse, Probleme, Ziele und Nutzenvorstellungen des Kundenunternehmens sowie die Vor- und Nachteile bzw. Stärken und Schwächen seines Leistungsangebotes gegenüber denen des Wettbewerbs kennen. Die Positionierung zielt also auf die Optimierung des Kundenvorteils ab:

Kundenvorteil = f (Positionierung) → optimieren!

Die wesentlichen Fragen in diesem Zusammenhang sind:

- Wie differenziert sich das eigene Angebot von dem des Wettbewerbs?
- Welches sind die wichtigsten *Alleinstellungsmerkmale*?

Bei der Beantwortung geht es allerdings nicht so sehr um die Herausarbeitung von Wettbewerbsvorteilen an sich. Entscheidend sind vielmehr jene Leistungsvorteile, die für den Kunden interessant sind und einen besonderen Wert für ihn haben. Ein Unternehmen kann diesen Wert, dieses *"Mehr an Nutzen bieten, indem es besser, neuer, schneller oder preisgünstiger ist"* [Kotler et al. 2007, S. 400].

Leistungsvorteile müssen also ein Bedürfnis bzw. ein Problem der Zielgruppe befriedigen bzw. lösen. Vorteile, die diesen Punkt nicht treffen, sind von untergeordneter Bedeutung.

Unternehmen, die es verstehen, sich im Sinne des Kundenproblems positiv vom Wettbewerb abzuheben, haben letztendlich die größeren Chancen bei der Auftragsvergabe.

Positionierung ist also die Schaffung einer klaren Differenzierung aus Kundensicht und besteht in der Reduktion auf die wichtigsten Ausprägungen des Kundenvorteils. Das führt zu einer Konzentration auf jene Leistungsmerkmale, die aus Kundensicht eine klare Differenzierung gegenüber dem Wettbewerb bewirken. Damit führt die Positionierung zur Bestimmung des Kommunikationsinhaltes, denn jegliche Kommunikation mit dem Kunden sollte auf dessen Vorteil ausgerichtet sein [vgl. Grosse-Oetringhaus 1986, S. 3].

Nachdem der Unterschied zwischen Kundennutzen und Kundenvorteil herausgearbeitet worden ist, sind in diesem Kontext noch weitere Begriffe, die teilweise synonym zum **Kundenvorteil** verwendet werden, abzugrenzen [vgl. Backhaus/Voeth 2014, S. 19 ff.]:

- Ein **Netto-Nutzen-Vorteil** ist dann gegeben, wenn der Nutzen für den Nachfrager größer ist als der Preis. Bei diesem Konstrukt fehlt allerdings die Wettbewerbskomponente.

- Das Akronym **USP (Unique Selling Proposition)** beschreibt das Alleinstellungsmerkmal eines Produktes bzw. der Leistung. Der USP betont zwar den Wettbewerbsbezug, nicht aber den Preis, der vom Nachfrager zu zahlen ist.

- **Value Proposition** ist der Wert (engl. *Value*) von Nutzenelementen, die ein Nachfrager im Austausch für den gezahlten Preis bekommt. Die Differenz zwischen Wert und Preis entspricht dem Netto-Nutzen-Vorteil.

- Beim **Wettbewerbsvorteil**, der sich neben Leistungs- bspw. auch aus Kosten- oder Standortvorteilen zusammensetzen kann, dominiert die Wettbewerbskomponente die Kundenkomponente. Der Wettbewerbsvorteil an sich zählt nicht, entscheidend ist, dass er auch vom Kunden wahrgenommen wird. Damit wirken Wettbewerbsvorteile nur mittelbar.

- Das Konstrukt des **komparativen Konkurrenzvorteils (KKV)** fasst beide Perspektiven, also die Kundenkomponente und die Wettbewerbskomponente zusammen. Der KKV besteht aus einer (kundenorientierten) *Effektivitätsposition* (mit den Merkmalen *Bedeutsamkeit* und *Wahrnehmung*) und einer (wettbewerbsorientierten) *Effizienzposition* (mit den Merkmalen *Verteidigungsfähigkeit* und *Wirtschaftlichkeit*).

Obwohl der KKV, der speziell für das Industriegütermarketing entwickelt worden ist [Backhaus], sicherlich das umfassendste Konstrukt in diesem Kontext darstellt, soll hier weiterhin an der einfacheren Begrifflichkeit des **Kundenvorteils** festgehalten werden.

Grundsätzlich gibt es zwei Möglichkeiten, die Stärken von Beratungsunternehmen in Kundenvorteile umzusetzen: Entweder mit dem **Leistungsvorteil** oder mit dem **Kosten- bzw. Preisvorteil**. Die Positionierung von Leistungsvorteilen ist häufig sehr viel schwieriger als die von Preisvorteilen, da der Preis- oder Kostenvorteil ceteris paribus objektivierend wirkt. Das Kriterium der leistungsbezogenen Differenzierung kann daher nur der *Alleinstellungsanspruch* sein, denn die Einzigartigkeit wird im Wettbewerbsvergleich ebenfalls objektivierend beurteilt. Prinzipiell bietet jeder Leistungsparameter Chancen, Kundenvorteile zu erzielen. Entscheidend für die Durchsetzung von Kundenvorteilen ist, dass sich der Kommunikationsinhalt auf Einzigartigkeit, Verteidigungsfähigkeit und auf jene Leistungseigenschaften konzentrieren sollte, die der Kunde besonders hoch gewichtet [vgl. Grosse-Oetringhaus 1986, S. 3 und 41].

Hinzu kommt bei der Positionierung von Dienstleistungen noch ein weiterer Aspekt: Da sich das Kundenunternehmen im Vorfeld einer Auftragsvergabe häufig sehr schwer tut, einen Vergleich von Leistungen durchzuführen, die erst in der Zukunft erbracht werden, wird es sich anderer Vergleichskriterien bedienen. Hierzu zählt in erster Linie der Berater selbst, der die Leistung verkauft bzw. präsentiert und ggf. später auch ausführt. Insofern kommt zum reinen Leistungsvorteil noch der **Vertrauensvorteil**, den sich der Berater durch seine **Persönlichkeit**, aber auch durch die **Reputation des Beratungsunternehmens insgesamt** erwerben kann.

Insofern können bei der Unternehmensberatung drei Positionierungsmerkmale aufgeführt werden:

- Das **Unternehmen** (als Ganzes) als Positionierungselement
- Die **Leistung** als Positionierungselement
- Der **Preis** als Positionierungselement

3.2 Das Unternehmen als Positionierungselement

Es gibt nicht *den* Beratungsmarkt und damit auch nicht die typische Unternehmensberatung. Zu unterschiedlich sind die Beratungssegmente, zu unterschiedlich sind die Kundenanforderungen in diesen Segmenten und zu unterschiedlich die Möglichkeiten, diese Segmente zu bedienen. Die hochdifferenzierte Beratungslandschaft ist nichts anderes als das Spiegelbild der vielfältigen Ausprägungen unternehmerischer Tätigkeit und den damit verbundenen Anforderungen.

3.2.1 Unternehmenszweck und Sachziel

Ein Beratungsunternehmen, das sich auf solch einem heterogenen Markt behaupten will, muss zwei Aufgaben erfolgreich bewältigen. Zum einen muss es ein Leistungsangebot entwickeln, das dem des Wettbewerbs überlegen ist, und zum anderen muss diese Überlegenheit im Markt kommuniziert werden. Kass bezeichnet die erste Aufgabe als **Leistungsfindung** und die zweite Aufgabe als **Leistungsbegründung** [vgl. Kaas 2001, S. 106].

Zur Aufgabe der Leistungsfindung stellt sich für jedes Beratungsunternehmen die Frage, ob es als Strategie-, Management-, Marketing-, HR-, Controlling-, Outsourcing-, Innovations-, Sanierungsberatung oder vielleicht als Mittelstandsberatung agieren will.

Ferner ist im Rahmen der Leistungsfindung festzulegen, für welche Branchen und für welche Unternehmensgrößen diese Beratungsleistungen schwerpunktmäßig angeboten werden sollen. Gefragt ist also das **Sachziel** bzw. der **Unternehmenszweck** des Beratungsunternehmens. Während das Sachziel den Markt definiert, in dem das Unternehmen tätig sein will, legen die

Formalziele die Dimensionen der Zielerreichung (Gewinn, Umsatz etc.) und das Ausmaß ihrer Erfüllung (Maximierung, Minimierung) fest [vgl. Bidlingmaier 1973, S. 25].

Der Unternehmenszweck (bzw. das Sachziel) gibt vor, welche Art von Leistungen das Unternehmen im Markt erbringen und anbieten soll. Er gibt Antwort auf die Frage. „Was ist unser Geschäft und was wird zukünftig unser Geschäft sein?" Die damit angesprochene *Mission* einerseits und *Vision* andererseits müssen durch bestimmte Leistungen verwirklicht und „gelebt" werden, damit sie zu starken Marken-, Produkt- bzw. Unternehmenskompetenzen sowie zu *Wettbewerbsvorteilen* führen. Die wichtigsten Fragen zur Mission, die die „klare Absicht des Unternehmenszwecks" beschreibt, und zur Vision als „ehrgeizige Zukunftsvorstellung" eines Unternehmens liefert Abbildung 3-02 [vgl. Becker 2009, S. 40].

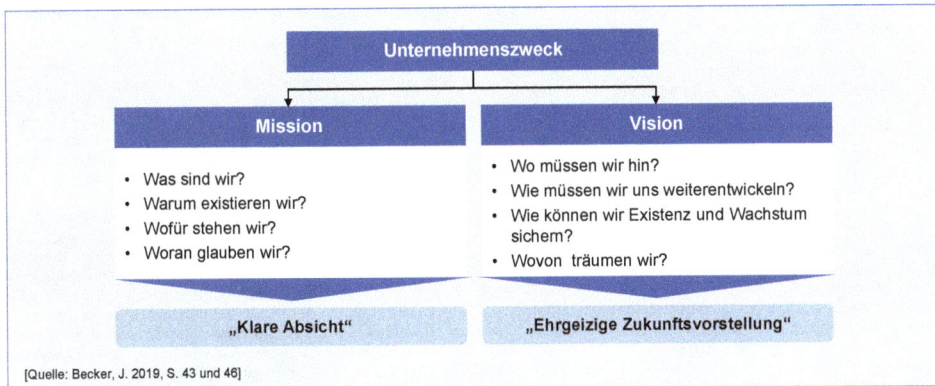

Abb. 3-02:   Fragen zu Mission und Vision

Besonders die **Vision** verfügt über wesentliche unternehmerische Funktionen und Effekte. Sie ist die treibende Kraft zur Durchsetzung des Wandels und hat die Aufgabe, den Mitarbeitern ein unternehmerisches Zukunftsbild vorzugeben, Komplexität zu beherrschen und gerade in unsicheren Zeiten eine Orientierung und Richtung zu weisen. Zudem setzt eine tragfähige Vision bei den Organisationsmitgliedern in hohem Maße Kreativitäts- und Innovationspotenziale frei [vgl. Menzenbach 2012, S. 13 f.].

Im Zusammenhang mit dem Begriff *Unternehmenszweck* hat in jüngster Zeit ein weiterer Anglizismus Beachtung gefunden: **Purpose**. Prinzipiell ist Purpose (engl. *Zweck, Sinn*) nichts Anderes als alter Wein in neuen Schläuchen. Allerdings stellt Purpose mehr den intrinsischen Aspekt des Unternehmenszwecks in den Vordergrund. Damit wird die Sinnfrage, die insbesondere die jungen Generationen Y und Z angesichts ihrer täglichen Arbeit wiederholt stellen, zum gemeinsamen, verbindenden Gedanken zwischen Arbeitnehmern und dem Unternehmen [vgl. Lippold 2021, S. 124].

Insert 3-01 zeigt die Unterschiede zwischen dem Unternehmenszweck und Purpose in einem Blog-Beitrag ausführlich auf.

┌─ Insert ───

Unternehmenszweck oder Purpose – was ist der Unterschied?

Seit geraumer Zeit hat ein bemerkenswerter Anglizismus die Unternehmenswelt erreicht: Purpose, was übersetzt so viel heißt wie Zweck oder Sinn. Ganz offensichtlich steht dahinter die Überlegung aus dem Generationenvergleich, dass die Generationen Y und Z zunehmend die zu erledigenden Aufgaben hinterfragen, weil sie die Sinnhaftigkeit darin erkennen wollen. Die jungen Generationen beschäftigt also ganz offensichtlich sehr viel stärker Sinn und Zweck ihrer Tätigkeit als frühere Generationen. Für Digital Natives ist es motivierend, berufliches Schaffen mit individuellem Lebenssinn zu verknüpfen. Und das ist gut so, denn der Mensch braucht Orientierung und einen stabilen Kern, um erfolgreich mit den Veränderungen in unserer Umwelt, im Freundes- und Familienkreis und in der Arbeit umgehen zu können.

Diese Erkenntnis trifft aber nicht nur für **Individuen**, sondern auch für **Unternehmen** zu. Daher gilt es als ausgemacht, dass ein Unternehmen heute einen Purpose – also eine Mission und eine Vision – braucht. Denn Unternehmen, die ihren Purpose kennen, kennen ihren Zweck und ihre Bestimmung.
Doch bei genauer Betrachtung ist Purpose so etwas wie „alter Wein in neuen Schläuchen". Schließlich hat die Betriebswirtschaft mit dem Begriff **Unternehmenszweck** schon vor viel längerer Zeit genau diesen Purpose geschaffen. Der Unternehmenszweck gibt nämlich vor, welche Art von Leistungen das Unternehmen im Markt erbringen und anbieten soll. Er gibt Antwort auf die Frage: „Was ist unser Geschäft und was wird zukünftig unser Geschäft sein?" Damit angesprochen ist die **Mission** und die **Vision** des Unternehmens.
Die **Vision** gilt als der „Ursprung der unternehmerischen Tätigkeit" und als „generelle Leitidee". Sie beschreibt die Seele des Unternehmens und soll ein positives und damit wünschenswertes Zukunftsbild eines Unternehmens zeichnen.

Die **Mission** trifft Aussagen über die Kernkompetenz bzw. den Wettbewerbsvorteil, den das Unternehmen mit seinen Produkten, Dienstleistungen oder Lösungen erzielen kann. Sie beschreibt, welche Kundenbedürfnisse befriedigt, welche Kundengruppen bedient und durch welche Aktivitäten, Technologien und Fähigkeiten das Unternehmen den Kunden einen Wert bieten kann. Und doch lässt sich diesem „alten Wein" etwas Gutes abgewinnen – in zweierlei Hinsicht:
Zum einen stellt Purpose mehr den **intrinsischen Aspekt** in den Vordergrund. Damit wird die Sinnfrage zum gemeinsamen, verbindenden Gedanken zwischen Arbeitnehmern und dem Unternehmen. Sie ziehen gemeinsam an einem Strang. Materielle Anreize reichen Studien zufolge nicht mehr aus, um für qualifizierte Bewerber attraktiv zu sein. Aber ohne eine sinnstiftende Gemeinsamkeit würden sich nicht nur Digital Natives gar nicht erst bewerben, sondern auch langfristig orientierte Investoren würden das Unternehmen meiden. Zum anderen sollte der intrinsische Aspekt des Purpose den Unternehmen Anlass geben, den Unternehmenszweck im Hinblick auf Mission und Visio zu schärfen. Themen wie **endliche Ressourcen** und **Nachhaltigkeit** sind in Zeiten von *Fridays for future* häufig noch zu wenig im Unternehmenszweck verankert.

[Quelle: Lippold 2022]

└──

Insert 3-01:   Unterschied zwischen Unternehmenszweck und Purpose

Der Unternehmenszweck findet häufig – gepaart mit einer konsequent kundenorientierten Kernaussage – seinen Niederschlag in der **Kommunikationspolitik** als sogenannte *Tagline*, die im „Untertitel" der Unternehmensmarke geführt wird. Beispiele für solche Taglines sind bzw. waren:

- BearingPoint: „To get there. Together."
- EY (Ernst & Young):   "Building a better working world"
- Accenture: „High performance. Delivered."
- KPMG: „Cutting through complexity"
- Droege Group: „Advisory & Capital"
- Capgemini: „Consulting. Technology. Outsourcing" und „People matter. Results count."

Heute verwendet allerdings nur noch EY eine Tagline.

Darüber hinaus besteht für Beratungsunternehmen die Möglichkeit, das Sachziel unmittelbar in die Firmenbezeichnung, also direkt in den Unternehmensnamen einzubeziehen. Beispiele dafür sind folgende Firmen:

- Camelot Management Consultants
- Kienbaum Management Consultants
- Roland Berger Strategy Consultants
- Capgemini Invent
- Steria Mummert Consulting
- IFH Retail Consultants
- Erfolgsketten Management Wilkes-Stange
- BMU Beratungsgesellschaft Mittelständischer Unternehmen
- UBG Unternehmensberatung für das Gesundheitswesen
- USL Unternehmensberatung Spedition und Logistik

Besonders wertvoll ist die Übernahme des Sachziels in die Firmierung immer dann, wenn das Beratungsunternehmen noch sehr jung und/oder noch nicht so bekannt ist. Auch wird dieses Prinzip immer dann angewendet, wenn ein Unternehmen, das einen anderen Geschäftsschwerpunkt hat, ein neues Geschäftsfeld im Bereich der Unternehmensberatung etablieren möchte.

3.2.2 Geschäftsfelddefinition – Bestimmung der Beratungsfelder

Die Festlegung der Sachziele eines Unternehmens (und damit die *Leistungsfindung*) geht einher mit der Geschäftsfelddefinition (engl. *Defining the business*).

Aus Sicht des Verfassers haben sich die in Abbildung 3-03 aufgeführten Beratungsthemen, die dann zu Beratungsfeldern ausgebaut wurden, als relativ eigenständig erwiesen. Dabei ist auffällig, dass die Beratungsfelder mit wenigen Ausnahmen vorwiegend querschnittsorientiert, d. h. funktions- und branchenneutral ausgerichtet sind.

Beratungsthema	Beratungsfeld	Ausprägungen und Inhalte
Strategie	Strategieberatung (Managementberatung)	• Corporate Strategy • Corporate Finance • Marketing- und Vertriebsstrategie
Organisation	Organisationsberatung (Prozessberatung)	• Prozessoptimierung und Performance Management • Change Management • CRM und Vertrieb • Beschaffung und Supply Chain Management
IT (Informationstechnik)	IT-Beratung (IT-Consulting)	• Systemberatung • Systemintegration
Innovation	Innovationsberatung	• Technologieberatung • Business Development und Innovation
Fusion	Fusionsberatung	• M&A-Beratung • Post-Merger-Integration
Gründung	Gründungsberatung	• Entwicklungsberatung • Nachfolgeberatung
Steuerung	Steuerungsberatung	• Controlling-Beratung • Finanz- und Prozesscontrolling
Sanierung	Sanierungsberatung	• Restrukturierungsberatung • Insolvenzberatung • Turnaround-Beratung
HR (Human Resources)	HR-Beratung	• HR-Strategie • Vergütungsberatung • Talent Management • Management Diagnostik und Development • Outplacement-Beratung
Digitalisierung	Digitalisierungsberatung	• Digital Consulting Services • Digital Agency Services • Digital Technology Services
...	...	...

Abb. 3-03:   Übergang von Beratungsthemen zu Beratungsfeldern

Zu einem ähnlichen Ergebnis kommt bereits eine Befragung von 39 BDU-Beratern aus dem Jahre 1990, nach der zwei Drittel der Berater die Unternehmensberatung primär funktions- und branchenübergreifend durchführen. Die wichtigsten inhaltlichen Schwerpunkte bildeten die Organisation- und EDV-Beratung, gefolgt von der Marketingberatung [vgl. Meffert 1990, S. 183].

Dennoch hat eine Ausrichtung nach Funktionen, Beratungsthemen, Branchen oder nach der Unternehmensgröße der Kundenunternehmen den Vorteil, dass sich solch eine Spezialisierung in der Regel leichter kommunizieren und damit besser vermarkten lässt. Eine Unternehmensberatung, die sich auf ein bestimmtes Beratungsthema spezialisiert hat, kann leichter ein Markenbild aufbauen und sich damit besser profilieren als ein Generalist.

Die Chancen und Risiken der individuellen Leistungsfindung hängen von zahlreichen Bestimmungsfaktoren ab, z. B. von der Intensität des Wettbewerbs, vom Preisniveau und vom Umfang und Potenzial der definierten Beratungsfelder (siehe auch Abschnitt 3.2.4).

3.2.3 Spezialisierung nach Funktionen bzw. Beratungsthemen

Die Spezialisierung auf eine bestimmte Funktion bzw. auf ein Beratungsthema hat nicht nur den Vorteil der leichteren Vermarktungsfähigkeit, auch weist Christian Schade theoretisch nach, dass sich ein Beratungsspezialist ceteris paribus auf der Umsatzseite besser entwickelt als ein Generalist [vgl. Schade 2000, S. 240 ff.].

Und wenn man zusätzlich in Erwägung zieht, dass sich mit der Festlegung der funktionalen Schwerpunkte auch die Möglichkeit zur Entwicklung und Vermarktung von **Beratungsprodukten** ergibt, wird leicht ersichtlich, welche Durchschlagskraft eine Orientierung nach Funktionen oder nach Beratungsthemen haben kann. Beratungsprodukte können dabei als wiederholbare standardisierte Vorgehensweisen zur Lösung eines (Standard-)Problems bezeichnet werden [vgl. Niedereichholz 2010, S. 55].

Zwei Beispiele für Beratungsunternehmen, die erfolgreich funktionale Schwerpunkte setzen, sollen hier genannt werden: Zum einen handelt es sich um die 4Flow Consulting, die sich mit ihren 180 Mitarbeitern auf dem Gebiet der Logistikberatung einen Namen gemacht hat. Zum anderen ist es Simon, Kucher & Partners mit Fokus auf Marketing-, Vertriebs- und Pricing-Strategien. Im Bereich der Preispolitik gilt das Unternehmen sogar als Weltspitze.

3.2.4 Spezialisierung nach Branchen

Einer alten angloamerikanischen Regel zur Folge wird die Branchenorientierung mit *Standbeinen* verglichen, auf denen man jederzeit feststehen sollte. Die funktionale Spezialisierung von Beratungsunternehmen sind dagegen eher *Spielbeine*, die zur Not auch einmal in anderen Branchen tätig sein können. Branchenorientierung heißt für den Berater, dass er die Entwicklung, die Besonderheiten, das Selbstverständnis, das Preisgefüge und die psychologischen Befindlichkeiten der Branche aus eigener Erfahrung kennt. Er ist in dieser Branche bekannt, verfügt über ein Netzwerk von persönlichen Kontakten zu wichtigen Akteuren und den Meinungsführern der Branche [vgl. Niedereichholz 2010, S. 53 ff.].

Unter der Vielzahl der in unserer Wirtschaft existierenden Branchen hat sich das **verarbeitende Gewerbe** mit seinen Untergruppen (Wirtschaftsabteilungen) als größtes Reservoir eigenständiger Branchen entwickelt. Ob es sich um die Textilbranche, die Mineralölindustrie, den Maschinenbau oder die Elektroindustrie handelt, in jedem Fall handelt es sich um Wirtschaftssektoren mit einer sehr hohen Eigenständigkeit, die eben auch eigenständige Anforderungen an die dienstleistende Beratungsbranche hat. Hier kann es also für die Unternehmensberatung ratsam sein, sich – wenn es das individuelle Leistungsportfolio und das dahinterstehende Know-how zulässt – auf die Bearbeitung bestimmter Branchen zu konzentrieren.

Es wird immer wieder die Frage diskutiert, ob Branchen mit geringeren Wachstumsaussichten und ihrem möglichen Bedarf an Sanierungs- und Reorganisationsberatung ein besseres Umsatzpotenzial bieten als Unternehmen in Wachstumsbranchen. Hierzu gibt es keine empirisch fundierten Daten. Auf der anderen Seite lässt sich ebenso argumentieren, dass Kundenunternehmen mit Wachstumsaussichten eher bereit sind, in externe Dienstleistungen zu investieren als Unternehmen mit weniger guten Perspektiven. Selbst Unternehmen, denen es ausgesprochen gut geht, haben zumindest eines: Wachstumsschmerzen. Und diese zu beheben, kann ein wichtiger Baustein im Angebotsportfolio einer Unternehmensberatung sein.

Abbildung 3-04 gibt einen Überblick über die Struktur der Wirtschaftszweige in Deutschland, so wie es die amtliche Statistik sieht. Dabei wird deutlich, dass sich im verarbeitenden Gewerbe die größte Anzahl eigenständiger Branchen befindet.

Ab-schnitt	Bezeichnung (verkürzt)
A	Land- und Forstwirtschaft, Fischerei
B	Bergbau, Steine, Erden
C	Verarbeitendes Gewerbe
D	Energieversorgung
E	Wasser, Abwasser, Umweltverschmutzung
F	Baugewerbe
G	Handel
H	Gastgewerbe
I	Verkehr
J	Information und Kommunikation
K	Finanz- und Versicherungsdienstleistungen
M	Freie Dienstleistungen
O	Öffentliche Verwaltung
Q	Gesundheitswesen

Abteilung (verkürzt)	
10 Nahrungs- und Futtermittel	22 Gummi- und Kunststoffwaren
11 Getränkeherstellung	23 Glas und Keramik
12 Tabakverarbeitung	24 Metallerzeugung
13 Textilien	25 Stahl- und Leichtmetallbau
14 Bekleidung	26 Herstellung von DV-Geräten
15 Lederwaren und Schuhe	27 Elektronische Ausrüstungen
16 Holz und Korbwaren	28 Maschinenbau
17 Papier und Pappe	29 Herstellung von Kraftfahrzeugen
18 Druck und Vervielfältigung	30 Sonstiger Fahrzeugbau
19 Mineralölverarbeitung	31 Herstellung von Möbeln
20 Chemische Erzeugnisse	32 Herstellung von sonst. Waren
21 Pharmazeutische Erzeugnisse	33 Reparatur und Installation

Abb. 3-04:   Gliederung der amtlichen Systematik der Wirtschaftszweige (Ausschnitt)

3.2.5 Spezialisierung nach der Kundengröße

Eine Überlegung, die sich in diesem Zusammenhang stellt, ist die Frage nach der Größe der zu bedienenden Kundenunternehmen. Häufig ist die Branchenfokussierung auch unmittelbar an die Entscheidung geknüpft, auf welchen Unternehmensgrößen der Schwerpunkt der Beratung liegen soll. Da der Erfahrungssatz gilt, dass ein Konzernberater unter fachlich-inhaltlichem Aspekt auch immer in der Lage sein sollte, ein mittelständisches Kundenunternehmen zu beraten, ist die Frage nicht aus Sicht des eigenen Leistungsspektrums, sondern eher grundsätzlich zu beantworten. So hat bspw. ein Nischenanbieter gute Chancen, seine Leistungen sowohl in Konzernunternehmen als auch im Mittelstand erfolgreich zu platzieren. Darüber hinaus gibt es aber auch eine Reihe von Beratungsinhalten, die in erster Linie ausschließlich oder doch überwiegend von mittelständischen Unternehmen nachgefragt werden. Dazu zählen bspw. das Nachfolgemanagement oder das Kooperationsmanagement.

Dennoch muss betont werden, dass größere Kundenunternehmen in aller Regel einem Beratereinsatz positiver gegenüberstehen als kleinere Unternehmen. Das mag auf der einen Seite mit den (relativ hohen) Kosten pro Beratertag zusammenhängen, auf der anderen Seite gehört die Beauftragung von Beratern zum selbstverständlichen Tagesgeschäft, also zur Normalität eines großen Kundenunternehmens, während mittelständische Unternehmen in dieser Frage doch immer noch Berührungsängste zeigen.

3.2.6 Strategieberatung vs. IT-Beratung

Unter allen Beratungsfeldern nehmen die *Strategieberatung* und die *IT-Beratung* eine in jeder Hinsicht dominierende und gleichzeitig polarisierende Rolle ein, ohne dass eine akzeptierte Trennlinie zwischen beiden Disziplinen vorhanden ist. Beide Beratungsfelder sind in gewisser Weise systembildend bzw. prägend für einen Großteil aller Beratungsunternehmen. Daher sollen nachfolgend beide Bereiche kurz charakterisiert und Unterscheidungskriterien identifiziert werden.

Strategieberatung hat die langfristigen Potenziale und Wettbewerbsvorteile der Kundenunternehmen im Blick. Die Beratungsleistung befasst sich mit der Entwicklung von Zukunftsbildern zur dauerhaften Sicherung des Unternehmenserfolgs des Auftraggebers. Die **IT-Beratung** ist dagegen primär operativ ausgerichtet. Ihr Ziel liegt in der Verbesserung des Einsatzes der Informationsverarbeitung. Dabei steht die Erhöhung der Effektivität und Effizienz im Mittelpunkt der Leistungserstellung. Überlegenes Wissen oder Ressourcenknappheit können hierbei ausschlaggebend für die Beauftragung sein [vgl. Nissen/Kinne 2008, S. 90 f.].

Hinsichtlich der **Tätigkeitschwerpunkte** wird bei der Strategieberatung in den Beratungsphasen *Analysieren, Planen, Konzipieren* deutlich mehr Umsatz generiert als in den Phasen *Umsetzen, Implementieren.* Bei den IT-Beratungsunternehmen ist es genau umgekehrt. **Auftraggeber** für die Strategieberatung ist zumeist die Geschäftsführung. Auftraggeber der IT-Beratung sind dagegen mehrheitlich die Fachbereiche sowie die IT-Abteilung der Kundenunternehmen. Während die **Kundenstruktur** der IT-Beratung nahezu das gesamte Spektrum von den kleineren Unternehmen bis hin zu den Großunternehmen umfasst, nehmen – nicht zuletzt aufgrund deutlich höherer **Tagessätze** – nur mittelgroße und große Kundenunternehmen die Leistungen der Strategieberatung in Anspruch. Im IT-Beratungsbereich herrscht auch häufig eine Spezialisierung nach einer oder wenigen Branchen vor. Bei der Strategieberatung ist solch eine **Branchenspezialisierung** dagegen eher selten. Auch bei den **Eigentumsverhältnissen** zeichnen sich Unterschiede ab. Strategieberatungen tendieren eher zur Partnerschaft, IT-Beratungsgesellschaften eher zur Kapitalgesellschaft [vgl. Nissen/Kinne 2008, S. 92].

In Abbildung 3-05 sind wichtige Merkmale von Strategieberatung und IT-Beratung gegenübergestellt.

Kriterium	Strategieberatung	IT-Beratung
Ziel/Aufgabe	Analyse und Verbesserung strategischer Wettbewerbspositionen	Verbesserung der Effektivität und Effizienz der Informationsverarbeitung
Gründe für Auftragsvergabe	Überlegenes Wissen	Überlegenes Wissen oder Ressourcenknappheit
Tätigkeitsschwerpunkte	Analysieren, Planen, Konzipieren	Umsetzen, Implementieren
Auftraggeber	Überwiegend Geschäftsführung	Überwiegend Fachbereiche oder IT-Abteilung
Kundenstruktur	Große und mittelgroße Unternehmen	Alle Unternehmensgrößen
Ø Tagessatz	Eher > 1.500 Euro	Eher < 1.500 Euro
Branchenspezialisierung	Eher nicht	Häufig
Eigentumsverhältnis	Eher Partnerschaft	Eher Kapitalgesellschaft

[Quelle: in Anlehnung an Nissen/Kinne 2008, S. 102]

Abb. 3-05:   Gegenüberstellung von Strategie- und IT-Beratung

3.2 Die Leistung als Positionierungselement

Ein Beratungsunternehmen sollte ein Marktsegment letztlich nur dann als attraktiv für sich einschätzen, wenn es sich aufgrund seiner eigenen Leistungspotenziale einen oder mehrere Wettbewerbsvorteil(e) verspricht. Hierzu ist es im Rahmen der Positionierung erforderlich, sich ein genaues Bild über die *Erfolgs- oder Schlüsselfaktoren* – bezogen auf die Anforderungen der jeweiligen Marktsegmente – zu verschaffen. Solche Erfolgsfaktoren wirken stark *differenzierend* und zeigen Potenziale auf, um sich vom Wettbewerb innerhalb der Segmente abheben zu können. Eine der Hauptaufgaben für das Marketing besteht demnach darin, diese Alleinstellungsmerkmale ausfindig zu machen, gegenüber dem Markt zu kommunizieren und damit *Präferenzen* zu bilden. Die Differenzierungsmöglichkeiten können je nach Branche sehr unterschiedlich sein. In einigen Branchen können solche Kundenvorteile relativ leicht gewonnen werden, in anderen ist dies nur sehr schwer möglich. Ersatzweise können dann Leistungsmerkmale herangezogen werden, die für sich genommen zwar keinen Alleinstellungsanspruch rechtfertigen, sehr wohl aber in ihrer *Kombination* einen Kundenvorteil darstellen. Für das B2B-Marketing (und damit im Wesentlichen auch für das Beratungsmarketing) schlagen Backhaus/Voeth einen Ansatz vor, der die besonderen Ressourcen, Fähigkeiten und Kompetenzen des Anbieters zur Positionierung berücksichtigt. Als Differenzierungsmöglichkeiten werden dabei

–   Potenzialunterschiede,
–   Prozessunterschiede und
–   Programmunterschiede

im Vergleich zum Wettbewerb herangezogen (siehe Abbildung 3-06).

3.2.1 Differenzierung durch Potenzial- und Prozessunterschiede

Zu den **Potenzialunterschieden** als Quelle für den Kundenvorteil zählen z. B. ein patentrecht-lich geschütztes Wissen ebenso wie der Zugang zu dominanten Technologien, ein exklusives Vertriebssystem oder besonders fähige Mitarbeiter.

Wettbewerbsrelevante **Prozessunterschiede** ergeben sich insbesondere beim Management der Supply Chain, bei den Prozessketten des Product Lifecycle sowie beim Customer Relationship Management. Hier stellt sich allerdings die Frage, wie solche Prozessketten im Hinblick auf Effektivität und Effizienz und vor allem im Vergleich zum Wettbewerb gemessen bzw. beurteilt werden sollen.

Potenzialunterschiede	Prozessunterschiede	Programmunterschiede
z. B. • Kapitalausstattung • Technologiezugang • Mitarbeiterkompetenz • F&E-Kompetenz • Wissensmanagement • Lieferantennetzwerk • Vertriebssystem	z. B. • Supply Chain Management • Customer Relationship Management • Product Lifecycle Management	z. B. • Produktangebot (Komponenten, Module) • Systemangebot (Systemengineering, Systemtechnologie) • Dienstleistungsangebot (Beratung, Installation, Wartung, Outsourcing)

[Quelle: Backhaus/ Voeth 2014, S. 148 ff.]

Abb. 3-06:   Differenzierungsmöglichkeiten im B2B-Bereich

3.2.2 Differenzierung durch Programmunterschiede

In den **Programmunterschieden** dokumentiert sich der vom Kunden wahrgenommene Markt-auftritt eines Anbieters. Unternehmen, die bspw. nur als Komponentenlieferant, nur als Sys-temanbieter oder nur als Dienstleister auftreten, werden sich im Markt anders positionieren als Unternehmen, die über die vollständige Programmbreite verfügen [vgl. Plinke 1995, S. 68]. So bieten viele ERP-Softwarehäuser neben dem Softwareprodukt auch die entsprechenden Bera-tungsleistungen wie Einführungsunterstützung, Anwendungsberatung, Customizing, Anwen-derschulungen etc. an. Dagegen hat sich SAP jahrelang als reines Softwarehaus positioniert, während international operierende IT-Beratungsunternehmen wie Accenture, Capgemini oder Bearing Point als SAP-Berater (z. B. für internationale SAP-Rollouts) agieren.

Die aufgezeigten Differenzierungsmöglichkeiten machen deutlich, wie vielfältig die Gestal-tungsansätze für das B2B-Marketing sind, um Erfolgsfaktoren und damit Kundenvorteile für eine erfolgreiche Positionierung herauszuarbeiten.

3.2.3 Weitere Differenzungsmöglichkeiten

Darüber hinaus bieten die spezifischen Wettbewerbsverhältnisse und Kundenanforderungen in-nerhalb einer *Branche* weitere Differenzierungsmöglichkeiten. Ein Beispiel dafür sind die

Differenzierungsmerkmale für Beratungsleistungen im Umfeld von ERP-Software (z. B. Software-Modifikationen), die sich an folgenden Anwenderbedürfnissen orientieren können (siehe Abbildung 3-07):

- Funktionaler Nutzen (der Modifikationen)
- Zukunftssicherheit (der Modifikationen)
- Stabilität (der Modifikationen)
- Serviceleistungen
- Kundennähe.

Häufig besteht der Bedarf, die so gewonnene Positionierung auch zu lokalisieren. Dazu werden die verschiedenen miteinander im Wettbewerb stehenden Leistungen in einem sog. *Eigenschafts- oder Merkmalsraum* angeordnet.

Funktionaler Nutzen	Zukunfts-sicherheit	Stabilität	Serviceleistungen	Kundennähe
Funktionsbreite	Portabilität	Anzahl Modifikationen	Organisationsberatung	Anzahl Geschäftsstellen
Funktionstiefe	Image, Reputation	Anzahl Referenzen	Einsatzunterstützung	Anzahl Servicestellen
Integrationsfähigkeit	Finanzkraft	Zuverlässigkeit	Customizing	Internationale Präsenz
			Anwenderschulung	
[Quelle: Lippold 1998, S. 159]			Hot-Line Wartung	

Abb. 3-07: Kaufentscheidende Differenzierungsmerkmale für ERP-Beratungsleistungen

Abbildung 3-08 zeigt ein Beispiel für einen Merkmalsraum mit fünf Eigenschaften, die kaufentscheidend für die Beauftragung von ERP-Beratungsleistungen sein können.

Als Eigenschaften sind hierbei die fünf Anwenderbedürfnisse aus Abbildung   3-07 über den Merkmalsraum für drei Positionierungsobjekte (Leistungsangebot A, B und C) gespannt.

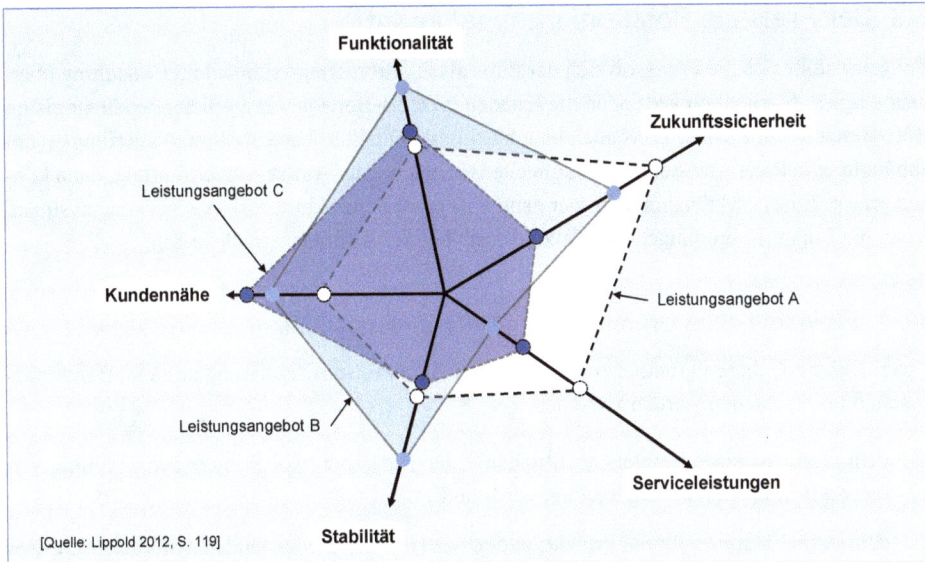

Abb. 3-08: Beispiel für ein Positionierungsmodell mit fünf Dimensionen

Sind die Erfolgsfaktoren identifiziert und beherrschbar, so müssen die Leistungs- und Unternehmensstärken gegenüber den potenziellen Kunden argumentiert (→ Kundenvorteil) und damit zu *strategischen Wettbewerbsvorteilen* ausgebaut werden. Der strategische Wettbewerbsvorteil sollte drei Kriterien erfüllen [vgl. Simon 1988, S. 465]:

- Der Vorteil muss ein für den Kunden wichtiges Leistungsmerkmal betreffen.

- Der Vorteil muss vom Kunden tatsächlich wahrgenommen werden.

- Der Vorteil sollte vom Wettbewerb nicht schnell einholbar sein, d. h. er muss eine gewisse Dauerhaftigkeit aufweisen.

Wohlgemerkt, es handelt sich hierbei um *grundlegende* Wettbewerbsvorteile bei der Positionierung. Weitere Entscheidungskriterien bei der Auftragsvergabe, die zumeist erst in der Akquisitionsphase zum Tragen kommen und vorwiegend in den an der Akquisition beteiligten Personen begründet sind, können sein [vgl. Niedereichholz 2010, S. 307]:

- Fachliche Qualifikation und persönliche Überzeugungskraft der Berater
- Sympathie und Vertrauen zu den für das Projekt vorgesehenen Beratern
- Problemverständnis und Vorstellungen der Berater über mögliche Problemlösungen
- Fundiertes, sachgerechtes Angebot
- Terminplanung und Vorschläge zur Projektorganisation (Teambildung)
- Transparenz des Preis-Leistungs-Verhältnisses
- Honorarbildung und Modalitäten.

3.3 Der Preis als Positionierungselement

Zunächst stellt sich die Frage, ob sich der Preis als Positionierungselement im Consulting überhaupt eignet. Schließlich verbinden die Kunden im B2B-Bereich – sicherlich noch mehr als im B2C-Bereich – mit jedem Preis auch eine bestimmte Qualität. Unterstellt man allerdings – unabhängig vom Preis – eine annähernd gleiche Qualität bei der Auftragsdurchführung, dann können preispolitische Maßnahmen immer dann eine erhebliche akquisitorische Wirkung ausüben, wenn die Einkaufsabteilungen das „letzte Wort" bei der Auftragsvergabe haben.

3.3.1 Preispolitische Grundlagen im Beratungsgeschäft

Unabhängig von diesen grundlegenden Aspekten einer Preispositionierung muss im Beratungsgeschäft unterschieden werden zwischen

- dem **Honorar** eines Beraters als Stunden- oder Tagessatz (wobei in der Praxis immer seltener auf Stundenbasis abgerechnet wird) und

- dem **Angebotspreis** für ein Projekt, in den das Honorar der leistenden Mitarbeiter des Beraters einfließt.

Wenn also vom *Preisniveau* oder genereller von *Preisstellung* gesprochen wird, dann kann es sich dabei nur um den Vergleich der Stunden- oder Tageshonorare von Mitarbeitern verschiedener Beratungsunternehmen handeln. Diese **Beraterhonorare** werden dann vergleichbar, wenn sie auf der Basis bestimmter Kriterien (z. B. Grade oder Level eines Beraters, Berufserfahrung, Branche, Umfeld der Lösung) ausdifferenziert werden.

Insert 3-02 liefert ein Beispiel für die Transparenz solcher Beraterhonorare im IT-Bereich.

Anmerkung: Obwohl die Tagessätze nicht mehr ganz „tauffrisch" sind, zeigen die Relationen die unterschiedlichen Wertansätze der Solutions.

Insert

Beraterhonorare im Vergleich

So viel darf ein Consultant kosten

BI-Berater verdienen am besten. Für auf Business Intelligence (BI) spezialisierte Consultants können Dienstleister hohe Tagessätze verlangen. Das geht aus der aktuellen Analyse von Pierre Audoin Consultants (PAC) hervor. Kategorisiert nach **Beratungslösungen (Solutions)** zeigt sich, dass BI-Spezialisten mit einem mittleren Tagessatz von 1075 Euro die Nase vorn haben. Über dem Durchschnitt liegen ferner spezialisierte Berater mit Branchenkenntnissen (1040 Euro) und CRM-Profis (980 Euro). Experten für Supply-Chain-Management positionieren sich mit 890 Euro im unteren Mittelfeld. Für IT-Berater im Personalbereich sind die Preise etwas gefallen (885 Euro pro Tag), da "HR ein Commodity-Thema geworden ist", so die PAC-Analysten. "Nur in wenigen Bereichen wie Employee-Self-Services oder Talent Management können noch bessere Tagessätze erreicht werden." Auch Finance und Accounting (F&A) hat eine hohe Marktreife erreicht, in den Projekten geht es vor allem darum, gesetzliche Änderungen umzusetzen oder Akquisitionen zu integrieren. IT-Berater, die auf F&A spezialisiert sind, erhalten daher einen durchschnittlichen Tagessatz (960 Euro).

Durchschnittliche Tagessätze nach Beratungslösungen (Solutions)*

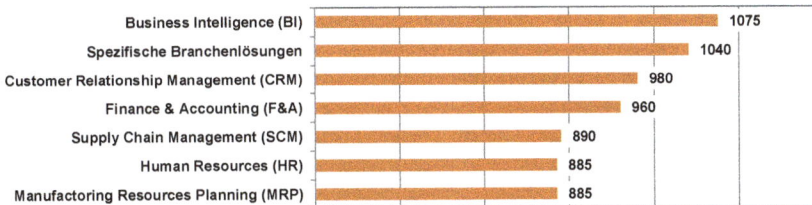

Business Intelligence (BI)	1075
Spezifische Branchenlösungen	1040
Customer Relationship Management (CRM)	980
Finance & Accounting (F&A)	960
Supply Chain Management (SCM)	890
Human Resources (HR)	885
Manufactoring Resources Planning (MRP)	885

*Preise in Euro pro Acht-Stunden ohne Nebenkosten

SAP-Berater dürfen sich weiterhin über Spitzenlöhne freuen. Welche Tagessätze IT-Berater erzielen, hängt auch von der **Plattform** ab, auf die sie sich spezialisiert haben. Wer im SAP-Umfeld als Berater unterwegs ist, gehört nicht nur zu den am stärksten umworbenen Kandidaten auf dem IT-Arbeitsmarkt, sondern auch zu den teuersten. So liegt der Tagessatz eines SAP-Beraters im Mittel bei 990 Euro und damit über dem Durchschnitt. Dieses hohe Preisniveau führen die Analysten darauf zurück, dass SAP in deutschen Unternehmen stark repräsentiert ist und im Umfeld der Software viele innovative Projekte umgesetzt werden. Oft werde SAP-Software schon im Rahmen von Pilotprojekten früh-zeitig eingeführt, obwohl sie für den allgemeinen Markt noch nicht freigegeben sei. Davon könnten erfahrene SAP-Berater finanziell profitieren. Einen überdurchschnittlichen Tagessatz von 1000 Euro am Tag können ebenfalls spezialisierte Oracle-Berater in Rechnung stellen. In dem Fall ist den Analysten zufolge der Grund die geringe Verbreitung von Oracle-Applikationen: Weil diese in Deutschland noch kaum eingesetzt würden, gebe es auch nur wenige Berater, die sich darauf spezialisiert hätten. Die vorhandenen Ressourcen seien daher rar und teuer. Berater, die im IBM-Großrechner-Umfeld unterwegs sind, bewegen sich mit einem Tagessatz von 960 Euro genau im Mittelfeld. Laut PAC wirken auf diesen Markt gegenläufige Kräfte ein. Einerseits laufen auf in vielen Banken Kernanwendungen, die den Beratungsmarkt beflügeln. Andererseits gibt es viele Alt-Anwendungen auf Großrechnern. Hier wird nur begrenzt in Innovationen und externe IT-Berater investiert. Unterdurchschnittlich ist der Tagessatz eines auf Microsoft spezialisierten Beraters. Da die Software vor allem im Mittelstand vertreten ist und dort weniger Komplexität herrscht als in Konzernen, spiegelt sich das in den Tagessätzen wider. Generell machen die PAC-Analysten einen anhaltenden Off-shoring-Trend aus: Je einfacher sich eine Leistung in Billiglohnländer verlagern lässt, desto größer ist der Preisdruck auf die Beraterhonorare. Das betrifft vor allem die Themen Entwicklung, Testen und Applikations-Management – egal auf welcher Software-plattform.

Durchschnittliche Tagessätze nach Plattformen*

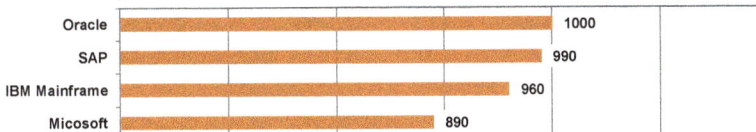

Oracle	1000
SAP	990
IBM Mainframe	960
Microsoft	890

*Preise in Euro pro Acht-Stunden ohne Nebenkosten

[Quelle: Computerwoche vom 20.01 und 08.02.2012]

Insert 3-02: Beraterhonorare im Vergleich

Die grundsätzliche Gestaltung solcher Honorarsätze, die dann bspw. auch in einer *Preisliste* zu finden sind, hat mehr den Charakter einer **Preisstrategie** und ist mit der *Preislagenstrategie* im B2C-Marketing zu vergleichen. Einen entsprechenden Kriterienkatalog zum Aufbau einer solchen Preisliste für das Beratungsfeld der IT-Beratung bietet Abbildung 3-09.

Job Level (Grade)	Berufs-erfahrung	Beratungsart	Plattformen	Branchen	Solutions
Junior Consultant	< 2 Jahre	IT-Beratung	Microsoft Business Solutions	Manufacturing	Finance & Administration
Consultant	2-3 Jahre	Projektleitung	Microsoft Infrastructure	Financial Services	Human Resources
Senior Consultant	3-5 Jahre	Entwicklung	SAP	Public Sector	Business Intelligence
Manager	5-8 Jahre	Implementierung	IBM Middleware	Retail	Manufacturing Resources Planning
Senior Manager/ Principal	> 8 Jahre	Testing	IBM Mainframe	Telecom, Transport & Logistics	Costumer Relationship Management
		Infrastructur Services	Ocacle		Supply Chain Management
		Application Management			Branchenspezifische Lösungen

[Quelle: PAC Preisdatenbank IT-Services 2011/2012]

Abb. 3-09: Kriterien für Honorarsätze von IT-Beratern

Dagegen lassen sich die **Preise von Projekten** nicht so ohne weiteres vergleichen, weil in die Projektkalkulation neben den Tages- bzw. Stundenhonoraren auch die Bearbeitungsdauer mit einfließt. Die Bearbeitungsdauer hängt wiederum hauptsächlich von der Qualifikation und der Erfahrung des Beraters ab. Insofern entziehen sich Projekte in der Regel einer grundsätzlichen Preisniveau- bzw. Preislagenbeurteilung. Die Gestaltung von Projektpreisen hat damit mehr den Charakter einer **Preistaktik**.

3.3.2 Gestaltung der Honorarsätze (Preisstrategie)

Preisstrategische Überlegungen einer Unternehmensberatung beziehen sich also vornehmlich auf die Festlegung der Tageshonorare für ihre Berater – kategorisiert nach Beratungsfeldern, nach der Erfahrung, nach der Branche etc. Bei der Entscheidung über die optimale Preisstrategie geht es nicht so sehr um die Preise selbst und ihre kurzfristige Wirkung. Vielmehr geht es darum, Preis-Leistungs-Positionen festzulegen, um damit langfristig Kapazitäten auszulasten. Es handelt sich also nicht um eine isolierte Preisfrage, sondern um eine langfristige Entscheidung über die richtige Kombination von Preis und Qualität auf dem Markt [vgl. Meffert et al. 2008, S. 504].

In der BDU-Studie „Honorare in der Unternehmensberatung 2019" werden die **Kriterien der Preisgestaltung** ausführlich behandelt. Danach legen vier von fünf Unternehmen ihre **Tagessätze** auf Basis ihrer eigenen Kosten oder aufgrund von Marktpreisen fest. Bei den Strategieberatungsunternehmen stellen Marktpreise bei 49 Prozent der befragten Unternehmen das meistgenutzte Kriterium dar, wohingegen 29 Prozent der Strategieberatungen die eigenen Kosten als vorrangiges Kriterium zur Berechnung der Tagessätze nutzen. Bei den IT-Beratungsunternehmen ist es nahezu umgekehrt: 46 Prozent der IT-Beratungen geben an, die Tagessätze auf Basis der eigenen Kriterien zu kalkulieren. 35 Prozent der IT-Beratungen rechnen dagegen zu Marktpreisen ab [vgl. BDU 2019].

Zu den vorrangigen Kriterien zur Kalkulation der Tagessätze gibt Insert 3-03 Auskunft.

Insert

Kriterien zur Preisgestaltung der Tagessätze

Strategieberatungen

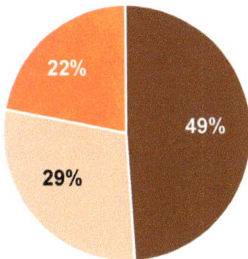

IT-Beratungen

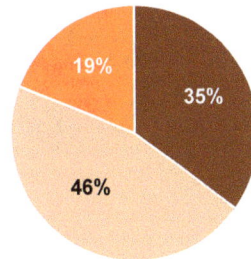

- Marktpreise
- Eigene Kosten
- Sonstiges

[Quelle: BDU 2019]

Ein fast gegensätzliches Bild zeichnet sich bei den Schwerpunkten IT-Beratung und Strategieberatung ab. Bei der IT-Beratung liegt der Schwerpunkt auf der kostenorientierten Kalkulation; bei der Strategieberatung dominieren die Marktpreise bei der Bestimmung der Tagessätze. Lediglich jedes fünfte Unternehmen gibt an, seine Tagessätze auf Basis sonstiger Kriterien zu kalkulieren. Zu diesen gehören unter anderem Erfahrungswerte, die Zahlungsbereitschaft des Kunden, die Wertschöpfung beim Kunden oder das individuelle Interesse am Kunden, respektive am Auftrag.

Insert 3-03:   Vorrangige Kriterien zur Preisgestaltung der Honorarsätze

Aus der (fast schon trivialen) **Preispositionierungsmatrix** in Abbildung 3-10 mit dem relativen Preis und der relativen Leistung als Ordinaten ergeben sich die Optionen aus folgenden drei Positionierungsstrategien für eine dauerhafte Grundausrichtung:

- Niedrigpreisstrategie
- Mittelpreisstrategie
- Hochpreisstrategie (auch Premiumstrategie).

Die **Niedrigpreispositionierung** ist eine Kombination aus einer relativ niedrigen Leistungsqualität und einem relativ niedrigen Preis. In diesem unteren Markt zielt die Niedrigpreisstrategie auf die Realisierung des geringsten Preises bei einer Mindestqualität der Leistung. Insbesondere für Beratungsunternehmen, die sich gerade gegründet haben, oder für Einzelberater ist dies die einzige Möglichkeit, in Marktsegmente einzudringen.

Ein höheres Niveau sieht die **Mittelpreisstrategie** vor. Sie verbindet eine Standardqualität mit mittleren Preisen. Dies ist vor allem für mittelgroße Beratungsunternehmen ohne großen Overhead die gängige Praxis.

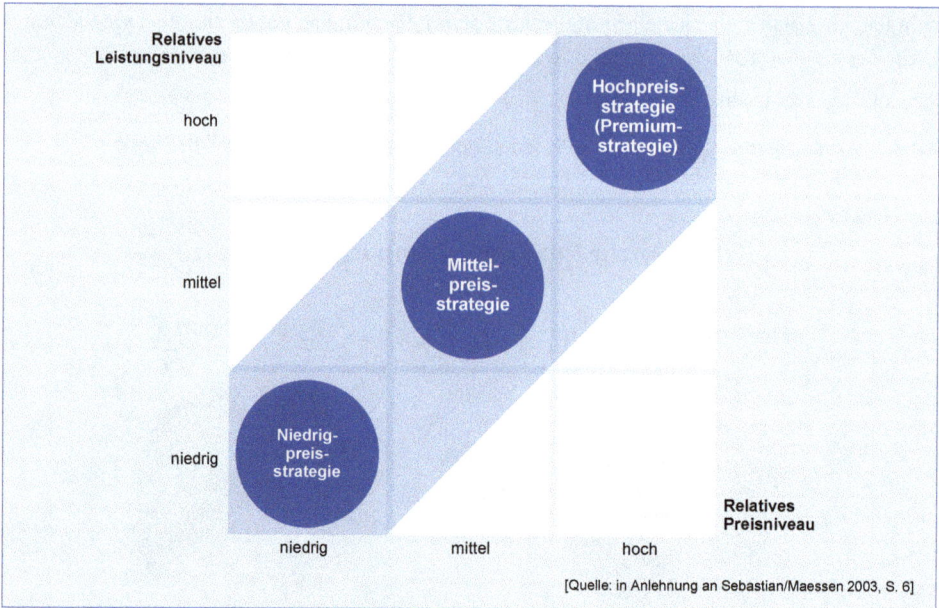

Abb. 3-10:   Preispositionierungsstrategien

Bei der **Hochpreisstrategie**, die auch als *Premiumstrategie* bezeichnet wird, fällt die Durchsetzung eines relativ hohen Preises mit einer (vermuteten) hohen Qualität des Leistungsangebots zusammen. Hier steht nicht der Preis, sondern der vom Kunden subjektiv empfundene Wert der Leistung (engl. *Value Pricing*) bzw. der Zusammenarbeit mit dem Beratungsunternehmen im Vordergrund. Beispiele hierfür sind die internationalen Managementberatungen wie McKinsey oder BCG.

Neben diesen drei Standardstrategien der Preispositionierung, die im Korridor eines ausgewogenen Verhältnisses zwischen Preis und Leistung angesiedelt sind, besteht (zumeist zeitlich begrenzt) die Möglichkeit, diesen Korridor zu verlassen.

Eine weitere preisstrategische Option für Unternehmensberatungen ist die Anwendung der **Preisdifferenzierung**. Grundlage von Preisdifferenzierungsstrategien ist das Phänomen, dass verschiedene Kunden bzw. Kundengruppen unterschiedliche Zahlungsbereitschaften für identische bzw. nahezu identische Produkte bzw. Dienstleistungen aufweisen. Zentrales Ziel der Preisdifferenzierung ist eine Gewinnsteigerung durch Abschöpfung der unterschiedlichen Zahlungsbereitschaften. Eine Gewinnsteigerung lässt sich dadurch erreichen, indem ausgehend von den beim Einheitspreis kaufenden Nachfragern zwei zusätzliche Nachfragegruppen besser erschlossen werden: Zum einen solche Nachfrager, die bereit wären, einen höheren Preis für das Produkt bzw. die Dienstleistung zu zahlen; zum anderen jene Nachfrager, deren Preisbereitschaft unterhalb des Einheitspreises liegt [vgl. Meffert et al. 2008, S. 511 und Fassnacht 2003, S. 485].

In Insert 3-04 ist ein Beispiel für Anwendung und Wirkungsweise der Preisdifferenzierung im beratungsnahen Softwaregeschäft dargestellt.

Insert

Preisdifferenzierung in der Praxis

Ein Beispiel aus dem Produktgeschäft des IT-Beratungsbereichs soll die Wirkung der Preisdifferenzierung verdeutlichen (siehe untere Grafik). Anbieter von Softwareprodukten ziehen häufig die Anzahl der mit dem System arbeitenden Benutzer (User) zur Preisdifferenzierung heran. Bei einem Einheitspreis von p_0 wird man alle Kunden mit relativ kleinen IT-Budgets nicht erreichen und darüber hinaus bei jenen (Groß-) Anwendern, die aufgrund ihres höhe-

ren IT-Budgets auch einen höheren Preis akzeptieren würden, auf entsprechenden Mehrumsatz bzw. Gewinn verzichten. Mit einer nach User-Größenklassen ausgerichteten Preisdifferenzierung mit p_1 für Unternehmen mit mehr als 32 Usern, p_0 für Unternehmen zwischen 16 und 32 Usern und p_2 für Unternehmen mit weniger als 16 Usern lässt sich die Preisbereitschaft wesentlich besser ausschöpfen und den Erlös eines Unternehmens nachhaltig steigern.

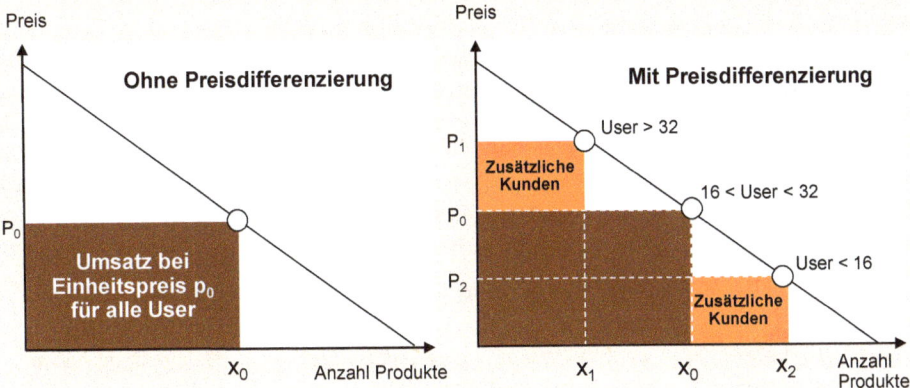

[Quelle: Lippold 1998, S. 161

Insert 3-04: Ausschöpfung der Preisbereitschaft durch Preisdifferenzierung bei Software

Den Vorteilen der Preisdifferenzierung stehen allerdings auch Nachteile gegenüber. So sind insbesondere Kannibalisierungseffekte und Irritationen im Kaufverhalten bei zu großen Preisunterschieden in ihren Auswirkungen auf Erlöse und Kosten gegen zu rechnen. Ferner ist darauf zu achten, dass die Märkte bzw. Marktsegmente, zwischen denen die Preise differenziert werden sollen, voneinander deutlich getrennt sind und dass die Komplexität der Preisvielfalt kontrollierbar bleibt [vgl. Sebastian/Maessen 2003, S. 7].

Grundsätzlich kann zwischen der *zeitlichen*, der *quantitativen*, der *regionalen* und der *qualitativen* Preisdifferenzierung unterschieden werden. Alle vier genannten **Preisdifferenzierungsformen** haben unterschiedliche Relevanz für das Beratungsgeschäft:

- Die **zeitliche Preisdifferenzierung**, bei der die Preise in Abhängigkeit vom Kaufzeitpunkt variiert werden, hat im Beratungsgeschäft kaum Bedeutung.

- Die **quantitative Preisdifferenzierung**, bei der in Abhängigkeit der abgenommenen Menge ein jeweils anderer Preis gefordert wird, ist im Consulting ebenfalls unüblich, da sich Beratungsleistungen weder beliebig multiplizieren, noch teilen lassen. Lediglich bei Projekten mit sehr großem Volumen kann aufgrund der dann gewährleisteten hohen Auslastungen ein ("Mengen"-)Nachlass eingeräumt werden.

- **Regionale Preisdifferenzierungen** können dann stattfinden, wenn sich Projekte über verschiedene Ländergrenzen erstrecken (z. B. internationale SAP-Roll-outs). Aufgrund unterschiedlicher Kaufkraftrelationen wird dann für einzelne Länder unterschiedlich kalkuliert.

- Die **qualitative Preisdifferenzierung** hat für das Beratungsgeschäft die größte Relevanz. So gelten i. d. R. für ein und dieselbe Beratungseinheit im Großkundengeschäft (Konzerne) andere Preise als im Mittelstand. Viele Unternehmensberatungen haben daher auch zwei Preislisten – eine für Großkunden und eine für mittelständische Kunden.

3.3.3 Gestaltung der Projektkalkulation (Preistaktik)

Preistaktische Überlegungen beziehen sich vornehmlich auf die Preisfindung bzw. -festsetzung im Rahmen der Projektkalkulation. Prinzipiell lassen sich bei der **Preisgestaltung von Projekten** vier Grundformen unterscheiden [vgl. Fohmann 2005, S. 62]:

Projekt nach Aufwand (engl. *Time & material project*), d. h. der Kunde bezahlt das Beratungsunternehmen für die abzuliefernden Projektergebnisse auf der Basis des Arbeitsaufwandes (Zeit- und Materialaufwand), den der Berater bei seinem Kundeneinsatz für die Bearbeitung des Projektgegenstandes bzw. für die Erstellung der Projektergebnisse eingesetzt hat (praktisch nur Dienstvertrag). Das Risiko einer evtl. Aufwandsüberschreitung trägt der Kunde. Der Kunde zahlt also für jeden geleisteten Tag (bzw. Stunde). Als Bemessungsgrundlage dient neben der Zeit ein Tageshonorar (z.B. Tagessatz von 1.080,-- Euro) oder (seltener) ein Stundenhonorar (z.B. Stundensatz von 90,-- Euro). Die Höhe des jeweiligen Honorarsatzes richtet sich nach Beratungsart und Branche sowie nach der Qualifikation und der Erfahrung des Beraters. Die Berechnungsgrößen werden üblicherweise vor Projektbeginn vereinbart. Die Honorarsätze dienen u. a. zur Abdeckung der reinen Personalkosten (fixes und variables Gehalt, Sozialkosten), der allgemeinen Verwaltungskosten, der im Projekt anfallenden Spesen und des kalkulatorischen Gewinns des Beratungsunternehmens. Der Kunde übernimmt das alleinige Risiko für das Beratungsprojekt, da die Honorarzahlung unabhängig von den Projektergebnissen ist.

Projekt mit Festpreis (engl. *Fix price project*), d.h. der Kunde zahlt eine feste Vergütung, die auf Basis einer Abschätzung des Zeitaufwands, der für das Beratungsprojekt zu erwarten ist, und eines kostenbezogenen Zeitmaßstabes (z. B. Tagessatz) vereinbart wird (Werkvertrag zum Festpreis; seltener Dienstvertrag zum Festpreis). Die zeitliche Abschätzung wird zumeist auf der Grundlage eines Pflichtenheftes vorgenommen. Die Garantie eines Festpreises wird regelmäßig vor Projektbeginn vom Berater gegeben, der allein das Risiko der evtl. Überschreitung des geplanten Arbeitsaufwands trägt. Der Festpreis kann immer nur einvernehmlich geändert werden. Eine solcher Änderungsantrag (engl. *Change request*), der die Auswirkungen auf die vereinbarten Aufwände und damit auf die Kalkulation des Festpreises spezifiziert, kann von einem der Vertragsparteien nachträglich gestellt werden.

Projekt nach Aufwand mit Obergrenze, d.h. diese Vergütungsform ist eine Kombination aus Zeithonorar mit einem Pauschalbetrag als Obergrenze, innerhalb derer ein am zeitlicher Ressourceneinsatz orientiertes Zeithonorar berechnet wird. Ist bei dieser Mischform die Obergrenze erreicht, kann ggf. neu verhandelt werden.

Projekt zum Erfolgshonorar, d.h. die Vergütung des Beraters erfolgt in Abhängigkeit von einer bestimmten zu vereinbarenden Erfolgsgröße (z.B. 10 Prozent der monatlichen Einsparung im Kundenunternehmen nach Umsetzung der Beratungsergebnisse). Diese Honorarform ist bis in die jüngste Zeit tabuisiert worden, da es nach deutschem Recht keine Definition des Erfolgs und auch keine anderweitigen parametrisierten Regelungen gibt. Als nachteilige Folgen werden ein möglicher Missbrauch (*„Verleiten Erfolgshonorare den Berater zu kundenschädlichem Verhalten?“*) sowie große Anforderungen an die vertraglichen Festlegungen gesehen. Angesichts der Vorteile des Erfolgshonorars (Förderung von Innovation, Unternehmertum, Risikobereitschaft und Finanzierungsvorteil für das Kundenunternehmen) zeichnet sich aber ein Wandel der Einstellung zu dieser Honorarform ab [vgl. Hesseler 2011a, S. 86 f.].

Praktizierte Abrechnungsweise bei Projekten. Die BDU-Studie „Honorare in der Unternehmensberatung 2019" gibt neben der Preisgestaltung beim Tageshonorar ebenfalls Auskunft über die praktizierte Abrechnungsweise bei Projekten. Die befragten Unternehmen geben – wie nicht anders zu erwarten – an, durchgeführte Projekte primär auf zwei Arten abzurechnen: Aufwandsbasiert oder auf Grundlage eines zuvor vereinbarten Festpreises. Nur ein geringer Prozentsatz der Beratungsunternehmen gibt zusätzlich an, erfolgsbasierte Komponenten bei der Abrechnung zu berücksichtigen. Unterschiede werden erst bei Betrachtung der einzelnen Beratungsfelder deutlich. Bemerkenswert ist, dass jede dritte Strategieberatung auf die festpreisbasierte Abrechnungsweise zurückgreift, wohingegen mit einer Häufigkeit von 63 Prozent die aufwandsbasierte Abrechnung im Vergleich zu den IT-Beratungen deutlich weniger Anwendung findet (siehe Insert 3-05).

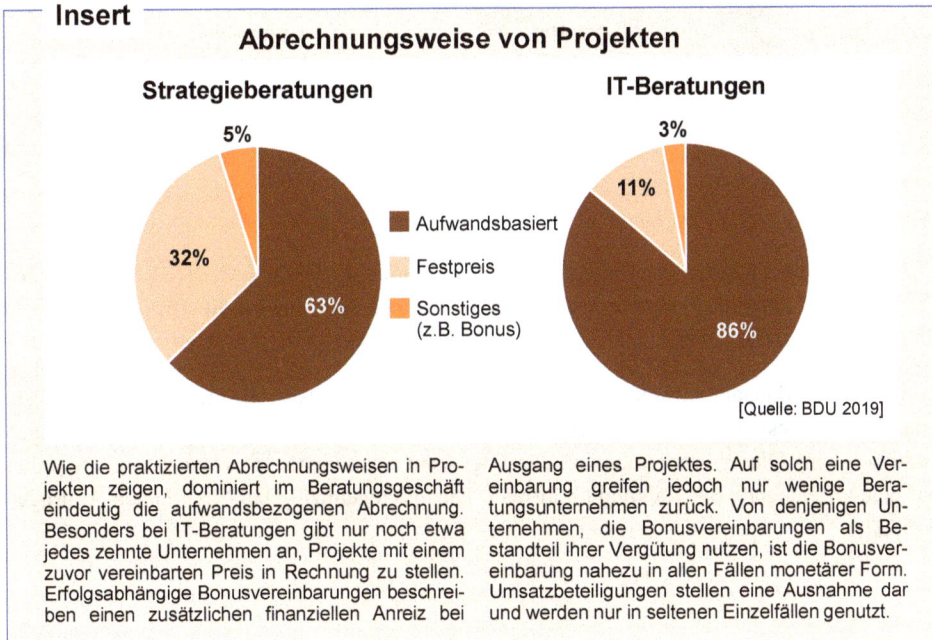

Insert

Abrechnungsweise von Projekten

Strategieberatungen

5%
32%
63%

IT-Beratungen

3%
11%
86%

■ Aufwandsbasiert
□ Festpreis
■ Sonstiges (z.B. Bonus)

[Quelle: BDU 2019]

Wie die praktizierten Abrechnungsweisen in Projekten zeigen, dominiert im Beratungsgeschäft eindeutig die aufwandsbezogene Abrechnung. Besonders bei IT-Beratungen gibt nur noch etwa jedes zehnte Unternehmen an, Projekte mit einem zuvor vereinbarten Preis in Rechnung zu stellen. Erfolgsabhängige Bonusvereinbarungen beschreiben einen zusätzlichen finanziellen Anreiz bei Ausgang eines Projektes. Auf solch eine Vereinbarung greifen jedoch nur wenige Beratungsunternehmen zurück. Von denjenigen Unternehmen, die Bonusvereinbarungen als Bestandteil ihrer Vergütung nutzen, ist die Bonusvereinbarung nahezu in allen Fällen monetärer Form. Umsatzbeteiligungen stellen eine Ausnahme dar und werden nur in seltenen Einzelfällen genutzt.

Insert 3-05:   Praktizierte Abrechnungsweise von Projekten

In Abbildung 3-11 sind die grundsätzlichen Unterschiede zwischen dem Tageshonorar eines Beraters gemäß Preisliste und der Preisbildung von Beratungsprojekten dargestellt.

„Die Kalkulation von Beratungsprojekten erfolgt einfach, pragmatisch und nicht immer nach der betriebswirtschaftlichen Lehre" [Niedereichholz 2010, S. 266].

In aller Regel handelt es sich bei der Angebotskalkulation aber um eine kostenorientierte Preisfindung, d. h. die Angebotspreise werden auf der Grundlage von Kosteninformationen getroffen. Diese stellen die Kostenrechnung zur Verfügung. Das Kalkulationsgerüst ergibt sich aus den geschätzten Zeiten der Auftragsdurchführung, aus den direkten Personalkosten (Honorarsätze unterschieden nach Projektleiter, Consultant etc.), weiterer direkt zurechenbaren Kosten wie IT-Servicekosten, Kommunikationskosten, Hilfspersonalkosten, Reisekosten etc. und dem allgemeinen Verwaltungsaufwand (Overhead). In allen Projekten stellen die Personalkosten den größten Aufwandsblock dar.

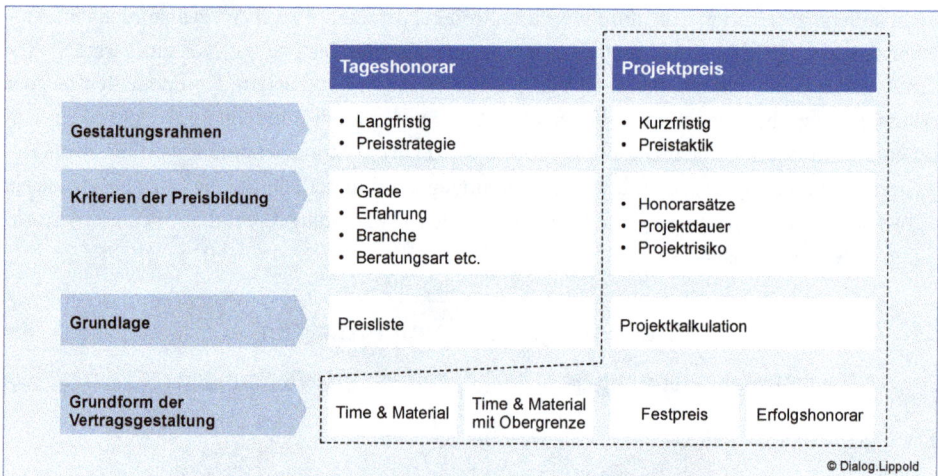

	Tageshonorar	Projektpreis
Gestaltungsrahmen	• Langfristig • Preisstrategie	• Kurzfristig • Preistaktik
Kriterien der Preisbildung	• Grade • Erfahrung • Branche • Beratungsart etc.	• Honorarsätze • Projektdauer • Projektrisiko
Grundlage	Preisliste	Projektkalkulation
Grundform der Vertragsgestaltung	Time & Material / Time & Material mit Obergrenze	Festpreis / Erfolgshonorar

© Dialog.Lippold

Abb. 3-11:   Gegenüberstellung von Tageshonorar und Projektpreis

Ein sehr einfaches Muster einer Personalkostenkalkulation, in der der jeweilige Zeitbedarf nach Projektphasen aufgeführt werden muss, ist in Abbildung 3-12 dargestellt. Die Zeitbedarfe in diesem Formblatt lassen sich dann sehr leicht in konkrete Honorare umsetzen.

Preistaktische Maßnahmen können nun darin liegen, dass mit entsprechenden Risikozuschlägen oder – im umgekehrten Fall – bei Auslastungsproblemen mit geringeren Gewinnzuschlägen kalkuliert wird. Dieser Spielraum wird allerdings dann etwas eingeengt, wenn der Auftraggeber auf eine Offenlegung der Kalkulation besteht. Dies ist regelmäßig bei öffentlichen Aufträgen der Fall.

	Projektleiter	Senior Consultant	Consultant	Junior Consultant	Projekt-assistenten	Gesamt
	Zeitbedarf in Personentagen	Zeitbedarf in Personentagen	Zeitbedarf in Personentagen	Zeitbedarf in Personentagen	Zeitbedarf in Personentagen	Zeitbedarf in Personentagen
(1) Voruntersuchung						
(2) Ist-Analyse						
(3) Sollkonzeption						
(4) Realisierungsplanung						
(5) Realisierung						
(6) Summe Personentage						
(7) Tagessatz je Kategorie						
(8) Personalkosten (6)x(7)						

[Quelle: Niedereichholz 2010, S. 272]

Abb. 3-12:   Formblatt für die Personalkostenkalkulation nach Projektphasen

4. Kommunikation – Optimierung der Kundenwahrnehmung

4.1 Aufgabe, Ziel und Dimensionen der Kommunikation

Kommunikation im Marketing besteht in der systematischen Bewusstmachung des Kundenvorteils und schließt damit unmittelbar an die Ergebnisse der Positionierung an. Die Positionierung gibt der Kommunikation vor, *was* im Markt zu kommunizieren ist. Die Kommunikation wiederum sorgt für die Umsetzung, d.h. *wie* das *Was* zu kommunizieren ist. Sie führt zum Aufbau eines umfassenden Meinungsbildungsprozesses mit dem Ziel, dass der Kunde von seinem Vorteil bei den kommunizierten Merkmalen überzeugt ist. Die Kommunikation ist damit das dritte wesentliche Aktionsfeld im Rahmen des Vermarktungsprozesses (siehe Abbildung 401) und zielt auf die **Optimierung der Kundenwahrnehmung** ab [vgl. Lippold 2018d]:

Kundenwahrnehmung = f (Kommunikation) → optimieren!

Kommunikationssignale haben im Beratungsmarketing die Aufgabe, einen Ruf aufzubauen und innovative Leistungsvorteile glaubhaft zu machen. Unverzichtbare Elemente sind daher Seriosität, Glaubwürdigkeit und Kompetenz in den Aussagen und Darstellungen. Dazu ist es erforderlich, dass die Signale mehrere Quellen (Unternehmens-, Mitarbeiter-, Vertriebssignale) haben und in sich konsistent sind. Gleichzeitig muss sich das kommunizierende Unternehmen bewusstmachen, dass die Signale auf mehrere Empfänger mit unterschiedlichen Voraussetzungen und Zielen stoßen [vgl. Lippold 1998, S. 166].

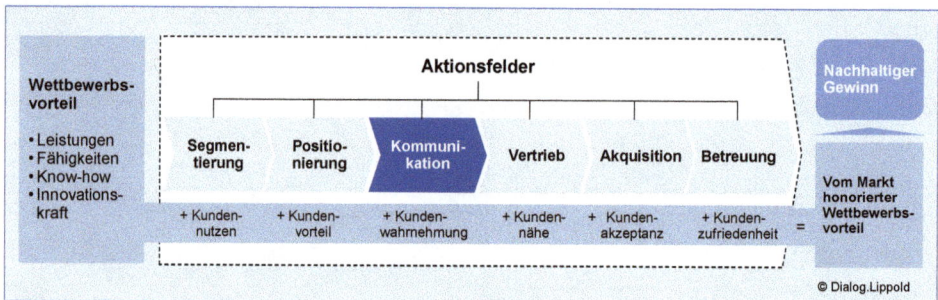

Abb. 4-01:   Kommunikation als drittes Aktionsfeld der Marketing-Gleichung

In diesem Kontext sei angemerkt, dass für die Bezeichnung des *äußeren* Kommunikationsprozesses eines Unternehmens der Begriff „**Signalisierung**" (statt Kommunikation) schärfer ist, da es bei der Signalisierung – im Gegensatz zur Kommunikation – nicht notwendigerweise zu einer Interaktion (zwischen Sender und Empfänger) kommen muss. Schließlich führt der Einsatz aller „klassischen" Kommunikationsmittel *nicht* zu einer Interaktion zwischen Unternehmen und Zielgruppe. Jedoch wird hier infolge der zunehmenden Bedeutung der **Online-Kommunikation**, deren besondere Stärke gerade in der Interaktion zwischen Anbieter und Nachfrager liegt, der weiter gefasste Kommunikationsbegriff für die (werbliche) Außendarstellung eines Unternehmens verwendet.

Die Grundstruktur der werblichen Kommunikation ist in Abbildung 4-02 dargestellt. Die zu übermittelnde Kommunikationsbotschaft wird vom Sender in ein verschlüsseltes Signal (Text,

Bild, Ton etc.) übersetzt und mit Hilfe eines Kommunikations- bzw. Werbeträgers (z. B. Anzeige oder TV-Spot) an die Empfänger als Zielgruppe herangetragen. Die Entschlüsselung (Decodierung) des Signals und die dadurch ausgelöste Wirkung muss nicht zwingend mit der vom Kommunikationssender beabsichtigten Wirkung übereinstimmen. Vielmehr kann es sein, dass der Kommunikationsempfänger die Entschlüsselung der Botschaft im Hinblick auf seine eigenen Wertvorstellungen, Erfahrungen und Bedürfnisse vornimmt.

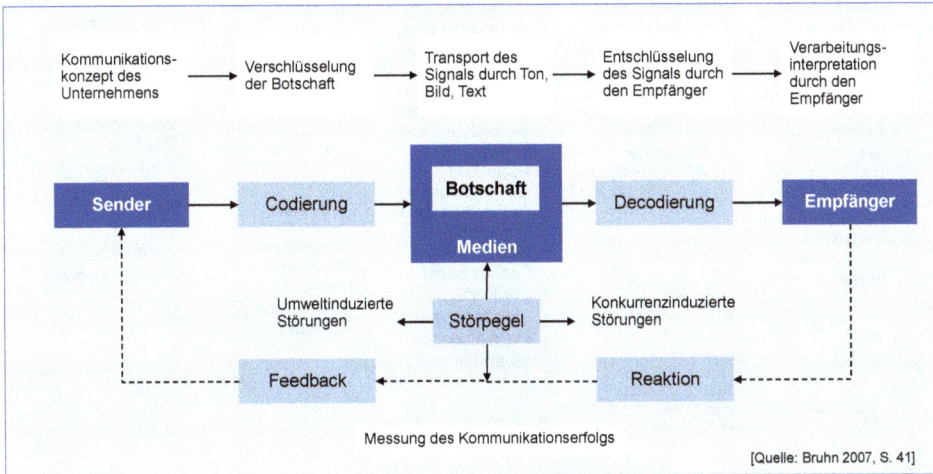

Abb. 4-02: Schematische Darstellung des Kommunikationssystems

Ziel des kommunizierenden Unternehmens muss es also sein, solche Störungen zu minimieren, indem die Botschaft so verschlüsselt wird, dass sie vom Empfänger in dem beabsichtigten Sinne verstanden wird. Störungen können vor allem auch durch Wettbewerbsaktivitäten (wettbewerbsinduzierte Störungen) oder durch Veränderung der Umweltbedingungen (umweltinduzierte Störungen) hervorgerufen werden. So hat bspw. der amerikanische Telekommunikationskonzern AT&T mit dem Slogan „We hear you" versucht, Kundennähe zu demonstrieren. Die Interpretation durch die Kommunikationsempfänger änderte sich aber unmittelbar im Zuge der Watergate-Affäre, nach der dieser Slogan als „Wir hören Ihre Gespräche ab" ausgelegt wurde [vgl. Bruhn 2007, S. 39 f.].

Die Kommunikation eines Unternehmens ist komplex. Konkrete Aufgabenstellungen und Verantwortlichkeiten für die Akteure des Marketing gehen in die verschiedensten Richtungen. Integrierte Kommunikationskonzepte beinhalten Entscheidungen über folgende **Dimensionen** [vgl. Meffert 1998, S. 689 ff.]:

- **Objektdimension** (Idee, Unternehmen, Leistungsprogramm, Kunden)
- **Ausrichtungsdimension** (personell, zeitlich, räumlich etc.)
- **Instrumentedimension** (Werbung, Messen, PR etc.)
- **Mediadimension** (z. B. Printmedien vs. elektronische Medien)
- **Gestaltungsdimension** (Inhalte, Botschaft)

In Abbildung 4-03 sind die verschiedenen Dimensionen des Kommunikationskonzepts zusammengestellt.

Objekt-Dimension	Ausrichtungs-Dimension	Instrumente-Dimension	Media-Dimension	Gestaltungs-Dimension
• Idee signalisieren (Bewusstseins-programm) • Unternehmen signalisieren (Imageprogramm) • Leistung signalisieren (Leistungs-programm) • Kaufentscheidung absichern (Betreuungs-programm)	• **Personale Ausrichtung** (einzelgerichtet – massengerichtet) • **Zeitliche Ausrichtung** (pulsierend – kontinuierlich) • **Räumliche Ausrichtung** (regional – national – international)	• Beiträge in Print-medien (Fach-artikel, Interviews) • Beiträge in Online-Medien • Werbung in Print-medien (Anzeigen) • Werbung in Online-Medien • Radio- und Fernsehwerbung • Herausgabe von E-Newsletter • Herausgabe von Print-Newsletter • Sponsoring • Direktmarketing • Event-Marketing • Messe-Marketing	• **Klassische elek-tronische Medien** (TV/Hörfunk) • **Printmedien** (Tageszeitungen/ Publikumszeit-schriften/Fachzeit-schriften/Beilagen / Verzeichnisse, Plakate) • **Neue elektro-nische Medien** (Banner/Such-maschinen/ E-Mail) (jeweils nach Intensität)	**Inhalte:** • Verständlichkeit • Informationen in „Echtzeit" • Größtmögliche Offenheit (vollstän-dig, eindeutig) • Wahrheit • Widerspruchfreiheit **Botschaft:** • Rational – emotional • Imitativ - innovativ

[Quelle: Inhalte in Anlehnung an Meffert 1998, S. 689 ff.]

Abb. 4-03:   Dimensionen des Kommunikationskonzepts

Da die digitale Transformation auch die werbliche Kommunikation revolutioniert, ist es von besonderer Bedeutung, die Unterschiede zwischen der *klassischen* und der *digitalen* werblichen Kommunikation zu kennen, um entsprechende Entscheidungen treffen zu können [vgl. Lippold 2017, S. 186 f.].

4.2 Kommunikationsmodell

Um die Empfänger, d.h. die Zielgruppe der Signale, in ihrer unterschiedlichen Konditionierung mit den jeweils richtigen Kommunikationsinhalten anzusprechen, sollte zunächst ein **Kommunikationsmodell** aufgestellt werden. Ein solches Modell stellt die *Struktur* der Kommunikationsprozesses (Ziele, Strategien, Zielgruppe, Zielpersonen etc.) dar und ist die Grundlage für die zu kommunizierenden Inhalte. Die **Kommunikationsinhalte** (Botschaften) wiederum bilden in ihrer Gesamtheit das **Kommunikationsprogramm** (Bewusstseins-, Image-, Leistungs-, Kundenprogramm), das dann von den **Kommunikationsinstrumenten** (Werbung, PR, Online-Marketing, Direct-Marketing, Messen, Events etc.) umgesetzt und an die **Zielgruppe/-person** herangetragen werden muss (siehe Abbildung 4-04).

Neben seiner strukturbildenden Funktion hat das Kommunikationsmodell zugleich eine wichtige Aufgabe für die Implementierung einer nachhaltigen **Markenstrategie**. Wer eine starke Produkt- und/oder Unternehmensmarke in seinen definierten Marktsegmenten etabliert und weiterentwickelt, kann der Herausforderung, Aufträge in diesen Zielsegmenten zu gewinnen, leichter begegnen. Diese Erkenntnis gilt nicht nur für das B2C-Marketing. Auch im B2B-Bereich und hier ganz besonders im Beratungsmarketing kann eine starke Unternehmensmarke zu niedrigeren Kosten in der vertrieblichen Basisarbeit (z. B. bei der Kontaktgewinnung oder bei der Beraterauswahl für die Short-list) führen.

Eine solche Markenstrategie wirkt sich zudem auch positiv im *Personalbereich* aus. Eine bekannte, attraktive **Arbeitgebermarke** (engl. *Employer Branding*) erleichtert die Gewinnung von qualifizierten Mitarbeitern auf dem Bewerbermarkt und wirkt sich positiv auf den Verbleib der Mitarbeiter im Unternehmen aus. **Employer Branding** beugt auch der Abwanderung von Potenzial- und Leistungsträgern vor. Dieses Phänomen tritt verstärkt auf, sobald die Chancen zum Wechseln zunehmen. Dies gilt insbesondere dann, wenn die Konjunktur wieder anspringt [vgl. Lippold 2011, S. 50 f.].

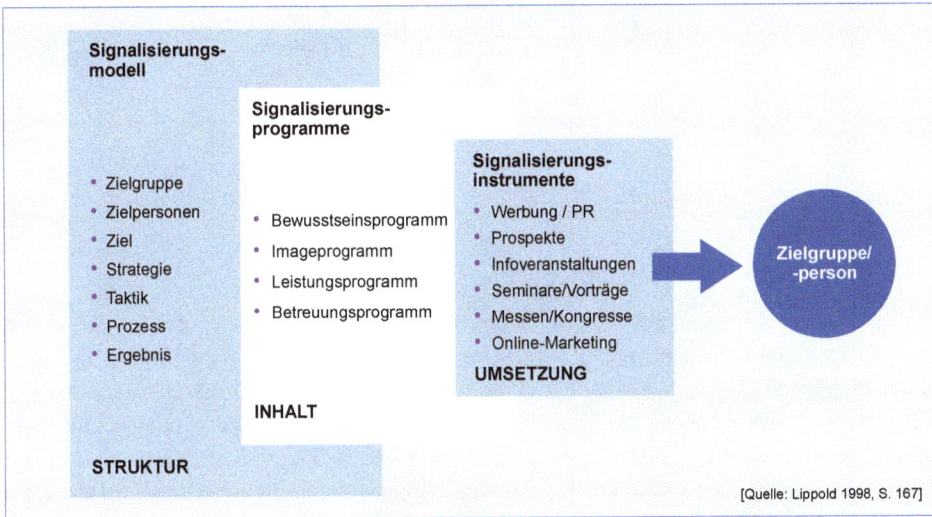

Abb. 4-04:   Die Kommunikation: Von der Struktur über die Inhalte zur Umsetzung

Kommunikationsmodelle haben die Aufgabe, den Kommunikationsprozess mit allen **Anspruchsgruppen** (engl. *Stakeholder*) eines Unternehmens zu strukturieren und in seiner Komplexität zu vereinfachen. Zur Verdeutlichung dieser Aufgabenstellung dient ein Kommunikationsmodell, das IBM in ähnlicher Form erfolgreich eingeführt hat [vgl. IBM 1984].

Im Vordergrund des Kommunikationsmodells steht eine *Typologisierung* der Signalempfänger innerhalb der definierten Zielgruppe. Diese Typologisierung ist keine fachbezogene Bestimmung der unterschiedlichen Zielgruppen, wie dies bei der Segmentierung der Fall ist, sondern grenzt die Signalempfänger innerhalb der Zielgruppe nach ihrer Stellung, ihrem Verhältnis und Kenntnisstand gegenüber dem Beratungsunternehmen ab. Das Modell unterteilt die gesamte Zielgruppe in *Indifferente, Sensibilisierte, Interessierte* und *Engagierte* bezüglich ihrer Einstellung zur signalisierenden Unternehmensberatung (siehe Abbildung 4-05).

Zielgruppe	Interessenten			Kunden
Ziel-personen	Indifferente	Sensibilisierte	Interessierte	Engagierte
Ziel (=Politik)	Indifferente sensibilisieren	Sensibilisierte interessieren	Interessierte engagieren	Engagierte betreuen
Strategie (=Pläne)	Idee signalisieren	Unternehmen signalisieren	Leistungen signalisieren	Kaufentscheidung absichern
Taktik (=Maßnahmen)	Bewusstseins-programm	Imageprogramm	Leistungs-programm	Kundenprogramm
Prozess	Wahrnehmungs-prozess	Meinungs-bildungsprozess	Entscheidungs-prozess	Betreuungsprozess
Ergebnis	Aufmerksamkeit	Vertrauen/ Glaubwürdigkeit	Kaufakt	Bestätigung

[Quelle: Lippold 1998, S. 170 in Anlehnung an IBM 1984]

Abb. 4-05:   Elemente eines Kommunikationsmodells

4.2.1 Bewusstseinsprogramm

Den größten Teil dieser Zielgruppenzugehörigen (= Zielpersonen) bilden die **Indifferenten**. Sie stehen dem Beratungsunternehmen mit seinem Leistungsprogramm uninformiert und uninteressiert gegenüber. Kommunikationsziel muss es hier sein, die Indifferenten zu sensibilisieren. Das heißt, diesen Zielpersonen muss beispielsweise die Idee, dass eine neue Problemlösung (gegenüber einer konventionellen Lösung) oder ein neuer Beratungsansatz Vorteile bietet, nahegebracht werden. Ist die Idee kommuniziert, die Botschaft angekommen, dann ist das erste Kommunikationsziel *Indifferente sensibilisieren* erreicht, bzw. das signalisierende Unternehmen hat seinen Beitrag dazu geleistet. Alle Maßnahmen, die diesem ersten Kommunikationsziel dienen, spiegeln sich in einem *Bewusstseinsprogramm* wider. Damit ist ein *Wahrnehmungsprozess* eingeleitet, der bei den Zielpersonen *Aufmerksamkeit* erzeugt. Unternehmensberatungen, die lediglich die generellen Vorteile einer Zusammenarbeit mit ihnen kommunizieren wollen und keine explizit neue Lösung anbieten, sollten sich allerdings gleich auf die zweite Gruppe der Zielpersonen, also auf die *Sensibilisierten* konzentrieren.

Ein Bewusstseinsprogramm sollte demnach immer nur dann durchgeführt werden, wenn eine wirklich innovative Lösung signalisiert werden soll. Ein solches Programm hat in erster Linie die Aufgabe, einen latenten Bedarf bei den potenziellen Kundenunternehmen für die Innovation zu wecken. Im Beratungsbereich und insbesondere im Bereich der informationstechnischen Dienstleistungen werden immer wieder neue Anwendungsfelder erschlossen, so dass sich Unternehmensberatungen, die sich auf solch innovativen Anwendungsfeldern engagieren, die Notwendigkeit eines Bewusstseinsprogramms in ihre kommunikationspolitischen Überlegungen einbeziehen müssen [vgl. Lippold 1998, S. 171].

Ein Bewusstseinsprogramm ist allerdings auch immer mit erheblichen Kosten verbunden, da die Ansteuerung der Indifferenten erfahrungsgemäß mit erheblichen Streuverlusten verbunden ist. Daher sind in der Regel nur größere Unternehmen in der Lage, ein Bewusstseinsprogramm konsequent und nachhaltig durchzuführen. Andererseits sind es häufig kleinere Unternehmen, die besonders innovativ sind und die auf der Grundlage dieser Innovation ihre Wettbewerbsfähigkeit aufbauen wollen. In einer solchen Situation können Kooperationspartner oder der Einsatz besonders effizienter Kommunikationsinstrumente hilfreich sein.

4.2.2 Imageprogramm

Die zweite Gruppe der Zielpersonen ist bereits für die Idee sensibilisiert. Hier gilt es, das Interesse dieser **Sensibilisierten** auf das eigene Unternehmen zu lenken. Das zweite Signalisierungsziel lautet also *Sensibilisierte interessieren*. Den Sensibilisierten ist deutlich zu machen, dass unter allen Unternehmensberatungen im definierten Marktsegment keiner mehr Vertrauen verdient als das signalisierende Unternehmen. Die hierzu erforderlichen Kommunikationsmaßnahmen werden in einem *Imageprogramm* zusammengefasst. Ziel des Imageprogramms ist es, einen Meinungsbildungsprozess in Gang zu setzen, bei dem Vertrauen und Glaubwürdigkeit im Fokus stehen sollten.

Während das Bewusstseinsprogramm für viele Beratungshäuser lediglich eine Option darstellt, gehört das Imageprogramm zum festen Bestandteil des Kommunikationskonzepts. Es hat die Aufgabe, die Aufmerksamkeit der Zielgruppe auf die Leistungsfähigkeit des signalisierenden Unternehmens zu lenken und deren Meinung positiv zu beeinflussen.

Gegenstand des hier geforderten Imageprogramms ist die positive Beeinflussung des *Unternehmensimages* - nicht jedoch primär eines *Produkt- oder Leistungsimages*. Diese Abgrenzung ist deshalb besonders wichtig, weil die Betonung der generellen Leistungsstärke einer Unternehmensberatung häufig wirksamer ist als die Verwendung bestimmter Leistungsinformationen. Der Grund für die besondere Relevanz des Unternehmensimages von Beratungshäusern liegt darin, dass es nahezu unmöglich ist, eine allgemein anwendbare Leistungskonfiguration zu entwerfen und diese mit werblichen Maßnahmen zu kommunizieren. Es kommt vielmehr darauf an, die Kompetenz des Anbieterunternehmens als Ganzes als Beweis für die Leistungsfähigkeit herauszustellen [vgl. Strothmann/Kliche 1989, S. 140].

4.2.3 Leistungsprogramm

Die dritte Gruppe innerhalb des Kommunikationsmodells sind jene Zielpersonen, die sich bereits konkret für bestimmte Leistungen des Beratungsunternehmens interessieren. Um diese **Interessierten** für das Unternehmen zu *engagieren*, muss der Kaufentscheidungsprozess dahingehend beeinflusst werden, dass sich der Interessent für das ihm angebotene Produkt entscheidet. Die Maßnahmen, die hierzu erforderlich sind, werden in einem *Leistungsprogramm* gebündelt. Ziel dieses Programms ist letztlich der *Kaufakt*.

Das Leistungsprogramm ist letztlich maßgebend für den Großteil der Marketingaktivitäten. Es gibt vor allem Hinweise dafür, welche Kommunikationsinstrumente wann und in welchem Umfang zum Einsatz kommen sollen.

4.2.4 Kundenprogramm

Das vierte und letzte Kommunikationsziel richtet sich an die Engagierten. Sie sind vielleicht die wichtigste Zielgruppe, da sie sich aus den Kunden formiert. Denn knapp zwei Drittel des Jahresumsatzes von Unternehmensberatungen werden durch Projekte mit bestehenden Kunden im Rahmen von Folgeprojekten generiert. Nur etwas mehr als ein Drittel des Jahresumsatzes kommt aus Projekten mit neuen Kunden. Der Anteil des Umsatzes, der mit neuen Kunden und damit durch die Knüpfung neuer Geschäftskontakte erwirtschaftet wird, nimmt mit wachsender Größe der Unternehmensberatungen stetig ab. So wird bei größeren Beratungshäusern nicht mehr als 25 Prozent des jährlichen Umsatzes mit neuen Kunden getätigt [vgl. BDU-Benchmarkstudie 2011, S. 26].

Besonders wichtig ist der Kunde deshalb, weil nicht nur sein Neu- sondern auch sein Ersatzbedarf ein erhebliches Absatzpotenzial darstellt. Die Engagierten tragen entscheidend dazu bei, dass das Unternehmen jetzt und in Zukunft erfolgreich ist. Kurzum: Der Kunde ist in seiner Kaufentscheidung zu bestätigen. Das Kommunikationsziel für die Kernzielgruppe lautet daher *Engagierte betreuen*. Das hierzu erforderliche Maßnahmenbündel ist das *Kundenprogramm*.

Im Rahmen des Aktionsfeldes *Kommunikation* nimmt das Kundenprogramm eine Sonderstellung ein. Während das Bewusstseinsprogramm, das Imageprogramm und das Leistungsprogramm den Kaufabschluss vorbereiten, kommt das Kundenprogramm erst *nach* dem Kauf bzw. der Beauftragung der Leistung zum Einsatz. Bewusstseins-, Image- und Produktprogramm zählen demnach zur *Pre-Sales*-Phase; das Kundenprogramm ist demgegenüber Teil der *Post-Sales*-Aktivitäten. Es hat die Aufgabe, die Entscheidung des Kunden zu bestätigen und evtl. auftretende kognitive Dissonanzen [Festinger 1957] zu beseitigen. Dem Kunden soll das Gefühl vermittelt werden, auch nach dem Kaufentscheid vom Anbieter umworben zu sein und als Kunde behandelt zu werden. Nur ein in seiner Entscheidung bestärkter Kunde wird Anschlussaufträge vergeben und zukünftig Referenzen abgeben. Das Kundenprogramm ist somit ein wesentlicher Bestandteil des Aktionsfeldes *Betreuung* und soll engagierte Fürsprecher für das Beratungsunternehmen gewinnen [vgl. Lippold 1998, S. 177 f.].

4.3 Interne Kommunikation

In den vorangegangenen Abschnitten ist von der nach außen gerichteten Kommunikation die Rede. Doch es gibt nicht nur die Kommunikation mit dem Kunden, sondern auch die Kommunikation mit den Mitarbeitern. Diese nach innen gerichtete Kommunikation, die häufig auch als Unternehmenskommunikation bezeichnet wird, befindet sich in einem tiefgreifenden Umbruch. Der digitale Wandel verändert das Mediennutzungsverhalten aller Stakeholder und führt zu neuen Herausforderungen besonders für die Mitarbeiter- und Führungskräftekommunikation. Besonders die klassischen Printmedien werden zusehends von Bildern und Bewegtbildern (Videos, Webcasts, Infografiken etc.) in den Schatten gestellt. Besonders Endgeräte wie Smartphones und Tablets gewinnen über mobil zugängliche Medienkanäle bei Mitarbeitern ohne festen PS-Arbeitsplatz zunehmend an Bedeutung [vgl. Eberle 2016, S. 159].

Nach wie vor bleibt aber – auch im digitalen Zeitalter – der persönliche Dialog zwischen Unternehmensführung und Mitarbeitern die wichtigste Kommunikationsform. Allerdings stößt die direkte Kommunikation bei international agierenden Unternehmen zwangsläufig an Grenzen. Daher sind die konsequente Digitalisierung der internen Kommunikation und der unternehmensweite Einsatz von Social Media eine besondere Herausforderung und Zielsetzung für die Unternehmenskommunikation. Aus dem früheren Prinzip „Print Only" wird somit ein „Digital First" und – für schwer erreichbares Personal – in der nächsten Stufe ein „Mobile First". Ebenso wird aus dem gedruckten Mitarbeitermagazin ein multimediales Mitmach-Magazin [vgl. Eberle 2016, S. 164 f.].

Vor dem Hintergrund des digitalen Wandels kommt der internen Kommunikation eine ganz besondere Rolle zu, weil sie den Prozess der digitalen Transformation in jedem Unternehmen steuern und inhaltlich begleiten sollte. Damit wird die Unternehmenskommunikation zum *„Treiber einer neuen, crossmedialen Unternehmenskultur"* [Fischer/Knaup 2016, S. 145].

Auch für das **interne Kommunikationsmanagement** ergeben sich zusätzlich über die Plattform **Intranet**, also das unternehmenseigene Internet, verschiedenste Konzepte, um das Informationsmanagement zu verbessern. Zwar werden die klassischen internen Kommunikationsmittel wie Schwarzes Brett, Betriebsversammlung, Mitarbeiterzeitungen und -zeitschriften, Gespräche und Mitarbeiterbesprechungen auch weiterhin ihre Bedeutung haben, aber im Gegensatz zu den Mitarbeitern auf den Büroetagen verfügen bspw. gewerbliche Mitarbeiter in der Regel nicht einmal über einen Intranet-Zugang. Abhilfe schaffen hier geeignete Terminals, die als Mitarbeiter-Infosysteme an festgelegten Standorten beispielsweise in Fertigungsbereichen, Kantinen, Pausenräumen oder sogar auf dem Werksgelände aufgestellt werden. Aber auch für Besucher können in Empfangshallen, Schulungs- und Präsentationsräumen entsprechende System Terminals aufgestellt werden.

4.4 Überblick Kommunikationsinstrumente

4.4.1 Above-the-line und Below-the-line

Eine beliebte Klassifizierung der Vielzahl von Kommunikationsinstrumenten ist die Einteilung in **Above-the-line**-Instrumente und in **Below-the-line**-Instrumente. Allerdings gibt es in der Literatur keine einheitliche Festlegung dieser beiden Begriffe. Die Definitionen reichen von der Unterteilung in „klassische" und „neue" Kommunikationsinstrumente bis hin zu der Festlegung, dass Below-the-line-Kommunikation darauf abzielt, „eine kleine Gruppe von Konsumenten zielgenau, kostengünstig und weitgehend konkurrenzlos zu erreichen" und für sie „keine Werbezeiten in den Massenmedien gebucht werden" [marketinglexikon.ch].

Sehr sinnvoll ist eine Unterteilung, nach der zu den **Above-the-line**-Instrumenten die (klassische) Werbung, die Online-Werbung und die Direktwerbung gehören (also alle Instrumente, in denen die Begrifflichkeit *„Werbung"* vorkommt). **Below-the-line**-Instrumente zielen dagegen auf Maßnahmen ab, die vom Konsumenten (B2C) bzw. den Zielpersonen von organisationalen Beschaffungseinheiten (B2B) nicht ohne weiteres als werbliche Beeinflussung wahrgenommen werden. Dazu zählen die Öffentlichkeitsarbeit, Verkaufsförderung, Product Placement und Product Publicity, Sponsoring sowie Messen und Ausstellungen. Abbildung 4-06 verdeutlicht diese sinnvolle Trennung zwischen Above-the-line- und Below-the-line-Instrumenten [vgl. auch Eckardt 2010, S. 163 f.].

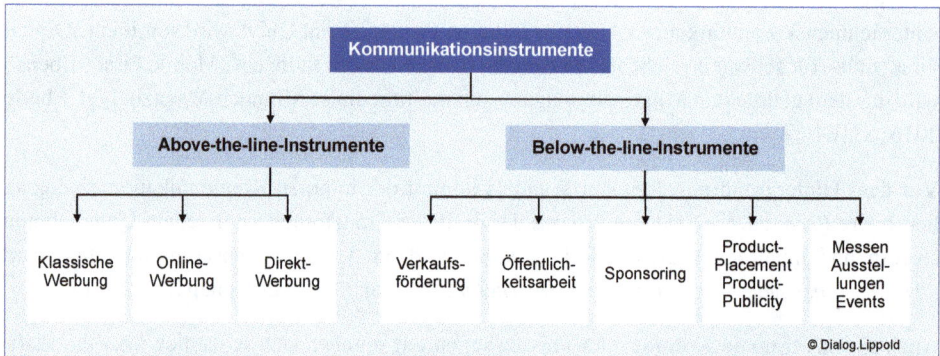

Abb. 4-06:   Kommunikationsinstrumente nach der wahrgenommenen Beeinflussung

Prinzipiell stehen der Unternehmensberatung alle denkbaren Kommunikationsinstrumente zur Verfügung. Da Beratungsunternehmen in aller Regel nur etwa ein bis maximal drei Prozent ihres Jahresumsatzes für Werbung im weitesten Sinne (also für Kommunikationsmaßnahmen) budgetieren und dann zumeist noch nicht einmal ausgeben, ist es wenig verwunderlich, dass kostenintensivere Kommunikationsinstrumente wie Fernseh- oder Radiowerbung so gut wie gar nicht im Fokus der Marketingleiter von Beratungsunternehmen stehen. Insofern stellen sich zwei grundsätzliche Fragen:

–   Welche Kommunikationsinstrumente setzt die Beratungsbranche bevorzugt ein?
–   Wie beurteilt die Branche die Effizienz der eingesetzten Kommunikationsinstrumente?

Um die Bedeutung und Effizienz der eigenen Marketingmaßnahmen am branchenspezifischen Maßstab zu messen, hat der BDU 195 Marktteilnehmer aus der gesamten Unternehmensberatungsbranche im Juni/Juli 2011 befragt.

Im Rahmen dieser Marktforschung wurden u. a. Kennzahlen über die Häufigkeit und Effizienz einzelner Kommunikationsinstrumente erfasst. Die Ergebnisse sind in Insert 4-01 (Häufigkeit) und Insert 4-02 (Effizienz) wiedergegeben.

Insert

Verwendungshäufigkeit von Kommunikationsinstrumenten

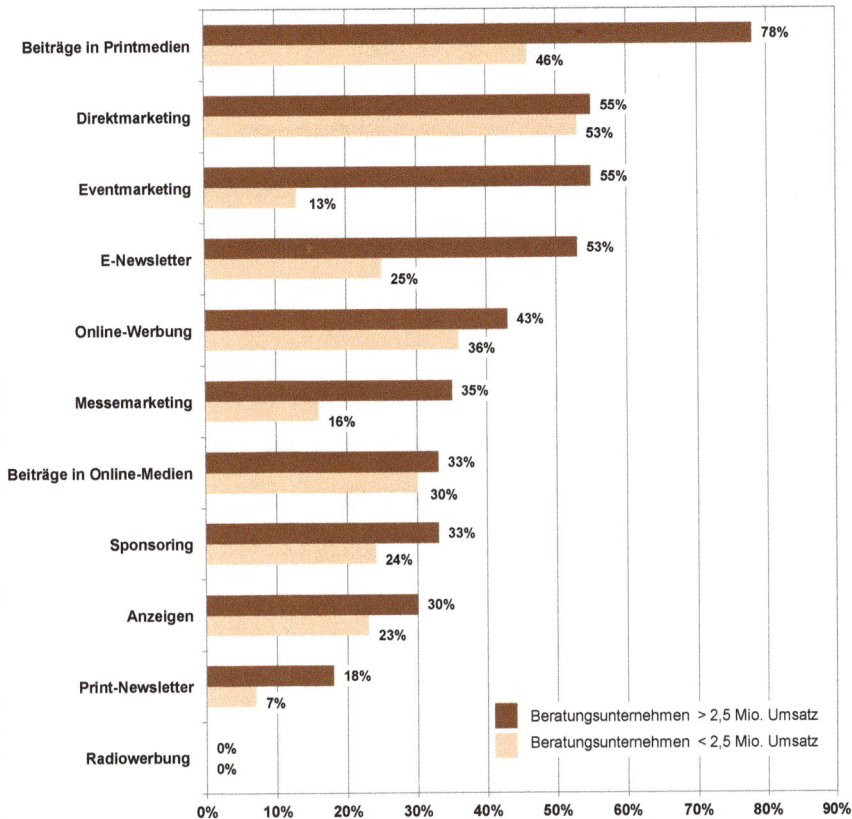

Instrument	> 2,5 Mio. Umsatz	< 2,5 Mio. Umsatz
Beiträge in Printmedien	78%	46%
Direktmarketing	55%	53%
Eventmarketing	55%	13%
E-Newsletter	53%	25%
Online-Werbung	43%	36%
Messemarketing	35%	16%
Beiträge in Online-Medien	33%	30%
Sponsoring	33%	24%
Anzeigen	30%	23%
Print-Newsletter	18%	7%
Radiowerbung	0%	0%

Beratungsunternehmen > 2,5 Mio. Umsatz
Beratungsunternehmen < 2,5 Mio. Umsatz

0% 10% 20% 30% 40% 50% 60% 70% 80% 90%

[Quelle: BDU-Benchmarkstudie 2011, S. 34 f.]

Im Rahmen der BDU-Benchmarkstudie wurde die Verwendungshäufigkeit von elf verschiedenen Kommunikationsinstrumenten erfasst. Bei der Berechnung wird die Anzahl der Unternehmensberatungen, die ein Instrument verwenden, ins Verhältnis zur Gesamtanzahl der Unternehmensberatungen gesetzt. Die Benchmarks werden für Unternehmensberatungen in zwei verschiedenen Größenklassen (kleiner bzw. größer 2,5 Mio. Jahresumsatz) widergegeben. Die untenstehende Grafik zeigt, dass nahezu das gesamte Spektrum an verfügbaren Marketinginstrumenten von den Unternehmensberatungen verwendet wird, wobei keines der befragten Unternehmen Radio- und Fernsehwerbung einsetzt. Das Kommunikationsverhalten zwischen den großen und den kleinen Unternehmensberatungen unterscheidet sich zum Teil sehr deutlich.

Die wichtigsten Kommunikationsinstrumente für die größeren Unternehmensberatungen sind Beiträge in Printmedien (Fachartikel, Interviews), Direkt- und Eventmarketing-Maßnahmen sowie die Herausgabe von E-Newsletter. Alle vier Kommunikationsinstrumente werden von mehr als der Hälfte aller größeren Beratungshäuser eingesetzt. Bei den kleinen Beratungsunternehmen, die insgesamt deutlich weniger Marketingmaßnahmen ergreifen, ist es lediglich das Direktmarketing, das von mehr als der Hälfte praktiziert wird. Werbung und der Versand von Newslettern wird bevorzugt online abgewickelt. Aufwendige Kommunikationsinstrumente wie Event- und Messemarketing werden nur von den größeren Unternehmensberatungen häufiger eingesetzt. Sponsoring wird von einem Drittel aller größeren Beratungen praktiziert.

Insert 4-01: Verwendung von Kommunikationsinstrumenten in der Beratungsbranche

Insert

Effizienz der Kommunikationsinstrumente

Effizienz der Kommunikationsinstrumente auf einer Skala von 1 (ineffzient) bis 5 (sehr effizient), Mittelwert

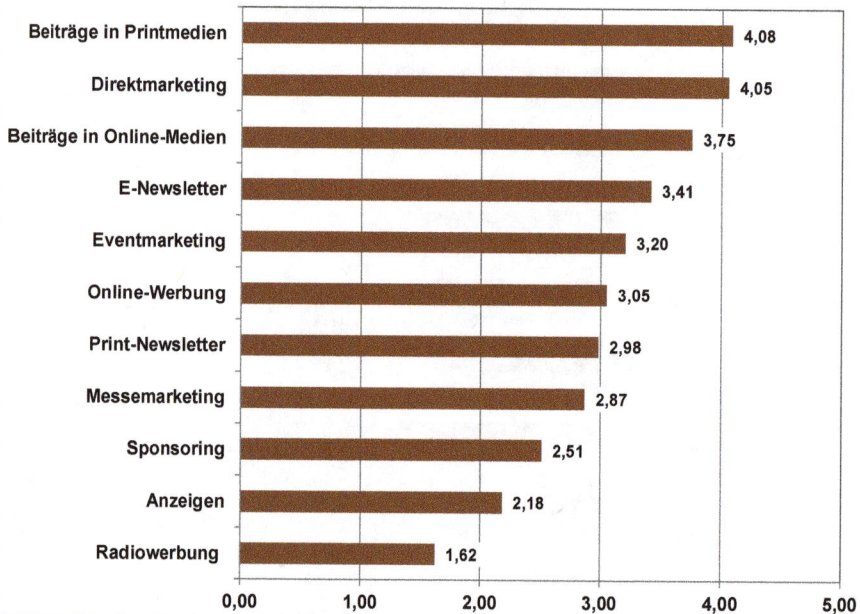

Beiträge in Printmedien	4,08
Direktmarketing	4,05
Beiträge in Online-Medien	3,75
E-Newsletter	3,41
Eventmarketing	3,20
Online-Werbung	3,05
Print-Newsletter	2,98
Messemarketing	2,87
Sponsoring	2,51
Anzeigen	2,18
Radiowerbung	1,62

0,00   1,00   2,00   3,00   4,00   5,00

[Quelle: BDU-Benchmarkstudie 2011, S. 36]

Die Kennzahl „Effizienz der Kommunikationsinstrumente" stellt dar, inwieweit Unternehmensberatungen die einzelnen Kommunikationsinstrumente für effizient in der Erreichung ihrer Marketingziele einschätzen. In der BDU-Benchmarkstudie wurde die Effizienz jeder Marketingaktivität auf einer Skala von eins bis fünf beurteilt, wobei eine Unterscheidung zwischen größeren und kleineren Unternehmensberatungen hier keine signifikanten Ergebnisunterschiede lieferte. Insgesamt wird von den befragten Unternehmensberatungen der Großteil der Marketinginstrumente eher als effizient eingeschätzt. Veröffentlichungen in Printmedien (4,08) und Direktmarketing (4,05) sind die effizientesten Marketinginstrumente. Online-Medien werden als effizientes Marketingmedium bewertet. Darunter wird auch dem Versenden von elektronischen Newslettern (3,41) sowie dem Schalten von Werbung in Online-Medien (3,05) eine recht hohe Effizienz zugeschrieben. Als weniger effizient werden gedruckte Newsletter (2,98) und Werbung in Printmedien (2,18) eingeschätzt. Event- (3,20), Messe-Marketing (2,87) oder Sponsoring (2,51) werden eher neutral bewertet. Radio- und Fernsehwerbung ist für die Unternehmensberatungen das ineffizienteste Kommunikationsinstrument (1,62).

Insert 4-02: Effizienz von Kommunikationsinstrumenten in der Beratungsbranche

4.4.2 Klassische vs. digitale Kommunikation

Die **klassische Kommunikation** im Marketing richtet sich an eine Zielgruppe, die sich im Rahmen der Marktsegmentierung selektieren lässt. Diese Selektion geht aber nicht soweit, dass jeder Empfänger der Werbebotschaft identifiziert werden kann. Die Zielpersonen bzw. Zielgruppen werden überwiegend durch Massenmedien angesprochen, wobei zum Teil große

Streuverluste in Kauf genommen werden. Die klassische Kommunikation kann daher auch als Signalisierung, also als Kommunikation in *eine* Richtung bezeichnet werden (siehe oben).

Dagegen ist die Botschaft der digitalen Kommunikation an einzelne, individuell bekannte Zielpersonen gerichtet. Zumindest wird der Aufbau einer solchen individuellen Beziehung zwischen dem Absender und dem Empfänger der Botschaft angestrebt. Statt einer Signalisierung (also eines Monologs) besteht das Ziel in einer interaktiven Kommunikation, also in einem Dialog. Während die klassische Kommunikation mehr das Ziel verfolgt, Image und Bekanntheitsgrad aufzubauen, wird bei der digitalen Kommunikation eine Reaktion (engl. *Response*) des Angesprochenen und eine langfristige Kundenbeziehung angestrebt.

So macht die Werbung im Internet zwischenzeitlich mehr als ein Viertel des gesamten Nettowerbekuchens aus und liegt damit nur noch knapp hinter der Fernsehwerbung. Damit verschiebt sich auch bei den Unternehmen die Aufmerksamkeit zunehmend von der klassischen Werbung zur Internet-Werbung. Während früher Werbeflächen rar, Produktionskosten hoch und der finanzielle Aufwand einer einzigen Kampagne enorm war, so bietet das weltweite Web eine bislang nicht gekannte Flexibilität. In der klassischen Werbung hingegen müssen Werbebotschaften und Inhalte einprägsam, zügig und möglichst punktgenau bei den Zielpersonen ankommen, damit sich die Investition in Werbung lohnt. Jeder vergeudete Versuch kostet dem werbenden Unternehmen sehr viel Geld.

Diese Umstände haben sich spätestens mit der Einführung des Web 2.0 grundgrundlegend geändert. Im Vergleich zur klassischen Werbung lässt das Internet Versuche zu, ist unglaublich flexibel und ermöglicht sowohl in finanzieller Sicht als auch im Hinblick auf die Kundenansprache einen deutlich größeren Spielraum. Hinzu kommt, dass die sozialen Netzwerke Perspektiven für das Kommunikationsverhalten bieten, die in der klassischen Werbung nicht möglich sind. Der große Vorteil der Internet-Werbung schließlich liegt in den leicht kalkulierbaren Kosten, die sich nicht annähernd auf dem Niveau der Kosten für die klassische Werbung bewegen. Zur Verdeutlichung sind die wichtigsten Unterschiede zwischen klassischer und digitaler werblicher Kommunikation in Abbildung 4-07 dargestellt.

Neben den Veränderungen auf der Angebotsseite findet aber auch ein Wandel auf der Kundenseite statt. Aus dem passiven Umgang mit der klassischen Werbung sind Dank der digitalen Kanäle ein aktives Erfassen und ein effektiver Dialog mit dem werbenden Unternehmen entstanden. Die Bindung, die dadurch zwischen Kunde und Unternehmen entsteht, kann mit den Instrumenten der klassischen Werbung naturgemäß nicht erreicht werden. Damit ist aber nicht das Ende der klassischen Werbung eingeleitet. Der Kunde wünscht sich Flexibilität. Er möchte sowohl digitale als auch klassische Kanäle nutzen. Cross mediale Kampagnen sprechen den Kunden über beide Kommunikationswege an und nutzen damit die Potenziale beider Kommunikationswelten [vgl. Holland 2014, S.7].

	Klassische (werbliche) Kommunikation	Digitale (werbliche) Kommunikation
Häufig verwendete Synonyme	(Klassische) Werbung	Internet-Werbung, Online-Werbung, Internet-Marketing, Online-Marketing, Dialog-Marketing
Ziel	• Bekanntheit, Image • Einseitige Transaktion (Kunde kauft Produkt/Leistung)	• Reaktion (Response) • Langfristige Kundenbeziehung (Kundenbindung)
Zielgruppe	Eher Massenmarkt	Eher Einzelperson
Medien	Massenmedien	Internet
Kommunikationsfluss	In eine Richtung	In beide Richtungen (Dialog)
Kommunikationswirkung	• Hohe Streuverluste • Aufbau von Markenimages und -präferenzen	• Geringe Streuverluste • Individuelle Kundenbetreuung, geringe Kosten in Relation zur Wirkung
Erfolgsmessung	Über Befragungen (aufwendig)	Web Analytics (einfach und genau)
Paradigma/Philosophie	• Economies of Scale • Mass Production	• Economies of Scope • Customized Production
Kundenverständnis	• Anonymer Kunde • Relative Unabhängigkeit Verkäufer/Kunde	Interdependenz Verkäufer/Kunde
Marketingverständnis	Transaktionsmarketing	Beziehungsmarketing

[Quelle: in Anlehnung an Holland 2015, S. 8]

Abb. 4-07: Unterschiede zwischen klassischer und digitaler (werblicher) Kommunikation

Infolge des rasanten Bedeutungszuwachses der digitalen Kommunikation lassen sich die Kommunikationsinstrumente auch in **klassische** und **digitale** Instrumente unterteilen. Zu den **klassischen Kommunikationsinstrumenten** zählen:

- Klassische Werbung
- Verkaufsförderung
- Öffentlichkeitsarbeit
- Sponsoring
- Product Placement
- Product Publicity
- Veranstaltungen (Messen, Ausstellungen, Events).

Davon sind besonders die klassische Werbung, die Öffentlichkeitsarbeit, das Sponsoring sowie Messen und Events von einiger Relevanz für Unternehmensberatungen und sollen in Hauptabschnitt 4.5 erläutert werden.

Im Bereich der **digitalen Kommunikationsinstrumente** sind folgende werbliche Kommunikationsinstrumente anzusiedeln:

- Website Advertising
- Social Media Advertising
- Advertorials (Kombination aus advertisement & editorial)
- Display Avertising (Bannerwerbung)
- E-Mail-Advertising (Newsletter)
- Keyword Advertising (Suchmaschinenmarketing)
- Affiliate Marketing.

Die genannten digitalen Kommunikationsinstrumente werden in Hauptabschnitt 4.6 skizziert.

4.5 Klassische Kommunikationsinstrumente

4.5.1 (Klassische) Werbung

Die klassische Werbung wird auch als **Mediawerbung** bezeichnet und ist eine Form der unpersönlichen Kommunikation, bei der mit Werbemitteln (z. B. Anzeigen, Rundfunk- oder Fernsehspots) durch Belegung von Werbeträgern (z. B. Zeitschriften, Rundfunk oder Fernsehen) versucht wird, unternehmensspezifische Zielgruppen zu erreichen und zu beeinflussen [vgl. Bruhn 2007, S. 356].

Die Bedeutung der Kommunikationsinstrumente und hier insbesondere der Werbung ist im Beratungsbereich allerdings deutlich niedriger einzuschätzen als im B2C-Bereich. Dies zeigen auch die Ergebnisse der BDU-Benchmarkstudie, die den klassischen **Anzeigen** in ihrer Effizienz nur den vorletzten Platz einräumt. Die **Radiowerbung** wird sogar nur auf dem letzten Platz geführt. Dennoch hat die klassische Werbung auch im Beratungsmarketing ihren Stellenwert. Sie muss allerdings im engen Zusammenhang mit dem Aktionsfeld *Akquisition* gesehen werden. So spielt in der Beratung das Zusammenwirken von *unpersönlicher* Kommunikation und *persönlichem* Verkauf eine wesentlich größere Rolle als im B2C-Marketing. Die Aufnahme von Werbebotschaften wird sehr stark von Image- und Kompetenzschwerpunkten bestimmt, die von persönlichen Verkaufs-, Informations- und Beratungsleistungen bei den Zielgruppen geschaffen wurden [vgl. Becker 2009, S. 581].

Hinzu kommt, dass die erheblich geringere Zahl an potenziellen Zielpersonen im Beratungsgeschäft einen wesentlich gezielteren Einsatz von Werbeträgern und Werbemitteln erfordert und damit die Mediawerbung u. U. zu großen Streuverlusten führen kann [vgl. Godefroid/Pförtsch 2008, S. 368].

Dies zeigt sich naturgemäß bei der **Fernsehwerbung**, die von den Beratungsunternehmen so gut wie gar nicht wahrgenommen wird. Lediglich Accenture hatte vor Jahren einmal im Umfeld der RTL-Formel 1-Übertragungen geworben.

Eine weitere Besonderheit ist bei den Fragen nach der Gestaltungsart (emotional/rational) und dem Grundmuster der Gestaltungsform zu beachten. So überwiegen im B2B-Marketing eher die rationale Gestaltungsart und die problemlösungs-orientierte Gestaltungsform. Das hängt in erster Linie mit dem Informationsverhalten der in den Unternehmen/Organisationen agierenden

Zielgruppen zusammen. Sie sind aufgrund ihrer Rollen gehalten, sich rational im Sinne der Zielsetzungen des eigenen Unternehmens zu verhalten [vgl. Becker 2009, S. 581].

Eine Besonderheit im B2B-Marketing ist auch bei den Fragen nach der Gestaltungsart (emotional/rational) und der Gestaltungsform zu beachten (siehe Insert 4-03).

Insert

B2B-Anzeigen – mal rational, mal emotional

Im B2B-Marketing überwiegen eher die rationale Gestaltungsart und die problemlösungsorientierte Gestaltungsform. Das hängt in erster Linie mit dem Informationsverhalten der in den Unternehmen/Organisationen agierenden Zielgruppen zusammen. Sie sind aufgrund ihrer Rollen gehalten, sich rational im Sinne der Zielsetzungen des eigenen Unternehmens zu verhallten [vgl. Becker 2019, S. 581].

Als (nahezu klassisches) Beispiel für eine sehr text-lastige und rationale Gestaltungsart ist die Anzeige der IBM im linken Bild anzusehen. Dass es jedoch auch emotionale Gestaltungsarten von B2B-Anzeigen gibt, zeigt die an die Zielgruppe des Mittelstands gerichtete Anzeige der SAP (rechtes Bild).

Insert 4-03:   Werbung im B2B-Marketing

4.5.2 Öffentlichkeitsarbeit

Während alle bislang diskutierten werblichen Maßnahmen auf die Absatzaktivierung und auf die Kundenbeziehungen ausgerichtet sind, wendet sich die **Öffentlichkeitsarbeit** (engl. *Public Relations (PR)*) mit ihren Aktivitäten an alle **Anspruchsgruppen** (engl. *Stakeholder*) des Unternehmens. Ziel der PR ist es, diese Gruppen (z. B. Kunden, Aktionäre, Lieferanten, Mitarbeiter, öffentliche Institutionen) über das Unternehmen zu informieren und auf diese Weise Vertrauen aufzubauen und zu erhalten. Dabei gehen die Anforderungen dieser Anspruchsgruppen heutzutage deutlich über die Profilierung des Produkt- und Leistungsprogramms hinaus und stellen die gesellschaftliche Verantwortung des Unternehmens – Corporate Social Responsibility (CSR) – in den Mittelpunkt. So muss eine glaubwürdige und nachhaltige Öffentlichkeitsarbeit (verkürzt auch *Pressearbeit* genannt) den Nachweis dieser Verantwortung in Form von sicheren Arbeitsplätzen, Engagement für die Umwelt, Weiterbildungsangeboten u. a. erbringen [vgl. Becker 2009, S. 600 f.].

In den meisten Beratungen ist die Öffentlichkeitsarbeit in der Kommunikationsabteilung (Unternehmenskommunikation) organisatorisch verankert und wendet sich an zwei Zielgruppen:

- Unternehmensinterne Öffentlichkeit (interne Zielgruppen: Mitarbeiter, Eigentümer, Management, Betriebsrat),

- Externe Öffentlichkeit (externe Zielgruppen: Kunden, Presse und Journalisten, Lieferanten, Fremdkapitalgeber, Verbraucherorganisationen, Staat und Gesellschaft).

In Abbildung 4-08 sind wichtige PR-Maßnahmen den entsprechenden Ansprechpartnern der internen und externen Kommunikation zugeordnet.

Interne Kommunikation	Externe Kommunikation		
Mitarbeiter	**Kunden**	**Presse und Journalisten**	**Geschäftspartner, Investoren etc.**
• Mitarbeiterzeitschriften • Prospekte, Flyer, Broschüren • Berichte, Protokolle, Rundschreiben • Briefe und E-Mails • Online-Newsletter und -Informationsdienste über Intranet • Aushänge, Plakate	• Kundenzeitschriften • Image-Broschüren • Prospekte, Flyer • Mailings • Q & A-Papiere • Online-Newsletter und -Informationsdienste • PR- und Werbeanzeigen • Plakate • Beilagen für Zeitschriften • Kataloge	• Pressemitteilungen (Pressemeldung, Presseerklärung, Pressebericht, Factsheets) • Themenexposées • Pressemappen • Pressedienste und Newsletter • PR-Anzeigen • Interviews • Pressekonferenz, -gespräch, -empfang • Journalistenreisen • Presseseminar	• Geschäftsbericht • Umweltbericht • (Image-) Broschüren, Prospekte, Flyer • Mailings • Online-Newsletter und -Informationsdienste • PR- und Werbeanzeigen

[Quelle: Lippold 2012, S. 203]

Abb. 4-08:   Wichtige PR-Maßnahmen und ihre Zielgruppen

Grundlage und sicherlich das wichtigste Instrument der klassischen PR-Arbeit ist die Pressemitteilung. Hauptanlässe für die Herausgabe von Pressemitteilungen sind bei größeren Unternehmensberatungen:

- Neue Leistungen, neue Kunden, neue Projekte

- Personalveränderungen

- Jahresabschlüsse

- Großaufträge

- Messebeteiligungen

- Jubiläen

- Wichtige Besuche
- Soziales Engagement (Sozialbilanz)
- Krisenkommunikation.

Neben Pressemitteilungen bilden Pressekonferenzen sowie der persönliche Dialog mit Journalisten und Medienvertretern die Grundlage für eine den Unternehmenszielen entsprechende Berichterstattung im redaktionellen Teil der Medien.

Die Nutzung von Web 2.0-Applikationen und Suchmaschinen haben aber nicht nur die Möglichkeiten der Kommunikation durch das Internet für Unternehmen und Kunden, sondern auch für die eigenen **Mitarbeiter** des Unternehmens erheblich erweitert. Diese können ihre Meinungen nun auch fernab von Presse- und Kommunikationsabteilungen veröffentlichen. Zukünftig werden also immer mehr Mitarbeiter freiwillig oder unfreiwillig zu Botschaftern ihres Unternehmens bzw. der Unternehmensmarke. Auf diese (weitgehend unkontrollierbaren) Kommunikationswege müssen sich die Verantwortlichen für die Unternehmenskommunikation einstellen und vorbereiten [vgl. Lippold 2011, S. 71].

4.5.3 Sponsoring

In engem Zusammenhang mit der Öffentlichkeitsarbeit hat sich mit dem **Sponsoring** ein vergleichsweise neues Kommunikationsinstrument etabliert.

> **Sponsoring** bedeutet die systematische Förderung von Personen, Organisationen oder Veranstaltungen im sportlichen, kulturellen, sozialen oder ökologischen Bereich zur Erreichung von Marketing- und Kommunikationszielen.

Anders als bei Spenden beinhaltet Sponsoring das Prinzip von **Leistung und Gegenleistung**, d. h. der Sponsor stellt seine Fördermittel in der Erwartung zur Verfügung, dass der Gesponserte ihn bei dessen Aktivitäten ausdrücklich nennt. Entsprechend wird von einem **Sponsorship** gesprochen, wenn Sponsor und Gesponserter ein konkretes Projekt in einem bestimmten Zeitraum gemeinsam durchführen [vgl. Bruhn 2007, S. 411].

Bei der Auswahl des Sponsorings bzw. Sponsorships sollte darauf geachtet werden, dass ein Mindestmaß an Gemeinsamkeit zwischen Sponsor und gesponsertem Bereich gegeben ist, damit sich positive Imagekomponenten übertragen lassen **(Imagetransfer)**.

Insert 4-04 zeigt in diesem Zusammenhang das Beispiel des Sportsponsorings der Wirtschaftsprüfungsgesellschaft KPMG. Als langjähriger Hauptsponsor des Golfprofis Phil Michelson verspricht sich KPMG die Übertragung der Werte des erfolgreichen Golfstars (Vision, Fokus, Disziplin, Anpassungsfähigkeit, Leidenschaft und Ausdauer).

Gerade im Sportbereich hat das Sponsoring allerdings den Nachteil, dass sich eine veränderte öffentliche Meinung auch auf die Sponsoren auswirken kann, so wie dies im Radsport (Stichwort „Doping") oder bei Tiger Woods (Stichwort „Sex-Skandal") geschah. Mögliche Ziele der Sponsoring-Aktivitäten sind die Erhöhung des Bekanntheitsgrades, die Aktualisierung des Images oder die Dokumentation gesellschaftlicher Verantwortung. Folgende Sponsoring-Bereiche kommen in Frage [vgl. Bruhn 2007, S. 414 ff]:

──── **Insert** ────

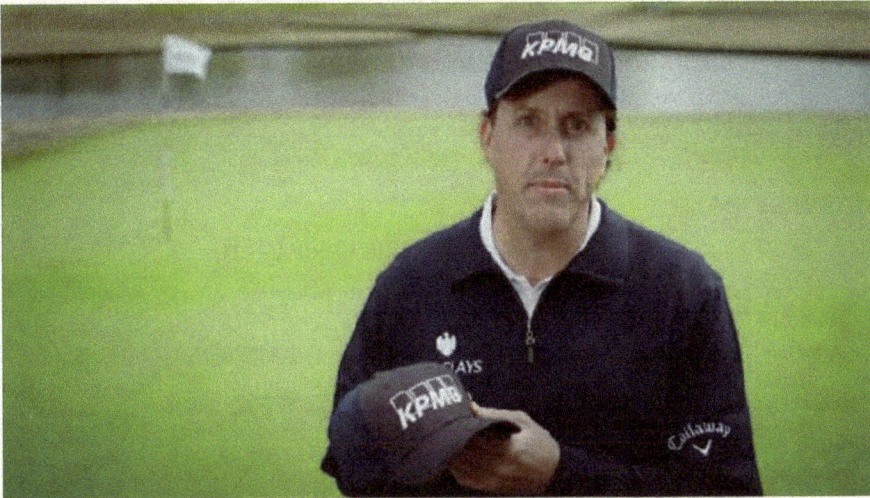

Als langjähriger Hauptsponsor des Golfprofis **Phil Mickelson** verspricht sich **KPMG** die Übertragung der Werte des erfolgreichen Golfers (Vision, Fokus, Disziplin, Anpassungsfähigkeit, Leidenschaft und Ausdauer) auf das eigene Unternehmen. Und KPMG wurde nicht enttäuscht: Seit 30 Jahren spielt „Lefty", so der Spitzname für den Linkshänder, in der absoluten Weltspitze mit 45 Siegen auf der PGA-Tour und sechs Major-Erfolgen. Überhaupt eignen sich erfolgreiche Sportler und Sportlerinnen – bis auf wenige Ausnahmen – sehr gut, um die Ziele des jeweiligen Sponsors medienwirksam zu übertragen.

Insert 4-04: KPMG sponsert den Golfprofi Phil Michelson

In Abbildung 4-09 sind den einzelnen Sponsoring-Bereichen verschiedene Sponsoring-Maßnahmen zugeordnet.

Sportsponsoring	Kultursponsoring	Soziosponsoring	Umweltsponsoring	Mediensponsoring
• Trikotsponsoring • Bandenwerbung • Breitensportförderung • Leistungssportförderung • Sponsoring von Meisterschaften	• Förderung von Kunstausstellungen • Konzertförderung • Förderung von Musikwettbewerben • Vergabe von Stipendien • Gründung eigener Stiftungen	• Förderung sozialer Einrichtungen (wie Kinderhilfswerk) • Unterstützung von Menschenrechtsorganisationen • Gründung eigener Stiftungen	• Förderung von Umweltschutzaktionen • Förderung von Umweltprojekten • Förderung von Natur/Artenschutzaktionen	• Förderung von Fernseh- und Rundfunksendungen • Förderung von (Fernseh-)Filmen • Förderung von Internetauftritten

[Quelle: Lippold 2012, S. 204]

Abb. 4-09: Sponsoring-Bereiche und Sponsoring-Maßnahmen (Auswahl)

Da die Dokumentation gesellschaftlicher Verantwortung eine der Ziele des Sponsorings ist, lässt sich Sponsoring – zumindest das Sozio-, Kultur- und Umweltsponsoring – auch als strategisches Instrument von **Corporate Social Responsibility (CSR)** verstehen und nutzen. (Zur Abgrenzung zwischen Sponsoring und CSR siehe detailliert Lippold 2015a, S. 270 f.)

In vielen Beratungsunternehmen ist Sponsoring ein fester Bestandteil der CSR-Aktivitäten und damit auch fester Bestandteil des Kommunikationsbudgets. Es werden Hochschulen, Stiftungen, soziale Zwecke oder andere gemeinnützige Projekte unterstützt.

Auch hier gibt die BDU-Benchmarkstudie einen guten Überblick darüber, welche CSR- bzw. Sponsoringaktivitäten von den Unternehmensberatungen bevorzugt wahrgenommen werden (siehe Insert 4-05).

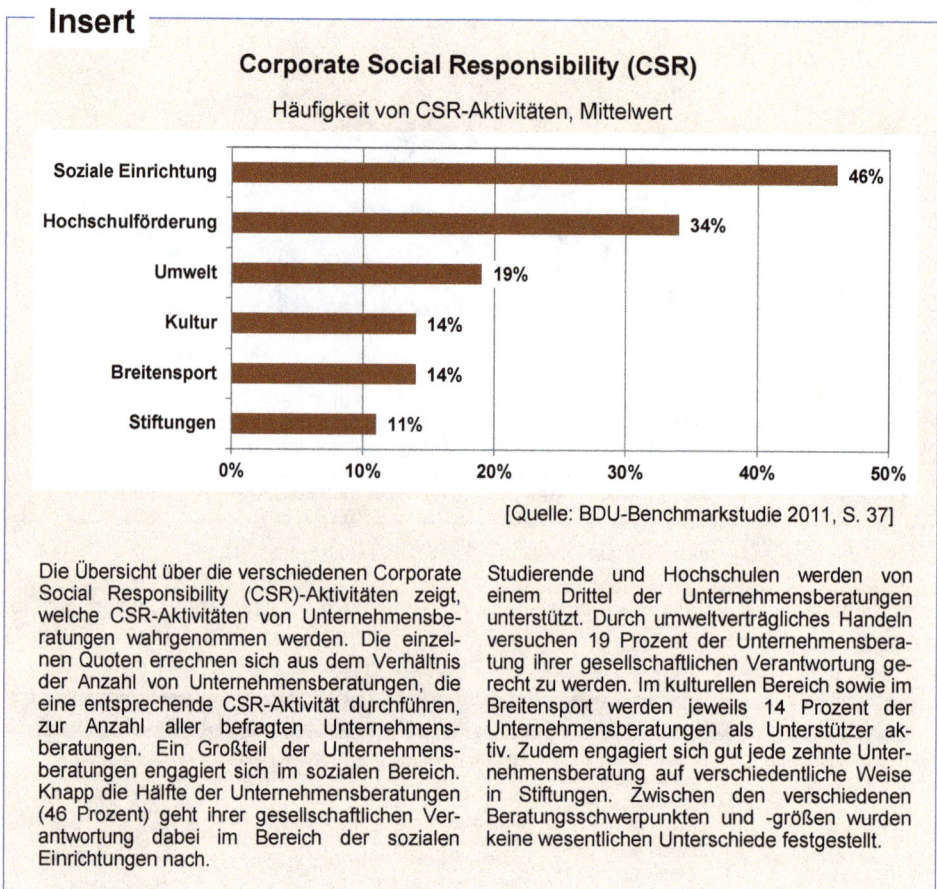

Insert

Corporate Social Responsibility (CSR)

Häufigkeit von CSR-Aktivitäten, Mittelwert

Soziale Einrichtung	46%
Hochschulförderung	34%
Umwelt	19%
Kultur	14%
Breitensport	14%
Stiftungen	11%

[Quelle: BDU-Benchmarkstudie 2011, S. 37]

Die Übersicht über die verschiedenen Corporate Social Responsibility (CSR)-Aktivitäten zeigt, welche CSR-Aktivitäten von Unternehmensberatungen wahrgenommen werden. Die einzelnen Quoten errechnen sich aus dem Verhältnis der Anzahl von Unternehmensberatungen, die eine entsprechende CSR-Aktivität durchführen, zur Anzahl aller befragten Unternehmensberatungen. Ein Großteil der Unternehmensberatungen engagiert sich im sozialen Bereich. Knapp die Hälfte der Unternehmensberatungen (46 Prozent) geht ihrer gesellschaftlichen Verantwortung dabei im Bereich der sozialen Einrichtungen nach.

Studierende und Hochschulen werden von einem Drittel der Unternehmensberatungen unterstützt. Durch umweltverträgliches Handeln versuchen 19 Prozent der Unternehmensberatung ihrer gesellschaftlichen Verantwortung gerecht zu werden. Im kulturellen Bereich sowie im Breitensport werden jeweils 14 Prozent der Unternehmensberatungen als Unterstützer aktiv. Zudem engagiert sich gut jede zehnte Unternehmensberatung auf verschiedentliche Weise in Stiftungen. Zwischen den verschiedenen Beratungsschwerpunkten und -größen wurden keine wesentlichen Unterschiede festgestellt.

Insert 4-05:   Corporate Social Responsibility-Aktivitäten in der Beratungsbranche

4.5.4 Messen und Events

Messen haben im B2B-Marketing einen hohen Stellenwert. Sie ermöglichen eine direkte Kundenansprache und dienen der Bekanntmachung von neuen Lösungen und Leistungen ebenso wie der Anbahnung und Pflege von Kunden- bzw. Geschäftsbeziehungen. Die besondere Bedeutung von Messen und Ausstellungen für den B2B-Bereich bestätigt eine TSN-Emnid-Umfrage aus dem Jahr 2019 unter 500 ausstellenden Unternehmen. Danach sind Messen und

Ausstellungen nach der eigenen Homepage und dem Außendienst das wichtigste Instrument im Kommunikationsmix der befragten Unternehmen. Da allerdings lediglich *ausstellende* Unternehmen befragt wurden, ist es wenig erstaunlich, dass die Messebeteiligung im Rahmen des B2B-Kommunikationsmix derart hochgerankt wird.

Insert 4-06 gibt einen Überblick über den Stellenwert von Messen im Rahmen der B2B-Kommunikationsinstrumente.

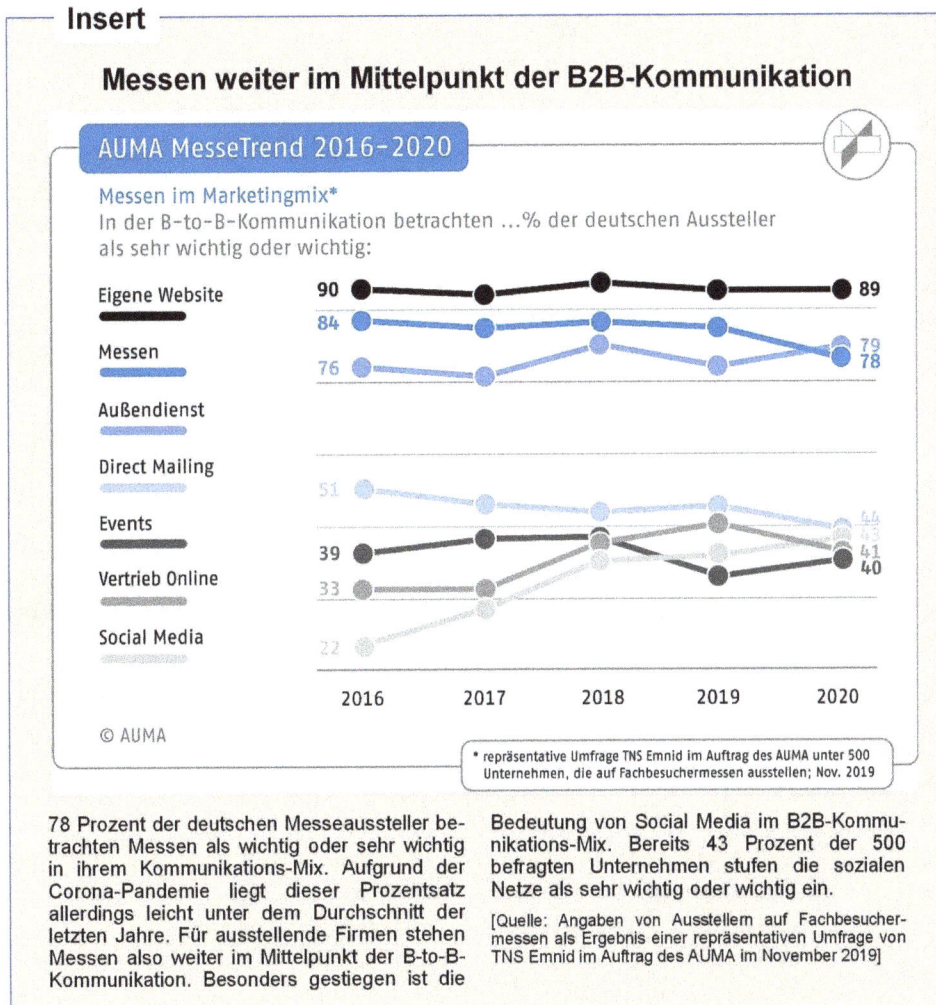

Insert

Messen weiter im Mittelpunkt der B2B-Kommunikation

AUMA MesseTrend 2016–2020

Messen im Marketingmix*
In der B-to-B-Kommunikation betrachten ...% der deutschen Aussteller als sehr wichtig oder wichtig:

	2016	2017	2018	2019	2020
Eigene Website	90				89
Messen	84				79
Außendienst	76				78
Direct Mailing	51				44
Events	39				43
Vertrieb Online	33				41 / 40
Social Media	22				

© AUMA

* repräsentative Umfrage TNS Emnid im Auftrag des AUMA unter 500 Unternehmen, die auf Fachbesuchermessen ausstellen; Nov. 2019

78 Prozent der deutschen Messeaussteller betrachten Messen als wichtig oder sehr wichtig in ihrem Kommunikations-Mix. Aufgrund der Corona-Pandemie liegt dieser Prozentsatz allerdings leicht unter dem Durchschnitt der letzten Jahre. Für ausstellende Firmen stehen Messen also weiter im Mittelpunkt der B-to-B-Kommunikation. Besonders gestiegen ist die Bedeutung von Social Media im B2B-Kommunikations-Mix. Bereits 43 Prozent der 500 befragten Unternehmen stufen die sozialen Netze als sehr wichtig oder wichtig ein.

[Quelle: Angaben von Ausstellern auf Fachbesuchermessen als Ergebnis einer repräsentativen Umfrage von TNS Emnid im Auftrag des AUMA im November 2019]

Insert 4-06: Messen im Kommunikations-Mix

Die begriffliche Abgrenzung zwischen Messen und Ausstellungen ist nicht trennscharf vorzunehmen.

Messen sind fachlich, zeitlich und geografisch festgelegte Veranstaltungen, bei denen mehrere Anbieter ihr Produkt- und Leistungsangebot den Fachbesuchern (Einkäufern) präsentieren. **Ausstellungen** sind i. d. R. dem breiten Publikum zugänglich und verfolgen vornehmlich Werbe- und Informationsziele; z. T. dienen Ausstellungen – ebenso wie Messen – aber auch dem Produktverkauf [vgl. Becker 2009, S. 538 f.].

Deutschland ist weltweit der größte Messeplatz; von den **10** umsatzstärksten Messen der Welt befinden sich **fünf** in Deutschland (Frankfurt, München, Köln, Düsseldorf, Hannover). Jährlich werden in Deutschland zwischen 150 und 170 internationale Messen und Ausstellungen durchgeführt. Von den für 2020 geplanten 165 Veranstaltungen konnten allerdings 100 Messen aufgrund der Corona-Pandemie nicht stattfinden, so dass auch die weiteren Statistiken zu Ausstellern und Besuchern wenig Aussagekraft haben [Quelle: AUMA 2021].

Normalerweise kommt eine Messebeteiligung nur für Unternehmen in Betracht, die Produkte (und nicht unbedingt Dienstleistungen) anbieten und diese einer breiten Abnehmergruppe bekannt machen wollen. Trotzdem zieht auch die Beratungsbranche – und hier insbesondere größere IT-Beratungsunternehmen – eine Messebeteiligung immer häufiger in Erwägung. Dabei kommen folgende Formen einer Messebeteiligung in Betracht:

- Beteiligung mit einem eigenen Messestand,
- Beteiligung mit einem Messestand als Unteraussteller z. B. von Hardware- oder Softwarehäusern oder
- als Katalysator zwischen IT-Herstellern und Anwendern.

Ein wichtiges Augenmerk sollten die Beratungshäuser auf die **Wirtschaftlichkeit** einer Messebeteiligung legen, da die Zielgruppe nur mit einem hochkonzentrierten, aber erheblichen Aufwand sehr gut erreicht werden kann. So haben in der Vergangenheit einige wichtige Anbieter (zumindest vorübergehend) auf die Präsenz bei der CeBIT verzichtet, da augenscheinlich Kosten und Nutzen nicht mehr in einem ausgewogenen Verhältnis zueinanderstehen [vgl. Godefroid/Pförtsch 2008, S. 377].

Eine detaillierte Aufstellung der Verteilung aller Messekosten für ein durchschnittliches Messejahr liefert Insert 4-07.

Hat sich das Beratungsunternehmen für eine Messebeteiligung entschieden, so kann eine intensive Messevorbereitung erfolgsentscheidend sein. Dazu zählen spannend aufgemachte **Messeeinladungen** ebenso wie ein intensives Training der Messemannschaft. Es gibt kaum eine andere Gelegenheit an einem Ort in so kurzer Zeit so viele Gespräche mit so vielen Kunden und Interessenten zu führen. Wichtigstes Kapital der Messebeteiligung sind schließlich die **Messebesuchsberichte**, in der für Nachfassaktionen die wichtigsten Gesprächsinhalte und vereinbarten Folgeaktivitäten festgehalten werden.

Neben einer etwaigen Messebeteiligung kommt für viele Beratungsunternehmen auch die Durchführung von bestimmten **Events** in Betracht. Besonders bewährt hat sich das Format eines *„Kamingesprächs"*, bei dem ein Gastredner in ein bestimmtes Thema, das entweder von allgemeinem oder von besonderem fachlichen Interesse ist, einführt und damit die Diskussion für weiterführende, teilweise auch bilaterale Gespräche anregt. Wie die Erfahrung zeigt, „steht und fällt" eine solche Veranstaltung mit dem Namen und dem Thema des Gastredners sowie mit der Auswahl einer entsprechenden „Location".

Ein **Event** soll bestimmten Zielpersonen (Verbraucher, Händler, Einkäufer, Meinungsführer, Mitarbeiter) ziel- und konzeptkonforme Kommunikationsinhalte und Präsentationen emotional und erlebnisorientiert vermitteln.

Events haben keinen direkten Verkaufscharakter. Zielsetzung ist vielmehr, über eine hohe Aufmerksamkeit in einen Dialog mit den Zielpersonen zu treten, emotionale Erlebnisse zu vermitteln und Aktivierungsprozesse anzustoßen. Events haben üblicherweise eine begrenzte Reichweite, können aber – nicht zuletzt auch über die Teilnahme von Multiplikatoren – Grundlage für ein breit gestreutes Kommunikationsprogramm z.B. über Produktneuheiten ein.

Insert

Messeausgaben der Aussteller
Durchschnittliches Messejahr (Zeitraum 2014 bis 2017)

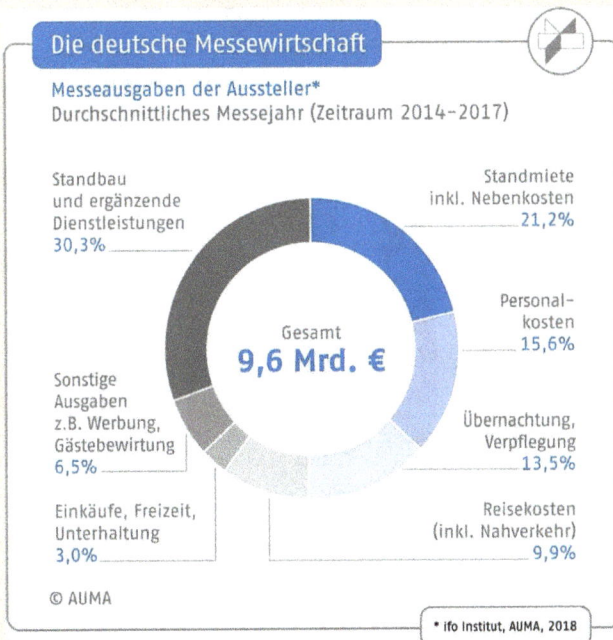

Die deutsche Messewirtschaft

Messeausgaben der Aussteller*
Durchschnittliches Messejahr (Zeitraum 2014–2017)

Standbau und ergänzende Dienstleistungen 30,3%

Standmiete inkl. Nebenkosten 21,2%

Personalkosten 15,6%

Gesamt **9,6 Mrd. €**

Sonstige Ausgaben z.B. Werbung, Gästebewirtung 6,5%

Übernachtung, Verpflegung 13,5%

Einkäufe, Freizeit, Unterhaltung 3,0%

Reisekosten (inkl. Nahverkehr) 9,9%

© AUMA

* ifo Institut, AUMA, 2018

Bei der **Kosten-Nutzen-Betrachtung** einer Messebeteiligung sind grundsätzlich zwei Dinge zu beachten. Zum einen sollte man sich darüber im Klaren sein, dass bei einer Kosten-Nutzen-Analyse lediglich die **Kosten** mit Sicherheit anfallen, der Nutzen einer Messebeteiligung dagegen sehr stark von einer guten Vor- und -nachbereitung der Messe abhängt und zudem die **Messekosten** immer auch als eine Investition in die Zukunft anzusehen sind. Zum anderen werden die Gesamtkosten einer Messebeteiligung regelmäßig unterschätzt. So ist zu beachten, dass die reine Standmiete durchschnittlich lediglich ein Fünftel (21,2 Prozent) der Messekosten ausmacht. Deutlich höher sind die Kosten für den Aufbau und Transport des Messestandes (30,3 Prozent). Weitere wichtige Kostenpositionen sind die reinen Personalkosten mit 15,6 Prozent, die Übernachtungs- und Verpflegungskosten des Personals (13,5 Prozent) sowie die Reisekosten des Personals mit 9,9 Prozent.

Insert 4-07: Durchschnittliche Verteilung der Kosten einer Messebeteiligung

4.6 Digitale Kommunikationsinstrumente

Aufgrund der rasch zunehmenden und immer intensiveren Nutzung des Internets haben sich die digitalen Kommunikationsinstrumente als feste Größe im Kommunikationsmix der Unternehmen durchgesetzt. Inzwischen bewegen sich die Umsätze im Markt für Digitale Werbung auf eine Billionen Euro zu (siehe Insert 4-08). Die Umsatzzahlen für die verschiedenen Segmente gelten schwerpunktmäßig für das B2C-Marketing, wenngleich das Internet auch bei der Suche nach Anbietern von Beratungsleistungen, also vor allem als Entscheidungshilfe vor dem Kauf eine zunehmende Rolle spielt.

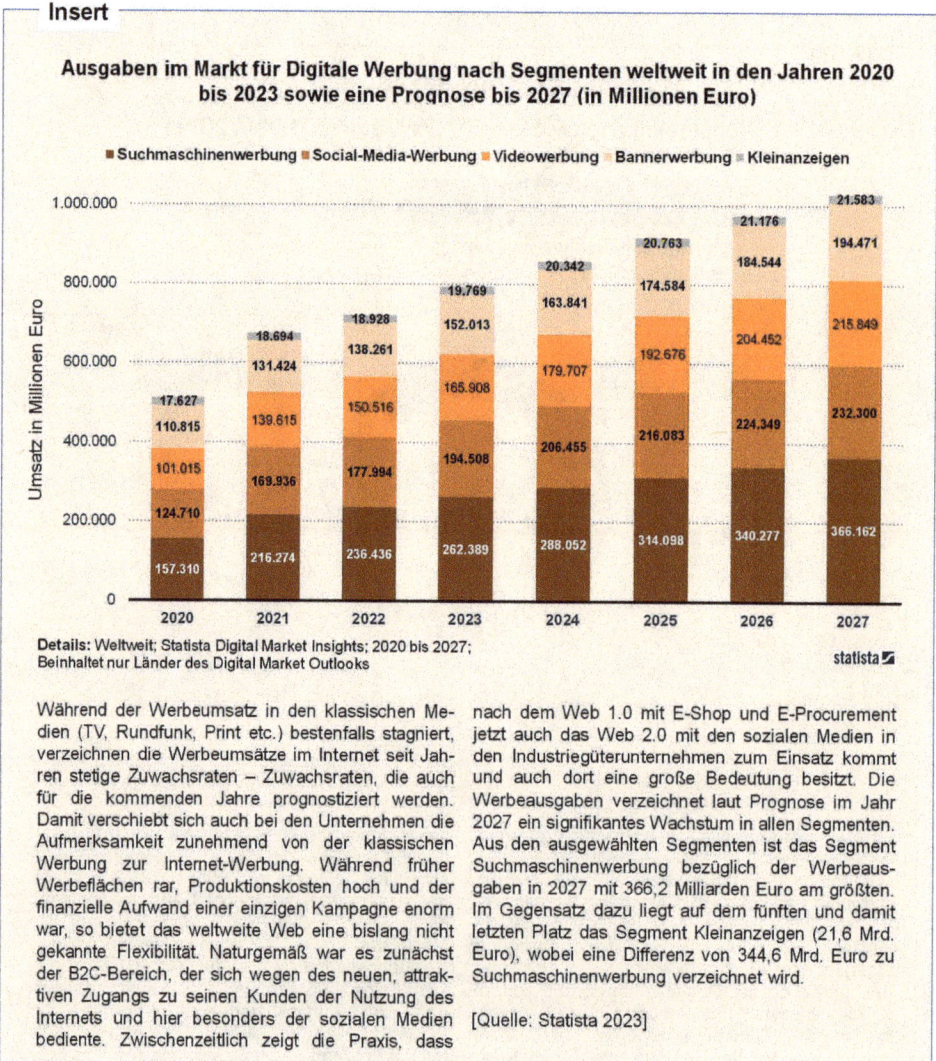

Insert

Ausgaben im Markt für Digitale Werbung nach Segmenten weltweit in den Jahren 2020 bis 2023 sowie eine Prognose bis 2027 (in Millionen Euro)

■ Suchmaschinenwerbung ■ Social-Media-Werbung ■ Videowerbung ■ Bannerwerbung ■ Kleinanzeigen

	2020	2021	2022	2023	2024	2025	2026	2027
Kleinanzeigen	17.627	18.694	18.928	19.769	20.342	20.763	21.176	21.583
Bannerwerbung	110.815	131.424	138.261	152.013	163.841	174.584	184.544	194.471
Videowerbung	101.015	139.615	150.516	165.908	179.707	192.676	204.452	215.849
Social-Media-Werbung	124.710	169.936	177.994	194.508	206.455	216.083	224.349	232.300
Suchmaschinenwerbung	157.310	216.274	236.436	262.389	288.052	314.098	340.277	366.162

Umsatz in Millionen Euro

Details: Weltweit; Statista Digital Market Insights; 2020 bis 2027; Beinhaltet nur Länder des Digital Market Outlooks

statista ◪

Während der Werbeumsatz in den klassischen Medien (TV, Rundfunk, Print etc.) bestenfalls stagniert, verzeichnen die Werbeumsätze im Internet seit Jahren stetige Zuwachsraten – Zuwachsraten, die auch für die kommenden Jahre prognostiziert werden. Damit verschiebt sich auch bei den Unternehmen die Aufmerksamkeit zunehmend von der klassischen Werbung zur Internet-Werbung. Während früher Werbeflächen rar, Produktionskosten hoch und der finanzielle Aufwand einer einzigen Kampagne enorm war, so bietet das weltweite Web eine bislang nicht gekannte Flexibilität. Naturgemäß war es zunächst der B2C-Bereich, der sich wegen des neuen, attraktiven Zugangs zu seinen Kunden der Nutzung des Internets und hier besonders der sozialen Medien bediente. Zwischenzeitlich zeigt die Praxis, dass nach dem Web 1.0 mit E-Shop und E-Procurement jetzt auch das Web 2.0 mit den sozialen Medien in den Industriegüterunternehmen zum Einsatz kommt und auch dort eine große Bedeutung besitzt. Die Werbeausgaben verzeichnet laut Prognose im Jahr 2027 ein signifikantes Wachstum in allen Segmenten. Aus den ausgewählten Segmenten ist das Segment Suchmaschinenwerbung bezüglich der Werbeausgaben in 2027 mit 366,2 Milliarden Euro am größten. Im Gegensatz dazu liegt auf dem fünften und damit letzten Platz das Segment Kleinanzeigen (21,6 Mrd. Euro), wobei eine Differenz von 344,6 Mrd. Euro zu Suchmaschinenwerbung verzeichnet wird.

[Quelle: Statista 2023]

Insert 4-08:   Umsatzentwicklung für Digitale Werbung nach Segmenten 2017 bis 2024

Die verschiedenen digitalen Kommunikationsinstrumente, die für die werbliche Beeinflussung der Kunden zur Verfügung stehen und für die oftmals die Begriffe **Online-Werbung** oder

Internet-Werbung oder noch allgemeiner **Online-Marketing** synonym benutzt werden, sollen hier unter dem Aspekt vorgestellt werden, welche Zielsetzung verfolgt wird: *Awareness-Ziele* oder *Response-Ziele* [siehe dazu im Folgenden Mühlenhoff/Hedel 2015, S. 525 ff.].

Beim Ziel **Awareness** geht es um Image, Bekanntheit oder auch Einstellung. Im Vordergrund steht somit die **Kommunikationsleistung** der Online-Werbung. Hierzu ist es erforderlich, eine möglichst hohe Bruttoreichweite in der Zielgruppe zu verfolgen. Das auszuwählende Kommunikationsinstrument soll kommunizieren und nicht primär zu Klicks anregen. So will man bspw. das Markenimage verbessern oder die Markenbekanntheit steigern. Die Kommunikationsleistung spielt somit auch im Beratungsgeschäft die entscheidende Rolle.

Lautet das Ziel dagegen **Response**, so wird eine quantitativ messbare Interaktion angestrebt, die den User von der Werbeträgerseite auf die sogenannte „Landing page" bringt (Kampagnen-Sites oder die Homepage des Werbetreibenden). Hier geht es also um die **Interaktionsleistung** der digitalen Werbung. Die Steigerung der Klickrate und des Kaufinteresses steht hierbei im Vordergrund. Was dann nach dem Klick in Teilnahme, Order oder Ähnliches umgewandelt wird, ist eine Frage der überzeugenden Produktleistung und der Landing Page selbst. Die Interaktionsleistung steht also für das B2B-Geschäft nicht unbedingt im Vordergrund [vgl. Roddewig 2003, S. 15].

Werden nun die vielfältigen digitalen Kommunikationsinstrumente innerhalb der beiden Zielsetzungsgegenpole nach der Nähe zu den Zielen Awareness und Response geordnet, so ergibt sich die Darstellung in Abbildung 4-10.

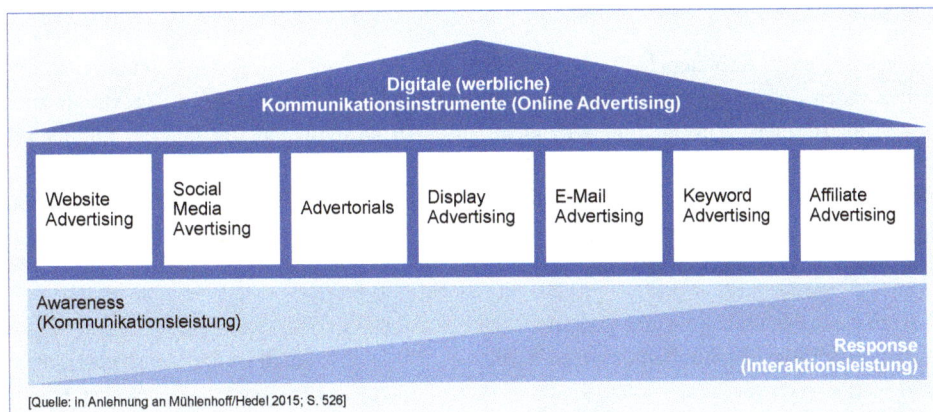

Abb. 4-10: Instrumente der digitalen werblichen Kommunikation

Damit lässt sich der Kunde kommunikativ auf seiner individuellen Reise bis zur Konversion respektive Kaufentscheidung begleiten.

Aufgrund der rasch zunehmenden und immer intensiveren Nutzung des Internets hat sich die Online-Werbung als feste Größe auch im Kommunikationsmix der Unternehmensberatungen durchgesetzt. Dies bestätigen auch die Ergebnisse der BDU-Benchmarkstudie, die der Online-Werbung deutliche Vorteile gegenüber der klassischen Werbung einräumt (siehe Insert 3-03 und 3-04). Die Online-Werbung ist allerdings nicht überschneidungsfrei zu anderen

Kommunikationsinstrumenten abzugrenzen. So kann die Banner-Werbung auch der klassischen Werbung, das E-Mail-Newsletter dem Direktmarketing und die veröffentlichte Pressemitteilung auf der Homepage der PR zugeordnet werden [vgl. Meffert et al. 2008, S. 662].

Und um die Verwirrung vollständig zu machen: Da Online-Werbung eine Kombination aus Text, Bild und Toninhalten auf digitaler Basis ist, lassen sich sämtliche Werbeinhalte, die zuvor in den klassischen Medien getrennt angeboten wurden, auch auf Online-Umgebungen übertragen [vgl. Unger et al. 2004, S. 311].

4.6.1 Website Advertising

Im Bereich der **Kommunikation** sind es die maßgeschneiderten Botschaften über alle Kommunikationsinstrumente und -kanäle hinweg, die das größte Änderungs- und Erfolgspotenzial darstellen. Dabei ist **Künstliche Intelligenz** (engl. *Artificial Intelligence – AI*) die Schlüsseltechnologie. Im Mittelpunkt stehen User Experiences in Echtzeit und individuell erstellte Inhalte für den Konsumenten [vgl. hierzu Bergemann 2019, S. 311 ff.].

Das beginnt mit der **Website**, die zum werblichen Standardrepertoire eines Unternehmens zählt und in der Regel einen interaktiven Charakter aufweist.

> **Website Advertising** ist ein Werbeformat, bei der die Unternehmenswebsite der Werbeträger ist. Hier informieren sich Kunden, Interessenten und Bewerber über den potenziellen Anbieter einer Problemlösung, über dessen Marken, über die Eigenschaften einer Leistung sowie über das Umfeld des Unternehmens wie z.B. Karrieremöglichkeiten.

Die Website eines Anbieters hat sich in den letzten Jahren „zum wichtigsten Kontaktpunkt mit dem Kunden etabliert" [Wirtz 2013, S. 570]. Die Unternehmenswebsite ist die Mutter aller Online-Plattformen. Wird man im Web nicht gefunden, so schwindet das Interesse am Unternehmen. Die Unternehmenswebsite verfolgt das Ziel, Interessenten in Kunden zu verwandeln. Und auch Kunden und sonstige Stakeholder wollen ihr Unternehmen im Web finden und sich dort weiter informieren. So verwundert es niemanden, dass das Zentrum der Kommunikation heutzutage die Internetseite oder der Online-Shop des Unternehmens bildet.

Die Startseite der Website wird als Homepage bezeichnet. Vor dem Hintergrund, dass eine Unternehmenspräsenz im Internet in vielen Bereichen selbstverständlich ist und damit per se auch kein Wettbewerbsvorteil sein kann, sind die Anforderungen an die Qualität einer Website deutlich gestiegen. Eine Zielgruppengerechte Gestaltung und ein Angebot an relevanten und aktuellen Inhalten sind die Bestimmungsfaktoren für eine qualitativ hochwertige Website. Zudem sollten Ansätze zur Individualisierung genutzt und dabei wichtige funktionelle Aspekte (z. B. übersichtliche Struktur und intuitive Navigation) berücksichtigt werden. Entscheidend dabei ist, dass stets zwei unterschiedliche Zielgruppen parallel zu berücksichtigen sind: einerseits Interessenten, Kunden, Lieferanten oder Bewerber (Stakeholder), andererseits die Leseroboter der Suchmaschinen, welche die Inhalte für die spätere Suche indizieren.

Gute Websites haben zur leichten Wiedererkennung und zur einfachen Orientierung eine einheitliche Designlinie, die der Corporate Identity folgt und mit der übergeordneten Marketingstrategie abgestimmt ist. Die Struktur des Online-Angebots bestimmt darüber hinaus maßgeblich, wie gut Nutzer auf der Seite navigieren können. Schließlich zeichnet sich gutes Website-Design dadurch aus, dass dem Nutzer eine gute Zugänglichkeit (engl. *Accessibility*) zur Website ermöglicht wird. Gleichzeitig muss die Website in allen gängigen Browsern (Internet Explorer, Firefox, Opera, Chrome, Safari) und auf allen gängigen Systemen (auch über mobile Endgeräte) darstellbar sein [vgl. Binckebanck 2015, S. 242].

4.6.2 Social Media Advertising

Social Media Ads spielen aufgrund ihrer hohen Reichweite und vielfältigen Segmentierungsmöglichkeiten eine zunehmend wichtige Rolle, um heute im Internet gefunden und wahrgenommen zu werden. Viele Social Media Plattformen wie Facebook, Twitter oder YouTube besitzen durch die Userprofile und das Tracking des Userverhaltens hervorragende Möglichkeiten, um Zielgruppen für die Werbemaßnahmen der Unternehmen zu identifizieren und nutzbar zu machen.

> Social Media Advertising ist ein Werbeformat im Internet, bei dem die Werbeanzeige auf das Sozialverhalten der Nutzer eingeht und als dessen Informationsgrundlage die Struktur des sozialen Netzwerks des Nutzers dient.

Die Social Media Portale bieten eine Vielzahl attraktiver Anzeigenformate und Anzeigenmechaniken, darunter auch die Aussteuerung nach demografischen und psychografischen Attributen. Für die Marketingleiter ist die Beantwortung der Frage wichtig, welche Social Media-Kanäle man nutzen soll. Hierzu ist zunächst eine Kategorisierung der verschiedenen Social Media-Plattformen erforderlich:

An erster Stelle zu nennen sind die sozialen Beziehungs- und Bildernetzwerke, die sich nicht grundsätzlich auf ein bestimmtes Thema oder einen Nutzerkreis festlegen, sondern ein möglichst breites Spektrum an Usern ansprechen. Hierzu zählen u.a. Facebook, Google+, Instagram und Pinterest. Facebook ist mit weltweit 35 Milliarden Visits pro Monat das erfolgreichste Netzwerk überhaupt. Damit wird Facebook 14 Mal mehr aufgerufen als X (früher Twitter), die Nummer zwei unter den sozialen Netzwerken, die allerdings einer anderen Netzwerk-Gruppe angehört. Und auch in Deutschland ist Facebook mit seinen 28 Millionen Nutzern am beliebtesten. Derzeit können auf Facebook 38 unterschiedliche Werbeformen gebucht werden [vgl. Mühlenhoff/Hedel 2015. S. 526].

Plattformen wie Twitter und Tumblr zählen zu den Blogging-Netzwerken. Besonders Twitter wird inzwischen von vielen Unternehmen, Organisationen, Medien, Promis, Politikern u. a. genutzt. In beiden Netzwerken können registrierte Nutzer Inhalte unterschiedlichster Art teilen (News, Links, Bilder, Videos). Mitglieder, die einem Profil folgen, sehen diese Inhalte auf ihrer Timeline – ganz ähnlich wie bei Facebook. Aber auch Nutzer, die nicht auf der Plattform angemeldet sind, können die Accounts und alle Inhalte einsehen.

Bei den sozialen Bildnetzwerken stehen Fotos und Video im Fokus. Kommentare sind eher ergänzendes Beiwerk. Spitzenreiter bei den Foto-Sharing-Netzwerken sind Instagram mit 4,2 und Pinterest mit rund 3 Millionen Nutzern. Durch die geschickte Nutzung von sozialen Bildnetzwerken können Unternehmen potenzielle Kunden auf sich aufmerksam machen. Bilder und

Videos bieten gegenüber Texten den Vorteil, dass man Botschaften und vor allem das Branding sehr viel direkter vermitteln kann.

Professionelle Netzwerke wie Xing oder LinkedIn dienen gezielt dem Austausch zwischen Geschäftspartnern, Mitarbeitern sowie zwischen Bewerbern und Unternehmen. Sie bieten die Vorzüge und Kommunikationsmöglichkeiten eines Social Networks, setzen dabei jedoch im Gegensatz zu Facebook ganz auf Seriosität der Inhalte.

Wie die Ergebnisse einer weltweiten Umfrage unter nahezu 5.000 Marketingleitern zeigen, klafft das Nutzungsverhalten zwischen B2C- und B2B-Firmen deutlich auseinander. So setzen Zweidrittel aller B2C-Unternehmen **Facebook** als das bevorzugte Medium ein, während dies im B2B-Bereich lediglich 46 Prozent sind. Dafür präferieren immerhin 33 Prozent aller B2B-Firmen das berufliche Netzwerk **LinkedIn**, das im konsumentennahen B2C-Bereich lediglich von vier Prozent der Befragten bevorzugt genutzt werden (siehe Insert 4-09).

Die Abbildung zeigt aber auch in Ansätzen das zielgruppengerechte Vorgehen bei den Firmen, die erkannt haben, dass ihre geschäftlichen Kunden eben nicht so punktgenau mit Facebook zu erreichen sind und daher eher ein berufliches Netzwerk bevorzugen.

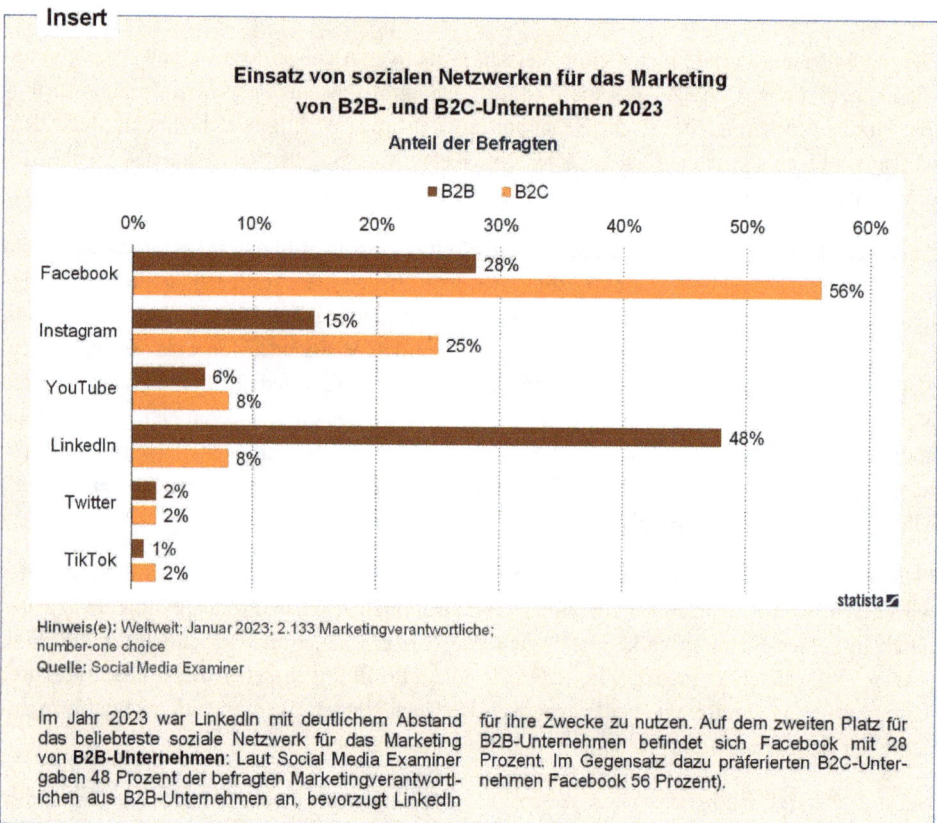

Einsatz von sozialen Netzwerken für das Marketing von B2B- und B2C-Unternehmen 2023

Anteil der Befragten

■ B2B   ■ B2C

	B2B	B2C
Facebook	28%	56%
Instagram	15%	25%
YouTube	6%	8%
LinkedIn	48%	8%
Twitter	2%	2%
TikTok	1%	2%

statista

Hinweis(e): Weltweit; Januar 2023; 2.133 Marketingverantwortliche; number-one choice
Quelle: Social Media Examiner

Im Jahr 2023 war LinkedIn mit deutlichem Abstand das beliebteste soziale Netzwerk für das Marketing von **B2B-Unternehmen**: Laut Social Media Examiner gaben 48 Prozent der befragten Marketingverantwortlichen aus B2B-Unternehmen an, bevorzugt LinkedIn für ihre Zwecke zu nutzen. Auf dem zweiten Platz für B2B-Unternehmen befindet sich Facebook mit 28 Prozent. Im Gegensatz dazu präferierten B2C-Unternehmen Facebook 56 Prozent).

Insert 4-09:   Bevorzugte Social-Media-Kanäle von B2C- und B2B-Unternehmen

Unter den **beruflichen Netzwerken** gibt es im deutschsprachigen Raum ein Kopf- an Kopf-Rennen zwischen Xing (17 Millionen Nutzer) und LinkedIn (14 Millionen User). Während sich Xing bewusst auf den DACH-Raum beschränkt, ist LinkedIn eine globale Plattform. Ein Teil der Xing-Nutzer pflegt den aktiven Kontakt zu anderen Mitgliedern, der andere Teil benutzt das Netzwerk eher als digitales Adressbuch. Xing dient vornehmlich dem **Ausbau des beruflichen Netzwerkes**, der Jobsuche und Kontaktverwaltung. International ist LinkedIn mit seinen weltweit über 645 Millionen registrierten Nutzer wesentlich bedeutungsvoller. Aber auch im deutschsprachigen Raum hat LinkedIn – wenn man die Anzahl der Visits zugrunde legt – Xing bereits überholt. LinkedIn ist in **drei Säulen** gegliedert: den Bereich *Network*, der dem Auf- und Ausbau des eigenen Netzwerkes dient, den Bereich *Opportunity*, der Unterstützung bei der Weiterbildung und beruflichen Neuorientierung bieten soll, sowie den Bereich *Knowledge*, der den internen Nachrichtendienst und die Wissensvermittlung durch andere Mitglieder umfasst.

Soziale Netzwerke ermöglichen registrierten Nutzern, eigene Profile zu erstellen und diese mit anderen Nutzern zu vernetzen. Der Fokus sozialer Netzwerke kann entweder auf privaten Kontakten (beispielsweise Facebook) oder geschäftlichen Kontakten (beispielsweise Xing oder LinkedIn) liegen. Die meisten sozialen Netzwerke sind vornehmlich werbefinanziert. Solche Plattformen erlauben es Unternehmen zudem, **eigene Unternehmensseiten** zu pflegen. Nutzer, die ihr privates Profil mit diesen Seiten verlinken, können dann auf der Seite des Unternehmens veröffentlichte Inhalte bewerten, kommentieren, im eigenen Netzwerk weiterverbreiten oder eigene Postings erstellen.

Viele Unternehmen haben soziale Medien zunächst für die externe Kommunikation eingesetzt. Inzwischen nutzen Unternehmen aber auch verstärkt eine Social Software für interne Zwecke, um Austausch und Zusammenarbeit unter den Mitarbeitern zu verbessern. Insbesondere vervollständigt Social Media die E-Mail-Kommunikation, da viele Anfragen auf diesen Kanälen schneller und transparenter beantwortet werden können als über die klassische Mail. Zudem ergänzen Social Media in vielen Unternehmen inzwischen die bislang üblichen Intranets. Ein wichtiger Unterschied zum klassischen Intranet ist dabei die Art und Weise, wie Inhalte entstehen und geteilt werden. Jeder Mitarbeiter kann gleichzeitig Sender und Empfänger sein. Aus dem internen Redakteur wird ein Community-Manager [vgl. Bitkom-Pressemitteilung v. 29.04.2015].

Schließlich seien noch die **Videonetzwerke** erwähnt. Hier ist YouTube mit seiner enormen Reichweite der Branchenprimus. Nicht nur YouTube-Kanäle von Prominenten und Unternehmen haben teilweise hunderttausende und mehr Abonnenten – dank innovativer Ideen und Inhalte konnten sogar schon manche YouTuber aus ihrem Hobby einen Beruf machen. Ebenfalls für die Social-Media-Werbung interessant ist die Videoplattform Vimeo – vor allem, wenn man technisch und/oder ästhetisch anspruchsvolle selbstproduzierte Videoinhalte vermarkten möchte. Die Website sieht nicht nur aufgeräumter und erwachsener aus als YouTube, sondern hat auch inhaltlich eine entsprechende Ausrichtung.

Zwischenzeitlich wird auch die „zweite Generation" an Social-Media-Plattformen immer populärer, die – häufig auch über eine Mobile App – Trends wie geolokale Dienste oder die zunehmende Visualisierung von Beiträgen aufgreifen und spezialisierte Social-Media-Marketingmaßnahmen möglich machen. Die zielgerichtete Optimierung einer Internetpräsenz auf möglichst weite Verbreitung in Social-Media-Netzwerken bezeichnet man als Social Media Optimization (SMO).

Social Media ist also auf dem besten Weg, sich vom Kommunikationskanal zum Wertschöpfungsfaktor zu entwickeln. Dazu werden in der Regel drei Phasen durchlaufen [vgl. Bitkom-Präsentation v. 9.5.2012]:

In der ersten Phase wird mit dem Einsatz von sozialen Medien experimentiert. Erfahrungen über Technologie und Gesetze müssen gesammelt werden. Die zweite Phase sieht einen strukturierten Einsatz der sozialen Medien vor, der vor allem durch Marketing (Werbung, PR) getrieben ist. Außerdem werden mehr Ressourcen für die Prozesse und für die Kommunikation bereitgestellt. In Phase drei werden soziale Medien in die internen Prozesse und Strukturen der Unternehmen eingebunden. Damit wird Social Media zu einem wichtigen Wertschöpfungsfaktor. Beispiele sind die Integration sozialer Netzwerke in den Kundenservice, die Zusammenarbeit von Projekt-Teams auf Basis von social Software oder die Einbindung von externen Interessengruppen in den Innovationsprozess. Die Stichworte lauten hier **Open Innovation** und **Crowd Sourcing**.

Eine moderne Unternehmensführung sollte wissen, wo der Mehrwert von Social-Media-Maßnahmen liegt, wie sie diese systematisch planen und dadurch erfolgreich Kunden binden sowie neue Kunden erreichen können.

Fazit: Die Nutzung von Web 2.0-Anwendungen haben nicht nur die Kommunikationsmöglichkeiten für Unternehmen, sondern auch für Kunden erheblich erweitert. Denn mit dem aktiven Einsatz sozialer Medien betreten die Unternehmen nicht nur einen, sondern – je nach Mitarbeiterzahl – Tausende von Kommunikationskanälen. Damit verlieren die Unternehmen die absolute Kontrolle über ihre Kommunikation. Sie stehen vor der Herausforderung, die Kunden aktiv einzubeziehen und auf diese zu hören. Im Social Web reicht es nicht mehr, einseitig Botschaften zu verbreiten. Stattdessen rückt der Dialog mit den Interessengruppen in den Vordergrund. Darauf müssen sich die Unternehmen einstellen [vgl. Eckardt 2010, S. 165].

4.6.3 Advertorials

Das Marketing für Beratungsgesellschaften steht vor der Herausforderung, erklärungsbedürftige Produkte und Leistungen vermarkten zu müssen, die zumeist noch für jeden Kunden individuell zugeschnitten werden müssen. Auf Kundenseite besteht zudem ein ganz anderer Informationsbedarf, wenn ein hohes Investitionsvolumen für Beratungsleistungen getätigt und ein aus mehreren Personen gebildetes Buying Center überzeugt werden muss. In solchen Fällen muss B2B-Werbung informativ sein und zugleich Nutzen kommunizieren. Hier setzt ein gutes Advertorial an. Denn während Anzeigen und Banner nur einen Impuls liefern, sich mit einem Thema auseinanderzusetzen, liefert das Advertorial die Information gleich mit.

> Ein **Advertorial** ist die redaktionelle Aufmachung einer (getarnten) Werbeanzeige, die den Anschein eines redaktionellen Beitrages erwecken soll. Der Begriff ist eine Verschmelzung von *advertisement & editorial*.

Print-Advertorials gibt es seit Jahrzehnten. Das Prinzip bei den Online-Advertorials bleibt das gleiche: es geht um Werbung, die sich dem redaktionellen Umfeld anpasst. Ansonsten bietet das Online-Advertorial die gleichen Stärken wie andere digitale Werbung: Zielgenauigkeit, wenig Streuverluste und relativ hohe Aufmerksamkeit beim User. Zudem hilft die Nennung des Unternehmens sowie die Verlinkung in einem Online Advertorial der **Suchmaschinenoptimierung** – denn der Link stammt von einem Fachmedium, das in der Regel auch Ihr Thema sowie Ihre Branche behandelt. Aber es stimmt, im Vergleich zur redaktionellen Berichterstattung (die in der Regel von den Redakteuren angepasst wird und deren Platzierung nicht so hochwertig ist) ist das Online Advertorial natürlich kostspieliger.

Das B2B-Marketing steht vor der Herausforderung, den Informationsbedarf auf der Käuferseite zu decken. Dieser Informationsbedarf ist immer dann besonders hoch, wenn erhebliche Investitionen getätigt werden müssen. In einer solchen Situation müssen die einzelnen Personen des Buying Center größtmöglich rational überzeugt werden. B2B-Werbung muss deshalb informativ und nützlich angelegt sein. Hier setzt ein gutes Advertorial an. Denn während Anzeigen und Banner lediglich einen Impuls geben können, um sich mit einem Thema auseinanderzusetzen, liefert das Advertorial die Information gleich mit. Advertorials gehen damit auf die Interessen und Bedürfnisse einer Zielperson des Buyer Center ein und sind damit wohl das effektivste Werbeformat für das Content-Marketing [vgl. Furth/Griebsch 2021].

Auch bei diesem Kommunikationsinstrument liegen die Vorteile gegenüber einer klassischen Werbeanzeige auf der Hand: Es handelt sich letztlich um „getarnte" Werbung im Blickfeld des Users. Es bietet dem werbenden Unternehmen die Möglichkeit, den potenziellen Kunden direkt und zielgruppengerecht anzusprechen, denn der Leser bekommt Informationen innerhalb seines gewohnten, redaktionellen Umfeldes präsentiert und ist so wesentlich aufnahmebereiter, als er es bei offensichtlicher Werbung wäre. Ein weiterer Vorteil eines Advertorials unter dem Gesichtspunkt der Suchmaschinenoptimierung ist die zusätzliche Verlinkung auf die eigene Website, die damit im Ranking nach oben steigt. Allerdings ist hier gegenüber Google eine offensichtliche Kennzeichnung als Sponsored Post erforderlich [vgl. Mühlenhoff/Hedel 2015, S. 527].

4.6.4 Display Advertising

Display Advertising, auch als **Bannerwerbung** bezeichnet, ist die Einblendung von Werbemitteln auf Webseiten Dritter, wobei diese per Hyperlink mit dem Internetangebot des Werbetreibenden verknüpft ist.

Es geht also um alle Werbeanzeigen, die auf Websites im Internet gebucht werden können. Display Advertising ist auf fast jeder Webseite zu finden und kann in Textform, Bild oder als Video an den unterschiedlichsten Stellen vorkommen. Dieses digitale Kommunikationsinstrument bildet das Zentrum der Online-Werbung. Es lässt sich nochmals in *In-Stream Video Ads* (Online Video Advertising) und in *In-Page Ads* sowie in Sonderformen unterteilen. Zur Gruppe der *In-Page Ads* zählt vor allem der Banner als derzeit am weitesten verbreitete Werbeform. Das Banner ist eine grafische Darstellung mit der Möglichkeit zur Interaktion, die durch eine Verknüpfung bzw. Verbindung (engl. *Link*) zu einer anderen Website ermöglicht wird. Eine

Differenzierung der Vielzahl von existierenden Bannern kann nach der Funktionalität (z. B. statische, animierte oder transaktive Banner), der Software bzw. Programmiersprache (DHTML-, Java-, Flash- und Shockwave-Banner) oder nach dem Erscheinungsbild (z. B. Blend Banner, Bouncing Banner, Expanding Banner, Flying Banner, PopUp Banner) vorgenommen werden [vgl. Roddewig 2003, S. 16 ff.].

Es würde den Rahmen sprengen, die Vielseitigkeit der Möglichkeiten von Formaten und Platzierungen von Werbebannern zu beschreiben. Stattdessen sind in Insert 4-10 einige Standard-Bannerformate mit der entsprechenden Pixel-Angabe beispielhaft dargestellt.

Insert 4-10:   Beispiele für Standard-Bannerformate mit Pixel-Angabe

Das große Angebot an Werbeflächen, das zumeist nur zu einem geringen Teil voll ausgelastet ist, wirkt sich deutlich auf die Preise aus. Als Abrechnungsmodelle dominieren einerseits der auf Reichweite/Awareness basierende Tausender-Kontakt-Preis (TKP) und andererseits der auf Interaktion (und damit auf Response) ausgerichtete Cost-per-Click (CPC). Display Advertising kann demnach sowohl für Awareness- als auch Response-Kampagnen eingesetzt werden. Banner haben zudem den großen Vorteil, dass sie in thematisch passenden Umfeldern geschaltet werden und damit zielgruppengenau ausgesteuert werden können. So kann die Anzeige wird mithilfe von Keywords automatisch dem Inhalt der Website zugeordnet werden. Noch spezifischer ist das *Placement-Targeting*, bei dem bestimmt werden kann, in welchen Umfeldern die Werbeanzeige ausgespielt und positioniert wird.

Im Rahmen von Response-Kampagnen ist es durch Re-Targeting möglich, eine noch genauere Platzierung der Werbeinhalte, basierend auf der bisherigen Customer Journey des Users, vorzunehmen. So kann ein Nutzer, der durch einen Besuch der Webseite bereits Interesse bekundet hat, durch das Banner erneut mit dem Produkt konfrontiert werden. Ziel ist es hier, das Interesse des Nutzers weiter zu steigern, um somit die Steigerung der Klick- oder Konversionsraten zu erhöhen [vgl. Mühlenhoff/Hedel 2015, S. 528].

Customer Journey bezeichnet die „Reise" eines (potenziellen) Kunden über verschiedene Kontaktpunkte (engl. *Touchpoints*) mit einem Produkt bzw. einer Dienstleistung, einer Marke oder einem Unternehmen. Die einzelnen Phasen reichen von der ersten Inspiration bis hin zur finalen Zielhandlung. Die finale Zielhandlung kann ein Kauf, eine Newsletter-Anmeldung, die Teilnahme an einer Infoveranstaltung oder eine Anfrage sein (vgl. Holland/Flocke 2014, S. 827).

4.6.5 E-Mail Advertising

E-Mail Advertising bezeichnet den „klassischen" elektronische Brief, der sowohl individuell zur Erzeugung von Response als auch als Massen-E-Mail insbesondere auch für die Verbreitung von Werbebotschaften (Awareness) eingesetzt wird. Dies geschieht in der Regel durch die Versendung eines regelmäßigen Newsletters.

Dabei verursachen E-Mails im Vergleich zu traditionellen postalischen Mailings einen reduzierten Zeit- und Kostenaufwand. Einen hohen Stellenwert nimmt der Einsatz von E-Mail Advertising im Rahmen der Kundenbindung, Kundenakquisition und dem Vertrieb ein. Werblich gesehen entspricht dies dem Adresskauf bzw. bezahlten Platzierungen, um dem Instrument auch in der werblichen Ansprache seinen Platz zu geben. Beim E-Mail-Marketing müssen zwingend rechtliche Vorgaben beachtet werden, da es andernfalls schnell zu Abmahnungen und empfindlichen Strafen kommen kann. Denn E-Mails dürfen nur auf ausdrücklichen Wunsch der Kunden und nach deren Zustimmung versandt werden. Neben der Qualität der Adressdaten spielt die Gestaltung des Werbemittels eine entscheidende Rolle. Ein klares und übersichtliches Layout, das dem Leser auf den ersten Blick zu erkennen gibt, welcher Vorteil sich aus dem Beworbenen ergibt. Die grafische Gestaltung sollte dem Corporate Design des Unternehmens entsprechen. Um der bereits angesprochenen Seriosität Ausdruck zu verleihen, sollte auch eine Abmeldemöglichkeit vom Werbemittel integriert sein. Die teilweise übermäßige oder thematisch nicht auf das Interessenspektrum des Empfängers abgestimmte Verwendung (Spam-E-Mails) hat die grundsätzliche Haltung der Nutzer zur Werbeform *E-Mail* in den letzten Jahren erheblich negativ beeinflusst. Wie auch bei allen anderen Werbemaßnahmen sollte beim E-Mail-Marketing der Erfolg verfolgt („getrackt") werden: Öffnungsraten, Klicks, Abmeldungen und Bounces liefern Aufschluss darüber. Anhand der gewonnenen Daten sollte eine Auswertung erfolgen, die wiederum der Optimierung der laufenden sowie der folgenden Kampagnen dient [vgl. Mühlenhoff/Hedel 2015, S. 530].

E-Mail Advertising ist Teil der Direktwerbung und beruht ausschließlich auf der Arbeit mit digitalen Nachrichten. Die Entwicklung der Direktwerbung begann mit dem reinen Postversandgeschäft (Direct-Mail), wobei Direct-Mail einen Distributionskanal darstellte. Die Versandhändler stellten den Kunden Kataloge oder Prospekte zur Verfügung, aus denen Waren bestellt werden konnten, die dann per Post zugestellt wurden. Direct-Mail bedeutet den Versand von Werbebriefen (Mailings). Aus diesem haben sich die Direktwerbung und daraus schließlich das E-Mail Advertising (manchmal fälscherweise auch als E-Mail Marketing oder Dialog Marketing bezeichnet) entwickelt [vgl. Holland 2014, S. 4].

Das Direktmarketing (auch als *Direktwerbung* bezeichnet) umfasst alle Kommunikationsmaßnahmen, die darauf ausgerichtet sind, durch eine gezielte Einzelansprache einen direkten Kontakt zum Adressaten herzustellen [vgl. Dallmer 2002, S. 11]. Wichtigste Zielsetzung des Direktmarketing für Unternehmensberatungen ist die gezielte Information von Interessenten und die intensivere Betreuung bestehender Kunden (→ Kundenbindung).

Nach der Art der Interaktion zwischen Anbieter und Nachfrager lassen sich drei Erscheinungsformen des Direktmarketing unterscheiden [vgl. Bruhn 2007, S. 387 f.]:

- Passives Direktmarketing
- Reaktionsorientiertes Direktmarketing
- Interaktionsorientiertes Direktmarketing.

Passives Direktmarketing liegt vor, wenn Kunden bzw. Interessenten mit adressierten Informationsschreiben angesprochen werden. Dies kann z. B. in Form von E-Mails, von E-Newslettern oder von Informationsschreiben und Newslettern in gedruckter Form erfolgen. Diese passive Form der Direktwerbung ist für Unternehmensberatungen durchaus interessant.

Beim reaktionsorientierten Direktmarketing wird mit der direkten und individuellen Ansprache des Kunden/Interessenten die Möglichkeit einer Reaktion gegeben. Dies kann in Form sog. Mail Order Packages oder online erfolgen. Diese Form des Direktmarketing wird häufig für Einladungen zu bestimmten Veranstaltungen des Beratungsunternehmens (z. B. Messen, Seminare, Kamingespräche) eingesetzt.

Die dritte Erscheinungsform ist das interaktionsorientierte Direktmarketing. Durch die individuelle Kundenansprache über das Telefon treten Anbieter mit selektierten Personen in einen unmittelbaren Dialog.

Bei den genannten drei Erscheinungsformen werden Werbebriefe (engl. *Mailings*) per Post oder Fax, E-Mails (per Internet) und Telefonate (Telefonmarketing) eingesetzt.

Besonderes Kennzeichen des **Telefonmarketing**, mit dessen Durchführung **Call Center** beauftragt werden, ist der persönliche, direkte Kontakt mit dem Kunden bzw. Interessenten. Beim sogenannten *Outbound-Telefonmarketing* wird eine ausgesuchte Zielperson direkt durch den Anbieter oder durch eine Vermittlungsagentur (Call Center) kontaktiert, um Produkte oder Serviceleistungen anzubieten bzw. Informationen zu erfragen. Im B2B-Bereich werden Unternehmen, zu denen eine Geschäftsbeziehung besteht, telefonische Nachfassaktionen (z.B. nach dem Versand einer Seminareinladung) durchgeführt. Auch kann das Outbound-Telefonmarketing im Rahmen der Marktforschung genutzt werden, um Kundendaten für den Aufbau und die Pflege einer Kundendatenbank zu erfragen. Beim sogenannten *Inbound-Telefonmarketing*, das häufig durch die Einrichtung eines Servicetelefons unterstützt wird, nimmt die Zielperson von sich aus telefonischen Kontakt zum Anbieter auf. Auslöser solcher Kontaktaufnahmen können für Beratungsunternehmen Beschwerden oder der Wusch zur Kontaktaufnahme sein.

Eine wichtige Voraussetzung für ein zielgruppengerechtes Direktmarketing ist die Verfügbarkeit von leistungsfähigen *Kundendatenbanken*. Das **Database-Marketing** ermöglicht eine individualisierte Kunden- und Interessentenansprache, wobei die Daten über Kunden und Interessenten in einer Datenbank systematisch organisiert sind. In dieser Datenbank müssen alle erforderlichen Daten gespeichert, aktualisiert und jederzeit segmentspezifisch abrufbar sein. Der Trend geht dabei mehr und mehr zum Aufbau von E-Mail-Datenbanken, um selektierte Zielpersonen direkt über das Internet anzusprechen.

Die Gefahr des E-Mail-Marketing besteht allerdings darin, dass immer mehr Personen, die unaufgefordert E-Mails erhalten, Bedenken hinsichtlich Datenschutz und Privatsphäre äußern. Daher kommt dem sogenannten **Permission Marketing** eine immer größere Bedeutung zu; d. h. dem Kunden/Interessenten bleibt die Entscheidung überlassen, ob er Informationen über das Unternehmen erhalten möchte oder nicht [vgl. Bruhn 2007, S. 395 f.].

4.6.6 Keyword Advertising

Beratungsunternehmen verbinden häufig ihr Beratungsangebot und ihre Website mit Suchbegriffen, die für ihr Angebot relevant sind. Diese als **Keyword Advertising** bezeichnete Online-Werbeform schließt Streuverluste weitgehend aus und zeichnet sich durch eine hohe Kostentransparenz aus, da der Werbende nur dann bezahlt, wenn ein Interessent auf das entsprechende Suchergebnis klickt (*Pay per Click*).

Keyword Advertising oder auch **Suchmaschinenwerbung** (engl. *Search Engine Advertising – SEA*) ist eine Internet-Werbeform, bei der Textanzeigen auf den Webseiten neben und über den Suchergebnissen, abhängig von den individuellen Schlüsselwörtern (Keywords), angezeigt werden.

Eine Schlüsselstellung in der Online-Werbung erhält das Suchmaschinen-Marketing auch dadurch, dass die Suchmaschinen mit deutlichem Abstand die beliebtesten Startseiten im Internet sind, d.h. mehr als die Hälfte der Internet-Nutzer öffnet zunächst eine Suchmaschine als Startseite ihres Internet-Browsers, wenn sie online geht (sieh Insert 4-11).

Insert

Die beliebtesten Startseiten ins Web

Welche Seite öffnet sich beim Start des Internet-Browsers?*

Suchmaschine	58%
E-Mail-Dienst	11%
Nachrichten-Seite	4%
Soziales Netzwerk	4%
Leere Seite	4%
Website des Arbeitgebers	3%
Persönliche Website	2%
Sonstiges	12%

BITKOM   *Umfrage unter 1007 Internetnutzern   Quelle: BITKOM, Forsa

Die meisten Internetnutzer starten mit einer Suche ins Web. Das hat eine repräsentative Umfrage unter 1.000 Onlinern im Auftrag des Hightech-Verbands Bitkom ergeben. Danach öffnet sich bei 58 Prozent der Internetnutzer zunächst eine Suchmaschine wie Google oder Bing als Startseite ihres Internet-Browsers, wenn sie online gehen. An zweiter Stelle der häufigsten Startseiten stehen E-Mail-Dienste wie Web.de oder T-Online mit 11 Prozent. Auf Platz Drei liegen gleichauf Soziale Online-Netzwerke wie Facebook oder Xing mit vier Prozent und Nachrichten-Seiten mit ebenfalls vier Prozent. Lediglich drei Prozent der Internetnutzer starten mit einer Webseite ihres Arbeitgebers. Die Wahl der Startseite hat für die Internetfirmen wirtschaftliche Bedeutung, da sie hohe Zugriffszahlen erzeugt und den Weg zu weiteren Diensten eines Anbieters ebnet. Zudem gebe sie Hinweise auf Änderungen des Nutzerverhaltens im Web. Das zeige die Auswertung der Umfrage bei den Jüngeren.

In der Altersgruppe der 14- bis 29-Jährigen haben 72 Prozent eine Suchmaschine und 10 Prozent ein Soziales Netzwerk als Startseite eingestellt. Dagegen sind die Anteile von E-Mail-Diensten als Startseite bei den jüngeren Nutzern mit fünf Prozent, Nachrichtenseiten mit drei Prozent und naturgemäß von Arbeitgeber-Webseiten mit ein Prozent deutlich niedriger als bei den Älteren. Statt E-Mails nutzen die Jüngeren verstärkt Soziale Netzwerke und die darin integrierten Funktionen wie Chats für den Austausch mit Freunden und Bekannten. Die Bedeutung der Internetsuche sei für die Jüngeren dagegen noch wichtiger als bei den Älteren.

Methodik: Im Auftrag des Bitkom hat das Marktforschungsinstitut Forsa 1.007 Internetnutzer ab 14 Jahre befragt. Die Umfrage ist repräsentativ für die Internetnutzer in Deutschland.

[Quelle: Bitkom-Pressemitteilung vom 12.03.2012]

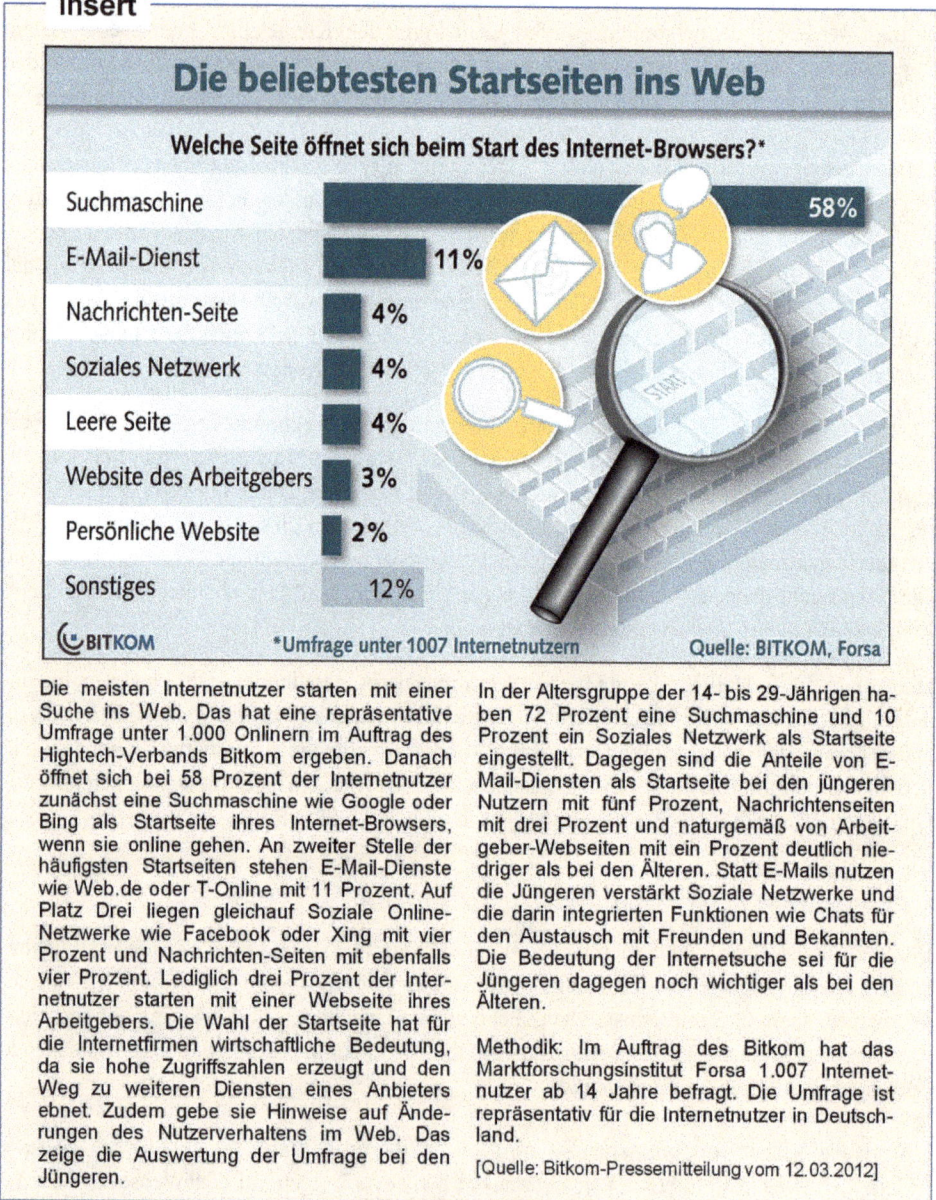

Insert 4-11: Die beliebtesten Startseiten ins Web

Mit **Suchmaschinenwerbung** sind sämtliche Werbemöglichkeiten gemeint, die Suchmaschinen gegen Bezahlung anbieten. Dazu räumen die meisten Suchmaschinen neben den Suchergebnissen die Möglichkeit ein, Textanzeigen zu platzieren. Die Anzeigen erscheinen jeweils, wenn bei der Websuche ein Suchbegriff benutzt wird, der für das werbetreibende Unternehmen relevant und im Vorfeld definiert worden ist (Beispiel: Eine Unternehmensberatung schaltet Anzeigen für den Begriff „Business Process Reengineering").

Das Search Engine Advertising (SEA) ist die eine Teilkomponente des **Suchmaschinen-Marketing** (engl. *Search Engine Marketing* – SEM). Die andere Komponente ist die **Suchmaschinen-Optimierung** (engl. *Search Engine Optimization* – SEO).

> Mit der **Suchmaschinen-Optimierung** zielt das Unternehmen darauf ab, die eigene Website möglichst weit vorne in den „organischen" Suchergebnissen zu platzieren. Dadurch wird in der Regel eine Steigerung der Besucherfrequenz angestrebt.

Dabei wird versucht, die eigene Website den Algorithmen der Suchmaschinen bestmöglich anzupassen. Allerdings werden diese Algorithmen und deren genau Zusammensetzung, die laufend optimiert bzw. verändert werden, von den Suchmaschinen nicht bekannt gegeben [Quelle: Marketing.ch 2011].

Das **Suchmaschinen-Marketing** ist also in zwei Bereiche unterteilt:

- Suchmaschinen-Optimierung (engl. *Search Engine Optimization* – *SEO*) und
- Suchmaschinen-Werbung (engl. *Search Engine Advertising* – *SEA*).

4.6.7 Affiliate Advertising

Beim **Affiliate Advertising** handelt es sich mehr um eine Online-Vertriebskooperation als um eine Werbeform im eigentlichen Sinne. Die Teilnehmer dieser Kooperation sind der *Merchant* (Anbieter) und *Affiliate* (Partner). Der Merchant stellt dem Affiliate Werbemittel (in der ursprünglichen Form) oder Teile seines Angebots zur Verfügung, die dann auf den Webseiten des Affiliate (z. B. Amazon) eingebunden werden. Es entsteht eine Win-Win-Situation für beide Parteien: Der Merchant kann seine Vertriebsreichweite sowie seine Markenpräsenz steigern, der Affiliate erhält dafür eine Provision. Je nach Vereinbarung entstehen dem Merchant nur Kosten für eine von ihm festgelegte Leistung. Dies kann in Form einer Umsatzbeteiligung (*Pay per Order*), einer Vergütung für einen neuen Besucher (*Pay per Click*) oder für eine Registrierung (*Pay per Lead*) erfolgen [vgl. Roddewig 2003, S. 52 f.].

Ein wichtiges Kriterium für den Merchant bei der Auswahl des Affiliate ist, dass die User-Struktur des zukünftigen Partners mit der eigenen Zielgruppe übereinstimmt. Auch sollte das Akquisitorische Potenzial ausreichen, um eine solche Partnerschaft zu begründen. Allerdings ist die Einsatzbreite des Affiliate Marketing im B2B-Geschäft überschaubar.

Abbildung 4-11 zeigt den funktionalen Ablauf des Affiliate Marketing.

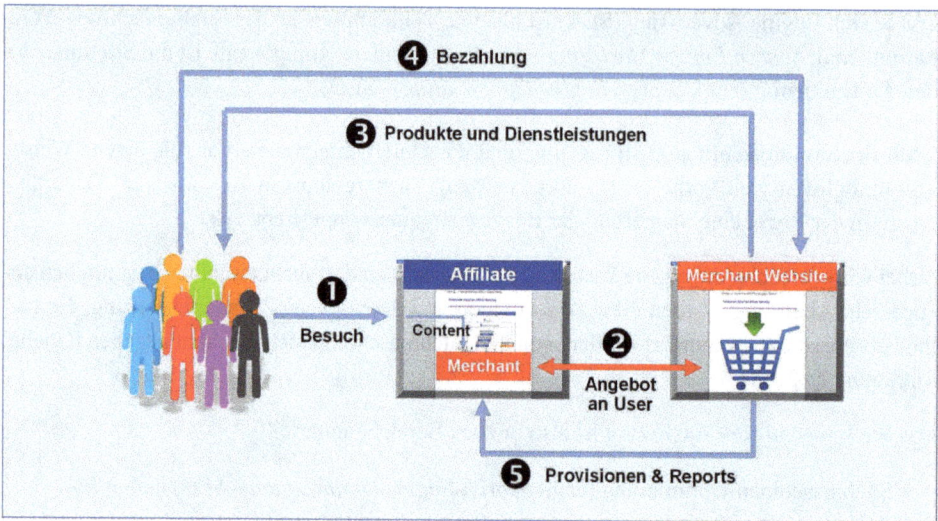

Abb. 4-11:   Funktionaler Ablauf des Affiliate Marketing

4.7 Kommunikationsmedien

Der nächste Abschnitt befasst sich mit Fragen der **Mediadimension**, also mit der Auswahl, Planung und Kontrolle geeigneter **Werbeträger.** Danach stehen dem Werbeplaner grundsätzlich sowohl klassische als auch digitale Kommunikationsmedien (Werbeträger) zur Verfügung. Hinsichtlich der **Bedeutung** dieser Werbeträger geben die Netto-Werbeeinnahmen bzw. Werbeaufwendungen der erfassbaren Werbeträger einen ersten Hinweis (siehe Insert 4-12).

Pandemiebedingt sanken die Netto-Werbeeinnahmen der Medien in 2020 um fünf Prozent gegenüber 2019. Den einzigen, dafür aber umso größeren Lichtblick stellte die digitale Werbung dar. Hauptprofiteure waren hier allerdings vor allem die Megaplattformen. Tageszeitungen und Publikumszeitschriften verlieren seit 2006 Jahr für Jahr an Marktanteil. In der Summe erzielten die Medien Internet, Fernsehen, Print, Direktwerbung, Außenwerbung, Radio und Kino Nettoeinnahmen in Höhe von 23.756,4 Mio. Euro.

Der Einnahmerückgang der Werbeträger – mit Ausnahme der digitalen Werbung – war durch die pandemiebedingten Maßnahmen wie die Lockdowns unvermeidlich. Kino- und Geschäftsschließungen, abgesagte Messen und Events, eine Reise- und Transportbranche auf maximal reduzierter Sparflamme sowie eine eingeschränkte Gastronomie, zogen Werbebudgetkürzungen oder -stopps nach sich. Das Online-Wachstum ist jedoch nicht allein durch die pandemischen Umstände und ein hierauf ausgerichtetes digitales Marketing zu erklären. Die bereits zuvor strukturell gegebenen Shifts von Budgets in den Online-Werbemarkt setzen sich temporal verstärkt fort – dies aber nicht gleichmäßig [Quelle: Zentralverband der deutschen Werbewirtschaft ZAW 2021].

Allerdings wird die Abgrenzung der relevanten Medienmärkte zunehmend schwieriger, da sich Medien, Informationstechnologie und Telekommunikation immer stärker aufeinander zu bewegen. Die Annäherung der zugrundeliegenden Technologien (→ Digitalisierung) und das Zusammenwachsen der Medienmärkte insgesamt wird auch als **Konvergenz** im Informations- und Kommunikationsbereich bezeichnet [vgl. Wirtz 2009, S. 44 f.].

Insert

Netto-Werbeeinnahmen erfassbarer Werbeträger in Deutschland 2020

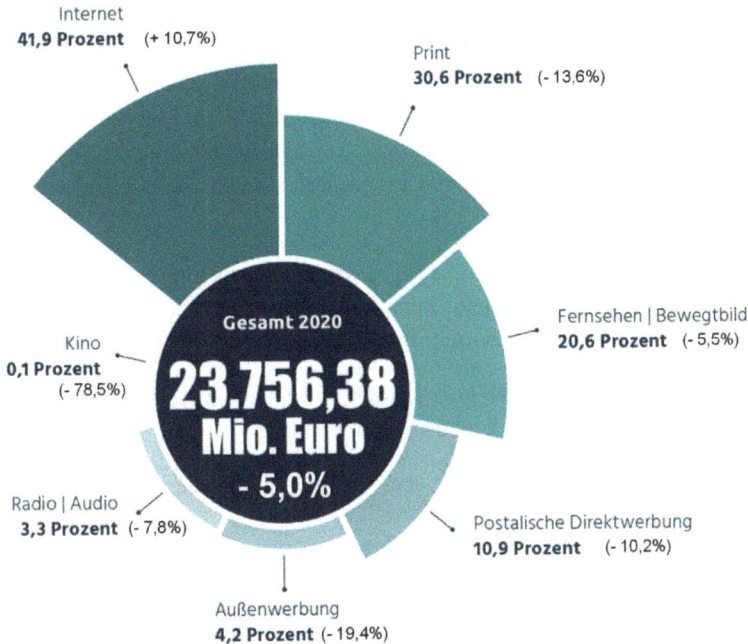

Internet
41,9 Prozent (+ 10,7%)

Print
30,6 Prozent (- 13,6%)

Fernsehen | Bewegtbild
20,6 Prozent (- 5,5%)

Kino
0,1 Prozent
(- 78,5%)

Gesamt 2020
23.756,38 Mio. Euro
- 5,0%

Radio | Audio
3,3 Prozent (- 7,8%)

Postalische Direktwerbung
10,9 Prozent (- 10,2%)

Außenwerbung
4,2 Prozent (- 19,4%)

Marktanteile: Mehrfachnennungen;
nicht bei Außenwerbung, Kino, Postalische Direktwerbung

Wenig überraschend waren die Netto-Werbeeinnahmen der Medien in 2020 pandemiebedingt fast durch die Bank stark rückläufig, sie sanken um fünf Prozent. Den einzigen, dafür aber umso größeren Lichtblick stellte die digitale Werbung dar. Hauptprofiteure waren hier allerdings vor allem die Megaplattformen. Alle übrigen Werbeträger rutschten ins Minus. In der Summe erzielten Internet, TV | Bewegtbild, Print, Direktwerbung, Außenwerbung, Radio | Audio und Kino netto 23.756,4 Mio. Euro.
Die Erschütterung der Werbeträger – mit Ausnahme der digitalen Werbung – war durch die pandemiebedingten Maßnahmen wie die Lockdowns unvermeidlich. Kino- und Geschäftsschließungen, abgesagte Messen und Events, eine Reise- und Transportbranche auf maximal reduzierter Sparflamme sowie eine Gastronomie, die ihre Speisen überwiegend nur ‚to go' anbieten konnte, zogen Werbebudgetkürzungen oder -stopps nach sich und wirkten sich damit negativ auf die Nettowerbeeinnahmen der Medien aus. Die Unsicherheit durch eine wechselvolle Corona-Politik von Bund und Ländern und teilweise wenig glückliches Ankündigungsmanagement der Politik trugen zusätzlich dazu bei.

Nach dem ersten Lockdown im Frühjahr 2020 hatte die Werbewirtschaft noch mit raschen und kreativen Werbebudget(um)planungen im Sommer 2020 reagieren und sich im Herbst leicht erholen können. Das nahende Weihnachtsgeschäft schien einen Teil der verlorenen Werbeerlöse zwar nicht kompensieren, aber zumindest die Rückgänge abfedern zu können. Dies wurde durch den ‚Lockdown light' ab November und mit dem zweiten Lockdown ab Dezember zunichte gemacht. Einzig die Online Werbung konnte von den Lockdowns aufgrund wachsender Online- und E-Commerce-Nutzung profitieren. Das Online-Wachstum ist jedoch nicht allein durch die pandemischen Umstände und ein hierauf ausgerichtetes digitales Marketing zu erklären. Die bereits zuvor strukturell gegebenen Shifts von Budgets in den Online-Werbemarkt setzen sich temporal verstärkt fort – dies aber nicht gleichmäßig.

[Quelle: Zentralverband der deutschen Werbewirtschaft ZAW 2021]

Insert 4-12: *Nettowerbeeinnahmen erfassbarer Werbeträger in Deutschland 2019 und 2020*

4.7.1 Printmedien

Die wichtigsten Untergruppen der Printmedien bilden Zeitungen und Zeitschriften. **Zeitungen** werden vorwiegend nach der Erscheinungshäufigkeit (täglich/wöchentlich) und nach dem Verbreitungsgebiet (regional/überregional) differenziert. In Deutschland gibt es 340 Zeitungen, darunter 320 Tageszeitungen, 17 Wochen- und drei Sonntagszeitungen. Zusammen haben sie eine Auflage von rund 13,47 Millionen Exemplaren [Quelle: BDZV 2023].

Die etwa 7.000 deutschen **Zeitschriftentitel** werden in Publikums- und in Fachzeitschriften unterteilt. 2020 erschienen insgesamt 1.335 **Publikumszeitschriftentitel**. Während Publikumszeitschriften einen gewissen Unterhaltungscharakter aufweisen und sehr breite, aber auch sehr spezielle Lesergruppen ansprechen, dienen die zumeist periodisch erscheinenden **Fachzeitschriften** eher der Vermittlung von Informationen und Wissen. Laut der Deutschen Fachpresse wurden im Jahr 2020 insgesamt 5.696 Fachzeitschriften in Deutschland angeboten [Quelle: VDZ 2020].

Zeitschriften eignen sich u. a. aufgrund der besseren Druckqualität besser zur Vermittlung emotionaler Sachverhalte als Zeitungen. Zum Aufbau eines Images werden gerne überregionale Tageszeitungen und Publikumszeitschriften belegt.

Darüber hinaus fungieren **Verzeichnis-Medien** wie Adressbücher und Kataloge sowie sonstige Printmedien wie Karten und Kalender als Werbeträger.

Abbildung 4-12 enthält eine Übersicht über wichtige Printmedien bzw. Werbeträger.

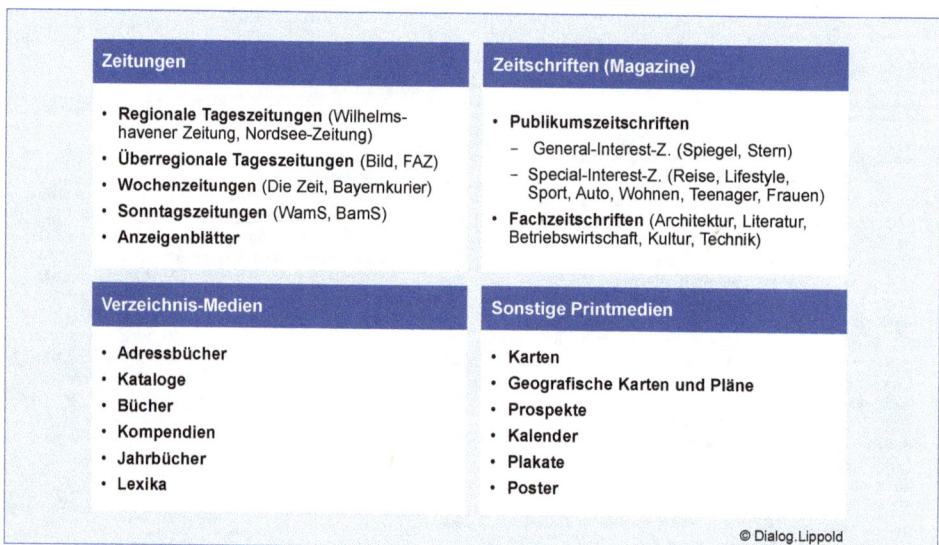

Zeitungen	Zeitschriften (Magazine)

• **Regionale Tageszeitungen** (Wilhelms-havener Zeitung, Nordsee-Zeitung)
• **Überregionale Tageszeitungen** (Bild, FAZ)
• **Wochenzeitungen** (Die Zeit, Bayernkurier)
• **Sonntagszeitungen** (WamS, BamS)
• **Anzeigenblätter**
	• **Publikumszeitschriften**
	  – General-Interest-Z. (Spiegel, Stern)
	  – Special-Interest-Z. (Reise, Lifestyle, Sport, Auto, Wohnen, Teenager, Frauen)
	• **Fachzeitschriften** (Architektur, Literatur, Betriebswirtschaft, Kultur, Technik)

Verzeichnis-Medien	Sonstige Printmedien
• **Adressbücher** • **Kataloge** • **Bücher** • **Kompendien** • **Jahrbücher** • **Lexika**	• **Karten** • **Geografische Karten und Pläne** • **Prospekte** • **Kalender** • **Plakate** • **Poster**

© Dialog.Lippold

Abb. 4-12:   Printmedien im Überblick

Das *Werbemittel* der Printmedien sind **Anzeigen**, deren Formate und Platzierungsmöglichkeiten vielfältig sind. Standardanzeigen sind zumeist schwarz-weiß oder vierfarbig. Die Platzierung kann auf der Titelseite, der Rückseite oder im Textteil erfolgen. Der Anzeigenpreis berücksichtigt sowohl die Größe bzw. das Format, die Platzierung und entsprechende Farbaufschläge.

4.7.2 Außenwerbung

Zur **Außenwerbung** (engl. *Out-of-Home Media*) zählen alle Werbeformen, deren Werbeträger im öffentlichen Raum platziert sind. Bei den Werbenden erfreut sich die Außenwerbung, die ja über einen bestimmten Zeitraum immer präsent ist, zunehmender Beliebtheit. Sie hat den Vorteil, dass sie eine relativ hohe Reichweite und auch eine hohe Kontakthäufigkeit bei der mobilen Bevölkerung erreicht – insbesondere dann, wenn sie **strategisch günstig platziert** ist. Zudem ist die Außenwerbung ein preiswertes Medium, das eine geografische Segmentierung ermöglicht [vgl. Schweiger/Schrattenecker 2005, S. 285 f.].

Grundsätzlich können die vielfältigen Ausprägungen dieser Werbeträgergruppe in stationäre und mobile Außenwerbung eingeteilt werden. **Stationäre Außenwerbung** umfasst insbesondere Plakatsäulen, Plakatwände, Lichtwerbung an Gebäuden, Prismen-Anlagen, elektronische Videoboards oder Rollenwechselsysteme. **Mobile Außenwerbung** ist vor allem die Verkehrsmittelwerbung. Sie kommt als so genannte Traffic Boards im Außenbereich von Zügen, Bussen, Straßenbahnen, Taxis etc. zum Einsatz. Eine Sonderform der Außenwerbung sind **Ambient Media**. Charakteristisch für dieses relativ neue Medium ist, dass unkonventionelle und traditionell nicht als Werbeträger, die als solche betrachtet werden, eingesetzt werden. Beispiele sind Werbeflächen auf dem Kopf von Zapfpistolen an der Tankstelle, im Eingangsbereich von Kinos oder Restaurants platzierte Pappaufsteller oder Werbeflächen auf den Klapptischen im Flugzeug [vgl. Meffert et al. 2008, S. 654].

4.7.3 Klassische elektronische Medien

Nach den Printmedien repräsentieren die klassischen elektronischen Medien die zweite große Gruppe der Werbeträger. Sie umfassen die drei Mediengattungen *Fernsehen*, *Hörfunk* und *Kino*. Da sie für das B2B-Marketing weniger relevant und nur in Ausnahmefällen zu empfehlen sind, sollen sie hier nur der Vollständigkeit halber aufgeführt werden.

Fernsehwerbung ist aufgrund ihrer Kombinationsmöglichkeiten aus Bild, Ton und Text sehr vielschichtig und aufmerksamkeitsstark. Das Fernsehen bietet sehr gute Möglichkeiten für emotionale Werbeauftritte und wird erfolgreich für die kurzfristige Bekanntmachung von Produkten, Leistungen und Marken eingesetzt. Die Fernsehwerbung hat in den letzten zwei Jahrzehnten einen starken Aufschwung erfahren. Insbesondere die zahlreichen privaten Fernsehsender, die sich zu 100 Prozent aus Werbung finanzieren, haben zu diesem Boom beigetragen. Das *Werbemittel* im Rahmen der Fernsehwerbung ist der **TV-Spot**, dessen Länge zwischen fünf und 90 Sekunden variieren kann. Die Produktionskosten eines TV-Spots sind deutlich höher als bei einer Printanzeige.

Die Gestaltungselemente der **Hörfunk- oder Radiowerbung** beschränken sich auf das akustisch Wahrnehmbare: Sprache, Rhetorik, Musik, Gesang und Geräusche. Die Zulassung privater Rundfunksender hat das Angebot an Werbezeiten für diesen Werbeträger ebenfalls deutlich steigen lassen. Das *Werbemittel* der Hörfunkwerbung ist der **Radio-Spot**, der deutlich günstiger als ein TV-Spot produziert werden kann. Da das Radio im Vergleich zum Fernsehen mehr ein Hintergrundmedium darstellt und zudem die geografischen Reichweiten im Normalfall deutlich unter denen des Fernsehens liegen, sind auch die Schaltungskosten für einen Radio-Spot vergleichsweise gering.

Die **Kinowerbung** hat aufgrund des allgemeinen Rückgangs der Kinobesuche an Bedeutung verloren, obwohl dieser Werbeträger alle Vorteile der Gestaltungsmöglichkeiten auf sich vereinigt, die auch die Fernsehwerbung auszeichnet. Das klassische *Werbemittel* der Kinowerbung ist der **Werbefilm**, dessen Spieldauer 44 bis 440 Sekunden dauert. Der Werbefilm bietet daher noch mehr Wirkungsmöglichkeiten als der TV-Spot [vgl. Bruhn 2007, S. 359 f.].

4.7.4 Digitale Medien

Der Online-Werbemarkt verzeichnet – im Gegensatz zu den meisten Printmedien – seit Jahren kontinuierlich hohe Zuwachsraten. Ein unmittelbarer Vergleich der Marktanteile von Print- und Online-Medien zeigt, dass sich bei annähernd gleichem Marktvolumen die Marktanteile der Online-Medien sukzessive zu Lasten der Print-Medien verschieben. In diesem Zusammenhang wird auch von einem **Kannibalisierungseffekt** in der Medienbranche gesprochen.

Dieser Effekt, der also die Substitutionsbeziehung zwischen verschiedenen Angeboten eines Unternehmens charakterisiert, ist in Insert 4-13 ersichtlich. Darin geht deutlich hervor, dass sich das Internet sukzessive zum entscheidenden Medium für die Verbreitung von Nachrichten entwickelt. Daher sollte die Furcht vor der vermeintlichen Kannibalisierung der Printmedien vorbei sein. Zeitungsverleger und Redakteure sollten im Internet also keine Gefahr, sondern ein wichtiges Mittel der Kommunikation sehen, das weit über die reine Ergänzung der traditionellen Medien hinausgeht. Es ist heute bereits abzusehen, dass das Internet das umfassendere Medium, also das Basismedium sein wird. Texte, Fotos, Illustrationen, Bewegtbilder, also Fernsehen werden in ihm eine Heimat finden. Daher ist der Online-Journalismus das Feld der größten Dynamik innerhalb der Medienbranche. Hier gibt es Wachstum, Investitionen und perspektivisch auch einen sicheren Zuwachs an Arbeitsplätzen [vgl. OVK 2019].

Eine erste Antwort der Verlage auf den Siegeszug der Online-Medien ist die Maßnahme, dass Tageszeitungen und Publikumszeitschriften dazu übergegangen sind, neben ihrem Printmedium auch ein aktuelles Online-Angebot mit teilweise gleichen Inhalten vorzuhalten.

Das **Internet** als Werbeträger bietet eine Reihe von Vorteilen gegenüber den klassischen Medien. So ist das Kommunikationsangebot im Internet 24 Stunden am Tag und international verfügbar. Als aktives und dialogfähiges Medium ermöglicht es die direkte Kommunikation mit den Kunden. Es bietet rasche Reaktionsmöglichkeiten und Informationen können jederzeit aktualisiert und modifiziert werden. Das Internet ist das einzige Medium, das unmittelbar Nutzungsdaten liefert, da es ständig Leistungszahlen mitprotokolliert. Die Leistungsmessung kann serverseitig oder nutzerseitig vorgenommen werden [vgl. Schweiger/Schrattenecker 2005, S. 287 ff.]:

Bei der **serverseitigen Methode** werden alle Nutzungsvorgänge über die Verbindungsdaten, die in einem Serverprotokoll, den so genannten **Log-Files**, erfasst werden, aufgezeichnet. Die

Auswertung und Analyse der Log-Files liefert eine Fülle von Kennzahlen wie z. B. Anzahl Visits, Page Impressions, Ad Impressions, Ad Clicks. Allerdings geben diese Kennzahlen keinerlei Auskunft über Anzahl, demografische Struktur und Motive der Besucher. Eine

___ Insert _____

Werbeausgaben in Deutschland im Jahr 2018 und Prognose bis 2024
(in Millionen US-Dollar)

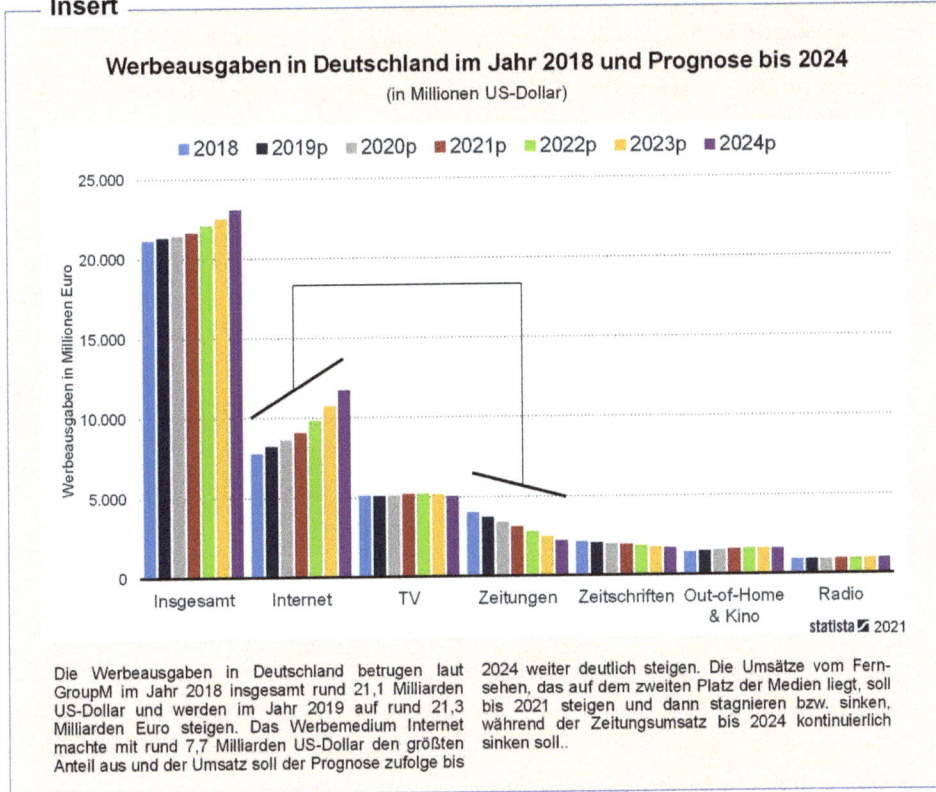

Die Werbeausgaben in Deutschland betrugen laut GroupM im Jahr 2018 insgesamt rund 21,1 Milliarden US-Dollar und werden im Jahr 2019 auf rund 21,3 Milliarden Euro steigen. Das Werbemedium Internet machte mit rund 7,7 Milliarden US-Dollar den größten Anteil aus und der Umsatz soll der Prognose zufolge bis 2024 weiter deutlich steigen. Die Umsätze vom Fernsehen, das auf dem zweiten Platz der Medien liegt, soll bis 2021 steigen und dann stagnieren bzw. sinken, während der Zeitungsumsatz bis 2024 kontinuierlich sinken soll..

Insert 4-13: Marktanteilsverschiebungen zwischen Tageszeitungen und Online-Medien

weitgehend vollständige Aufstellung und Erläuterung serverseitiger Kennzahlen zur Beurteilung der Leistungsstärke von Websites ist in Abschnitt 4.7.7 aufgeführt.

Die **nutzerseitigen Methoden** setzen dagegen direkt beim Besucher auf und liefern nicht nur Daten über Zahl, Struktur und Motive der User bestimmter Websites, sondern auch eine qualitative Bewertung der besuchten Websites. Zu den nutzerseitigen Methoden zählen klassische Befragungen wie z.B. Telefonumfragen über die beliebtesten Websites, Online-Befragungen oder Internet-Panels, mit denen täglich aufgezeichnet wird, wer wie lange welche Websites besucht. Zu den wichtigsten nutzerseitigen Kennzahlen von Websites zählen Unique Visitors und Reichweiten.

Hauptvorteile der Internet-Werbung sind die guten Individualisierungsmöglichkeiten und die **exakte Werbeerfolgskontrolle in Form von Klickraten und Online-Käufen**. Hinzu kommt, dass der Internet-Nutzer die Möglichkeit zur direkten Interaktion mit dem werbetreibenden Unternehmen wahrnehmen kann. Bei den Zielgruppen der Internet-Kommunikation hat man lange

Zeit zwischen Nutzern stationärer Angebote und mobiler Angebote unterschieden. Doch da die stationäre und mobile Internetnutzung immer mehr verschmelzen, ist diese Unterscheidung nicht mehr relevant. Aus Verbrauchersicht ist vor allem der unmittelbare Zugriff auf wichtige digitale Informationen wichtig. Aufgrund der zur Verfügung stehenden Gerätevielfalt – vom stationären PC über Laptop, Tablet bis hin zum Smartphone – gibt es für jede Nutzungssituation die passende Zugriffsoption [Quelle: OVK-Report für digitale Werbung 2019/01].

Das Internet ist fester Bestandteil im Leben der Deutschen, deren Gesamtbevölkerung ab 14 Jahren rund 70 Millionen Personen umfasst. Der Anteil der Internetnutzer in Deutschland ist in den letzten Jahren weiter gestiegen und liegt nun bei 92 Prozent (siehe Insert 4-14). Europaweit sind 85 Prozent der erwachsenen Bevölkerung online. Das zeigen Daten der europäischen Statistikbehörde Eurostat. Am höchsten ist der Anteil der Online-Bevölkerung demnach in Dänemark mit 98 Prozent. Luxemburg folgt mit 97 Prozent auf dem zweiten Platz. Deutschland liegt mit 92 Prozent auf Rang sechs, wie die Grafik von Statista zeigt. Am geringsten ist der Wert in Bulgarien, wo nur 65 Prozent der erwachsenen Bevölkerung das Internet nutzen.

Insert

Wer nutzt das Internet in der Europäischen Union?

Erwachsene (16-74 Jahre), die in den vergangenen 3 Monaten das Internet genutzt haben 2018

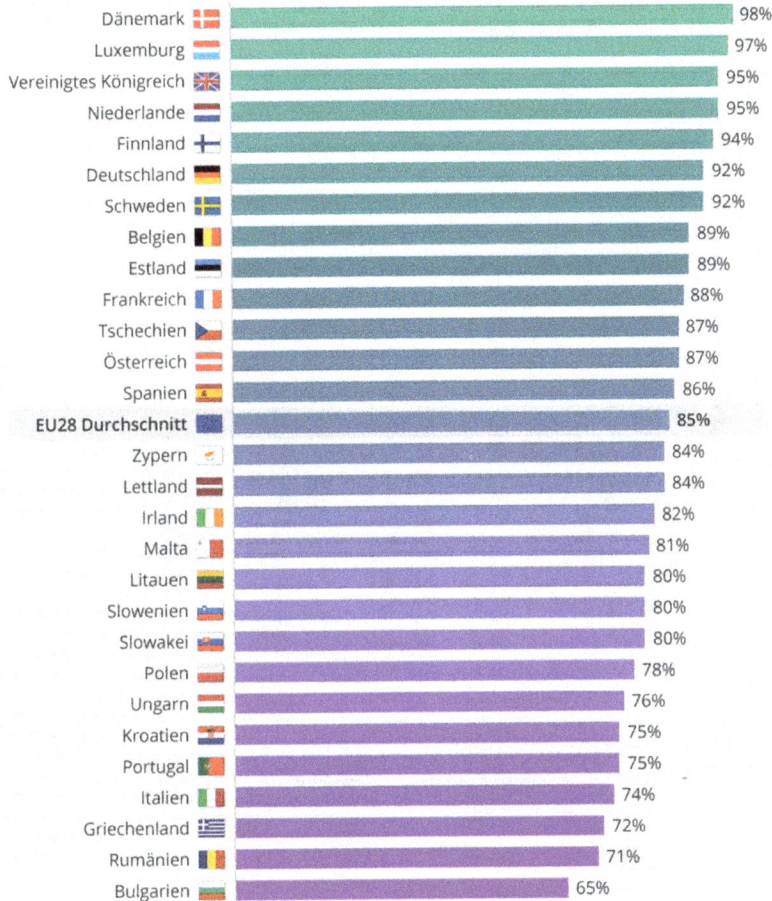

Dänemark	98%
Luxemburg	97%
Vereinigtes Königreich	95%
Niederlande	95%
Finnland	94%
Deutschland	92%
Schweden	92%
Belgien	89%
Estland	89%
Frankreich	88%
Tschechien	87%
Österreich	87%
Spanien	86%
EU28 Durchschnitt	**85%**
Zypern	84%
Lettland	84%
Irland	82%
Malta	81%
Litauen	80%
Slowenien	80%
Slowakei	80%
Polen	78%
Ungarn	76%
Kroatien	75%
Portugal	75%
Italien	74%
Griechenland	72%
Rumänien	71%
Bulgarien	65%

statista 2021

Insert 4-14:   EU: Wer nutzt das Internet?

Gemessen an den Page Views erzielte Googles Browser Chrome mit 62,5 Prozent den größten **Marktanteil führender Browser** in Europa (Stand: November 2019). Mozillas Firefox kam im selben Monat auf einen Marktanteil von rund 13,5 Prozent. Auch weltweit ist Chrome der meistgenutzte Browser. Berücksichtigt wird bei diesen Werten lediglich die Nutzung über Desktop- und Notebook-PCs. Auch die Nutzung des Internets über **mobile Endgeräte** unterwegs wird immer beliebter in Europa. Während sich der Anteil dieser mobilen Internetnutzer in Europa im Jahr 2012 noch auf 36 Prozent belief, lag dieser Anteil im Jahr 2019 bei 75 Prozent [Quelle: Statista Research Department 10.11.2021].

Analysiert man den Anteil der deutschen Internetnutzer nach Altersgruppen so zeigt sich, dass in den Altersgruppen zwischen 14 und 49 Jahren hinsichtlich der Internetnutzung kaum Unterschiede auszumachen sind. Diese Altersgruppen zählen nahezu 100 Prozent zu den Internetnutzern (siehe Insert 4-15). Doch selbst in den Altersgruppen über 50 Jahre ist der Anteil der Internetnutzer stetig gestiegen und beträgt selbst bei den über 70-Jährigen mehr als 50 Prozent. Dieser hohe Anteil ist nicht zuletzt auf den ständig wachsenden Anteil der mobilen Endgeräte zurückzuführen.

Insert

Anteil der Internetnutzer nach Altersgruppen in Deutschland bis 2020

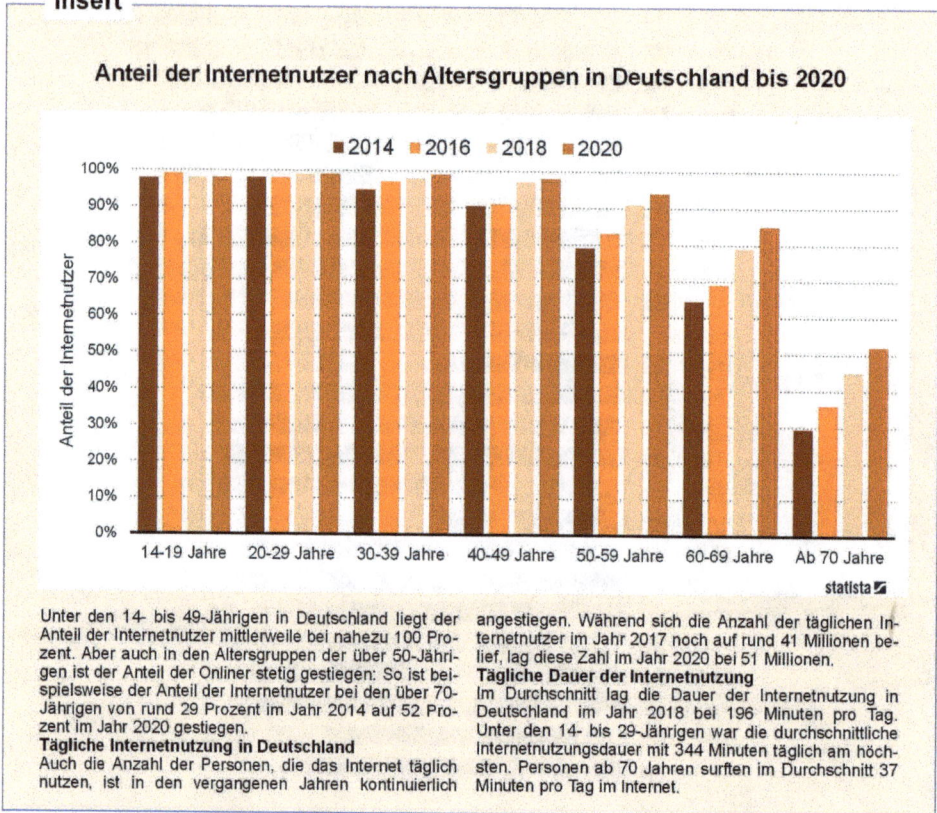

Unter den 14- bis 49-Jährigen in Deutschland liegt der Anteil der Internetnutzer mittlerweile bei nahezu 100 Prozent. Aber auch in den Altersgruppen der über 50-Jährigen ist der Anteil der Onliner stetig gestiegen: So ist beispielsweise der Anteil der Internetnutzer bei den über 70-Jährigen von rund 29 Prozent im Jahr 2014 auf 52 Prozent im Jahr 2020 gestiegen.
Tägliche Internetnutzung in Deutschland
Auch die Anzahl der Personen, die das Internet täglich nutzen, ist in den vergangenen Jahren kontinuierlich angestiegen. Während sich die Anzahl der täglichen Internetnutzer im Jahr 2017 noch auf rund 41 Millionen belief, lag diese Zahl im Jahr 2020 bei 51 Millionen.
Tägliche Dauer der Internetnutzung
Im Durchschnitt lag die Dauer der Internetnutzung in Deutschland im Jahr 2018 bei 196 Minuten pro Tag. Unter den 14- bis 29-Jährigen mit 344 Minuten täglich am höchsten. Personen ab 70 Jahren surften im Durchschnitt 37 Minuten pro Tag im Internet.

*Insert 4-15:	Anteil der Internetnutzer nach Altersgruppen in Deutschland*

Die Digitalisierung hat die Art und Weise, wie Menschen miteinander kommunizieren, sich informieren oder einkaufen, nachhaltig verändert. Dabei spielt es keine Rolle, ob die Angebotsoptionen stationär oder mobil genutzt werden. Wichtig ist die Schnelligkeit und unmittelbare Verfügbarkeit von digitalen Services: Ob mit der Nutzung von Suchmaschinen (92,8 Prozent), dem Senden und Empfangen von privaten E-Mails (86,7 Prozent) oder dem Zugriff auf Wetterinformationen (72,6 Prozent). Auch der digitale Zugriff auf internationale bzw. regionale und lokale Nachrichten, der Online-Einkauf und Online-Banking sind für die Mehrheit ganz selbstverständliche Tätigkeiten (siehe Insert 4-16).

Weitere Top-Nutzungsschwerpunkte im Internet sind Aktivitäten in sozialen Netzwerken, das Ansehen von Videos und Filmen sowie die Newsletter-Lektüre – letztlich ist heute in allen Lebenslagen der Zugriff auf das Internet ganz selbstverständlich geworden [Quelle: agof 2021].

Insert

Thematische Schwerpunkte bei der Online-Nutzung in Deutschland 2021

Anteil der Befragten

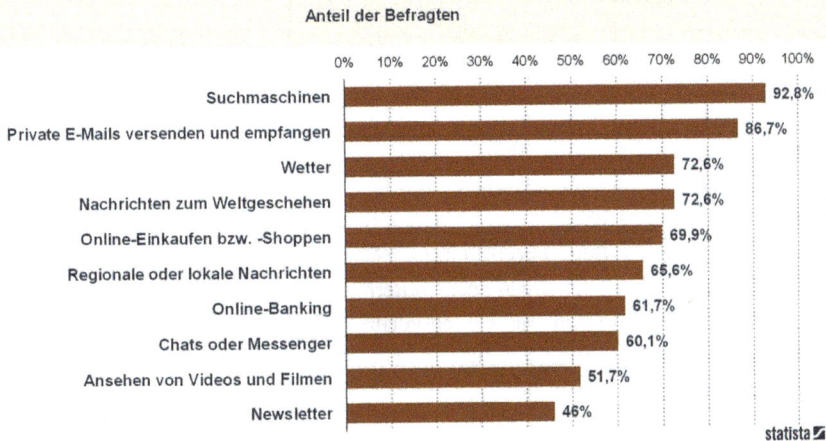

	Anteil
Suchmaschinen	92,8%
Private E-Mails versenden und empfangen	86,7%
Wetter	72,6%
Nachrichten zum Weltgeschehen	72,6%
Online-Einkaufen bzw. -Shoppen	69,9%
Regionale oder lokale Nachrichten	65,6%
Online-Banking	61,7%
Chats oder Messenger	60,1%
Ansehen von Videos und Filmen	51,7%
Newsletter	46%

statista

Hinweis: Deutschland; September 2021; agof daily digital facts 27.10.2021; Nutzer stationärer und/oder mobiler Angebote letzte 3 Monate ab 16 Jahren (n=279.781 Fälle)
Quelle: agof

Die Statistik zeigt das Ergebnis einer Umfrage zu den thematischen Schwerpunkten der Online-Nutzung in Deutschland im September 2021. Der Anteil der Befragten, der das Internet häufig oder gelegentlich zum Empfangen und Versenden von privaten E-Mails nutzt, lag zum Zeitpunkt der Erhebung laut ‚Arbeitsgemeinschaft Onlineforschung' (kurz: agof) bei 86,7 Prozent. Den zweithöchsten Anteil verbucht das Versenden und Empfangen privater E-Mail.

Insert 4-16: Nutzungsschwerpunkte stationärer oder mobiler Internet-Angebote

Mit Hilfe **mobiler Dienste** (engl. *Mobile Services*) können nicht nur werbliche Texte und Bilder als SMS (Short Message Services) oder MMS (Multimedia Messaging Services) auf mobile Endgeräte (z. B. Mobiltelefone, Smartphones, Handhelds) von Kunden gesendet werden, auch **mobile Web-Anwendungen** und **Apps** erlauben eine personalisierte Zielgruppenansprache. Sie ermöglichen die Kommunikation und Transaktion mit Kunden an jedem Ort und zu jeder Zeit und bieten Mitarbeitern mobile Services wie etwa den Zugriff auf Unternehmensprozesse von unterwegs.

Darüber hinaus zeichnet sich ab, dass sich mobile Endgeräte und entsprechende Anwendungen mit großer Wirkung auch im **Unternehmensumfeld** und damit auch im **Beratungsmarketing** durchsetzen. Den **Apps** (engl. *Application Software*) kommt eine besondere Bedeutung zu, denn nahezu alle Smart-Phone-User nutzen die kleinen Programme auf ihrem mobilen Endgerät. Smartphones und Tablets entwickeln sich somit zum primären Zugangskanal der Unternehmen zu ihren Kunden und gleichzeitig zu einem zentralen Instrument im Service und Vertrieb. Immer mehr Produktions- und Dienstleistungsunternehmen setzen auf Tablet-Anwendungen zur Unterstützung der **eigenen Vertriebs- und Servicemitarbeiter**. Dabei werden CRM-Systeme, Informationen zum Bestellvorgang, Produkt- und Ersatzteilkataloge sowie Vertragsformulare mobil verfügbar gemacht und mit verbesserten, interaktiven Darstellungen angereichert. Dies zielt ebenfalls auf eine Verbesserung der Beratungs- und Servicequalität beim Kunden [vgl. Bitkom 2012, S. 7].

Die **Kommunikation über Terminal Systeme** kann sowohl für die externe, als auch für die interne, also an Mitarbeiter gerichtete Kommunikation relevant sein. In der **externen Kommunikation** kommen interaktiv bedienbare **Terminal Systeme** primär am *Point of Purchase (PoP)* zum Einsatz. Diese Endgeräte werden durch das kommunizierende Unternehmen (z. B. Lufthansa-Check-in-Terminals) bereitgestellt und bieten eine zielgruppenspezifische Werbeplattform für dritte Unternehmen [vgl. Bruhn 2007, S. 454 f.].

Auch für das **interne Kommunikationsmanagement** ergeben sich zusätzlich über die Plattform **Intranet**, also das unternehmenseigene Internet, verschiedenste Konzepte, um das Informationsmanagement zu verbessern. Zwar werden die klassischen internen Kommunikationsmittel wie Schwarzes Brett, Betriebsversammlung, Mitarbeiterzeitungen und -zeitschriften, Gespräche und Mitarbeiterbesprechungen auch weiterhin ihre Bedeutung haben, aber im Gegensatz zu den Mitarbeitern auf den Büroetagen verfügen bspw. gewerbliche Mitarbeiter in der Regel nicht einmal über einen Intranet-Zugang. Abhilfe schaffen hier geeignete Terminals, die als Mitarbeiter-Infosysteme an festgelegten Standorten beispielsweise in Fertigungsbereichen, Kantinen, Pausenräumen oder sogar auf dem Werksgelände aufgestellt werden. Aber auch für Besucher können in Empfangshallen, Schulungs- und Präsentationsräumen entsprechende System Terminals aufgestellt werden.

4.7.5 Mediaplanung, -analyse und -kontrolle

Der Erfolg von Kommunikationsmaßnahmen hängt nicht nur von Inhalt und Umsetzung der Botschaft, sondern in hohem Maße auch von deren Verbreitung ab. Damit sind Fragen der Mediaplanung und -selektion aufgeworfen. Die **Mediaplanung** ist Teil der (umfassenderen) **Kommunikationsplanung** und befasst sich mit der Analyse, den Zielen, der Strategie, der Verteilung und der Kontrolle des Mediaeinsatzes. Häufig wird im Zusammenhang mit der Mediaplanung auch von **Werbeplanung** gesprochen, die teilweise etwas enger (Beschränkung auf den Einsatz der Above-the-line-Instrumente) oder teilweise auch etwas weiter gefasst (Formulierung und Gestaltung von Werbebotschaften als Teil der Werbeplanung, nicht jedoch als Teil der Mediaplanung) ist. Abbildung 4-13 bildet die einzelnen Phasen der Mediaplanung in idealtypischer Reihenfolge ab und zeigt den Abstimmungsbedarf mit anderen Bereichen der Kommunikationsplanung.

Der Planungsprozess beginnt mit der **Mediaanalyse**, die das informative Fundament der Mediaplanung darstellt. Hier werden im Rahmen einer Situationsanalyse die mediarelevanten Chancen und Risiken sowie internen Stärken und Schwächen ermittelt, denn ohne Kenntnis des Ist-Zustandes, ist kaum zu beurteilen, wie der gewünschte Soll-Zustand aussehen soll. Das Ergebnis der mediabezogenen SWOT-Analyse sind Aufgabenstellungen, die notwendige Ansatzpunkte für mediabezogene Strategien und Maßnahmen aufzeigen.

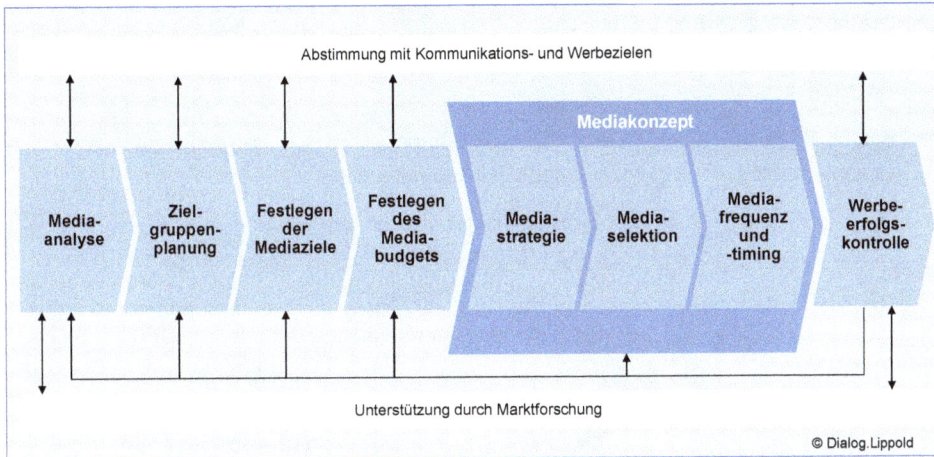

Abb. 4-13:   Phasen der Mediaplanung

Die Mediaanalyse ist Aufgabe der Marktforschung, die relevante Daten über die Zielgruppen sammelt, prüft und analysiert, um Ansatzpunkte für die Mediakonzeption zu erhalten. Die **Zielgruppenplanung** wiederum ist Ausgangspunkt für die spätere Mediaselektion. Hierbei ist das Kommunikationsbudget so zu verteilen, dass eine Wirkungsmaximierung des Budgets im Hinblick auf die angestrebten Ziele erreicht wird. Die Umsetzung der Kommunikations- und Werbeziele in konkrete **Mediaziele** (z. B. Erzielung einer bestimmten Reichweite bei der Zielgruppe „Entscheider") ist dabei Voraussetzung für die anschließende **Mediaselektion**, also über die Entscheidung, welche Medien (Werbeträgergruppen und Werbeträger) belegt werden sollen.

4.7.6 Festlegen und Verteilen des Mediabudgets

Die Mediabudgetierung ist eng mit den individuellen Zielen des Unternehmens verbunden. Die Herausforderung besteht darin, die Höhe der Mediaaufwendungen exakt so festzulegen, dass die vom Unternehmen definierten Kommunikationsziele erreicht werden. Grundsätzlich lassen sich die Budgetierungsmethoden in *analytische* und in *heuristische* Ansätze unterteilen. Während sich die analytischen, also theoretischen Ansätze an ökonomischen Werbereaktionsfunktionen ausrichten, zeichnen sich die heuristischen Verfahren durch ihren Pragmatismus aus. In der Praxis haben sich daher fünf **Methoden der Budgetbestimmung**, die ausnahmslos zu den heuristischen Ansätzen gehören, durchgesetzt [vgl. Bruhn 2014, S. 214 ff.]:

- Die **Ausrichtung am Prozentsatz einer Bezugsgröße** wie z.B. Absatz, Umsatz oder Gewinn. In der Praxis ist am häufigsten die Ausrichtung am **Umsatz** zu beobachten. Die durchschnittlichen Prozentsätze liegen je nach Branche zwischen 0,5 und 5 Prozent vom Umsatz. In der Markenartikelindustrie liegt der Durchschnittswert bei rund 10 Prozent mit Spitzenwerten von 25 Prozent (Kosmetik) und 30 Prozent (Reinigungsmittel).

- Bei einer **Ausrichtung an einer Residualgröße** ergibt sich das Mediabudget als Restgröße aus den vorhandenen finanziellen Mitteln nach Deckung der sonstigen Kosten und einem entsprechenden Gewinnzuschlag.

- Bei der **Werbeanteils-Marktanteils-Methode** orientiert sich das Mediabudget am vergangenen oder geplanten Marktanteil des Unternehmens.

- Die **Wettbewerbs-Paritäts-Methode** richtet sich an den Gepflogenheiten der Wettbewerber aus.

- Die **Ziel-Aufgaben-Methode** legt die Höhe des Mediabudgets nach den angestrebten Kommunikationszielen fest, wobei die finanzielle Situation und die Wettbewerbsbedingungen des Unternehmens berücksichtigt werden. Diese Methode ist sicherlich die sinnvollste aller Budgetierungsansätze, weil sie die Budgetbestimmung logisch begründet. Sie setzt aber eine schlüssige Zielplanung mit operationalen (messbaren) Zielen und eindeutig bestimmbaren Werbemittel und -träger voraus.

Nach der Bestimmung der Höhe des Mediabudgets erfolgt die **Verteilung des Budgets** auf die einzelnen Medien (Werbeträgergruppen), die in zwei Stufen geschieht. Während die **Intermediaselektion** im Rahmen der Mediastrategie die Entscheidung über die Auswahl der Werbeträgergruppen (z. B. Zeitschriften versus Zeitungen oder Print versus Online) trifft, werden im Rahmen der **Intramediaselektion** einzelne Werbeträger innerhalb einer Mediagruppe festgelegt (also bestimmte Zeitschriften innerhalb der Kategorie „Zeitschriften").

Grundsätzliches **Ziel** der Streuplanung ist, einen **Mediaplan** zu finden, der eine maximale Wirkung des Mediabudgets ermöglicht. Die Verteilung des Budgets erfolgt dabei nach *sachlichen* Kriterien sowie *zeitlich* innerhalb der Planperiode.

Nach **sachlichen Kriterien** muss entschieden werden, welcher Teil des Mediabudgets für welche Werbeobjekte (Produkte, Marken, Dienstleistungen) und damit auch für welche Medien (Werbeträger, -mittel) aufgewendet werden soll. Das wesentliche Entscheidungsproblem der Streuplanung liegt in der **Zielgruppenerreichbarkeit**. Den ausgewählten Zielgruppen und Marktsegmenten stehen Medianutzereigenschaften (z. B. Leserschaft, Hörerschaft, Seherschaft) gegenüber. Aufgabe der Streuplanung ist es nun, eine möglichst hohe Affinität zwischen den Zielgruppen des Unternehmens (bzw. seiner Produkte und Leistungen) und den Mediennutzern zu erreichen. Bei einer hohen Übereinstimmung zwischen beiden Personengruppen kann eine Minimierung von Streuverlusten erwartet werden [vgl. Bruhn 2014, S. 217 f.].

Zur Beurteilung der für die Streuplanung bzw. für bestimmte Werbekampagnen in Frage kommenden Medien werden zwei Kriterien herangezogen: Kontaktmaßzahlen und Kontaktgewichtungen. Zu den wichtigsten **Kontaktmaßzahlen**, die Informationen über die Anzahl von Kontakten eines Mediums mit seiner Nutzerschaft liefern, zählen in den klassischen Mediabereichen:

- **Auflage der Medien** (Druck-, Vertriebs- oder Verkaufsauflage im Printbereich; Anzahl der Fernseh- oder Hörfunkteilnehmer; Anzahl Anschlagflächen in der Außenwerbung)

- **Reichweite der Medien** (Leser pro Ausgabe (LpA) bzw. Leser pro Nummer (LpN))

- **Bruttoreichweite** (Summe der Einzelreichweiten mehrerer Medien oder mehrerer Ausgaben eines Mediums)

- **Nettoreichweite** (Anzahl der Personen, die von einer Mediakombination mindestens einmal erreicht werden)

- **Gross Rating Point** (GRP) = (Bruttoreichweite/Anzahl der Zielpersonen) x 100, wobei die Bruttoreichweite die Anzahl der Kontakte angibt, die mit einer Werbemaßnahme (Belegung eines Mediums oder mehrerer Medien) realisiert werden.

Kontaktgewichtungen dienen der Bewertung von Medien hinsichtlich ihrer Eignung für die spezifischen Kommunikationsziele des Unternehmens. Solche Gewichtungen werden individuell vom Unternehmen vorgenommen und haben das Ziel, eine möglichst objektive Bezugsbasis für die Mediaselektion zu liefern.

Naturgemäß stellen die **Gesamtkosten**, die mit dem Einsatz spezieller Medien verbunden sind, einen wesentlichen Bestimmungsfaktor für die Mediaplanung dar. Diese Kosten setzen sich aus den Produktionskosten für die Werbemittel (z. B. eine Anzeige) und den Streukosten der Werbeträger (z. B. Schaltung dieser Anzeige in der FAZ) zusammen. Die Streukosten unterschiedlicher Medien können relativ einfach anhand der so genannten **Tausenderpreise** ermittelt und zum Vergleich herangezogen werden:

$$\text{Tausend-Leser-Preis} = \frac{\text{Kosten einer Schaltung} \times 1.000}{\text{Werbeträgerkontakt (Leser)}}$$

$$\text{Tausend-Leser-Preis (gewichtet)} = \frac{\text{Kosten einer Schaltung} \times 1.000}{\text{Leser} \times \text{Anteil der Zielgruppe}}$$

Der gewichtete Tausend-Leser-Preis ist die aussagekräftigere Preisbasis für einen Werbeträgervergleich, da hier berücksichtigt wird, dass in den seltensten Fällen die Leserschaft einer Zeitung oder Zeitschrift mit der Werbezielgruppe zu 100 Prozent übereinstimmt.

Ist die Entscheidung für die Auswahl bestimmter Medien gefallen, sind der **zeitliche Einsatz der Medien** sowie der Einsatz der Werbemittel zu planen. Das **Timing des Medieneinsatzes** hängt von der Zielsetzung der Kommunikationsmaßnahmen bzw. Werbekampagne ab. Soll bspw. ein Service Offering mit Hilfe eines Newsletters möglichst vielen Personen bekannt gemacht werden, so bietet sich ein starker Impuls an. Geht es jedoch darum, einen Markennamen sukzessive und nachhaltig aufzubauen oder ein Image zu pflegen, so wird ein kontinuierlicher Medieneinsatz notwendig ein [vgl. Schweiger/Schrattenecker 2005, S. 188 f.].

4.7.7 Messung der Kommunikationswirkung (Werbeerfolgskontrolle)

Jede Organisation sollte Marketing-Kampagnen – ebenso wie andere Arten von Investitionen im Unternehmen – unter Rentabilitätsgesichtspunkten betrachten, idealerweise sowohl vorausschauend als auch zurückblickend. Der Prozess der Mediaplanung schließt somit mit der **Kontrolle der Kommunikationswirkung** ab. Die Werbewirkungsforschung befasst sich dabei mit jeglicher Art von Reaktionen, die die von der Werbung berührten Personen auf Reize der

Werbemittel zeigen. Grundsätzlich lassen sich Kommunikationswirkungen anhand der *ökonomischen* und der *psychologischen* Zielerreichung überprüfen.

Die Erfolgskontrolle der **ökonomischen Kommunikationswirkung** befasst sich mit den **Kosten** einer Kommunikationsmaßnahme, die den Absatz- bzw. Umsatzveränderungen als Kommunikationswirkung gegenübergestellt werden. Die grundsätzliche Problematik ökonomischer Wirkungskontrollen besteht darin, dass sich die Wirkungsleistung häufig nicht eindeutig auf die einzelne Kommunikationsmaßnahme zurückführen lässt. Diese Zurechnungs- und Abgrenzungsprobleme sind darauf zurückzuführen, dass sich der Wirkungsfaktor in der Praxis nur sehr schwer isolieren lässt.

Die Testmethoden der **psychologischen Wirkungsforschung** lassen sich in zwei Gruppen aufteilen. Zum einen gibt es Tests, die vor dem Einsatz der Kommunikationsinstrumente eingesetzt werden und der Wirkungsprognose dienen (Pre-Test). Die Tests der anderen Gruppe werden erst nach dem Werbemitteleinsatz angewendet und dienen der Wirkungskontrolle (Post-Test).

Der **Pre-Test** liefert Anhaltspunkte für die Entscheidung, welches Werbemittel oder welche Kampagne auszuwählen ist, um einen möglichst großen Werbeerfolg zu erzielen. Außerdem soll er Hinweise dafür geben, wie die Wirkung eines Werbemittels oder einer Kampagne ausfallen wird. Diagnose und Prognose stehen also im Vordergrund von Pre-Tests. Eine wirkliche Kontrolle, also eine Beurteilung des Wirkungsgrades bestimmter Kommunikationsmaßnahmen kann nur der **Post-Test** leisten. Durch den Vergleich mit den operativ festgelegten Kommunikationszielen kann im Nachhinein festgestellt werden, welche Effekte die Kommunikationsmaßnahme tatsächlich bewirkt hat und welcher Zielerreichungsgrad realisiert werden konnte.

Die Nutzung von Online-Angeboten durch Internetnutzer sagt viel darüber aus, wie die Gestaltung dieser Angebote auf den Nutzer wirkt. Diese Gestaltung immer wieder zu prüfen und den Optimierungsprozess stetig voranzutreiben, ist eine der wichtigsten Aufgaben von Unternehmen, die eine Onlinepräsenz betreiben.

Der große Vorteil von Marketingmaßnahmen im Internet ist, dass die Basis, auf der sie ausgeführt werden, nämlich das Internet selbst bzw. die Website, die durch das Internet präsentiert wird, nicht nur die notwendige technische Grundlage zur Durchführung der Marketingmaßnahmen darstellt, sondern auch ein gutes Kontrollinstrument für deren Nutzung ist. Sobald ein Internetnutzer eine Website betritt, findet zwischen ihm und dem Server, auf dem sie platziert ist, ein Austausch von Daten statt. Diese Daten beinhalten eine Fülle von Informationen, die dokumentieren, wie sich der Nutzer der Website verhalten hat bzw. wie er sich auf ihr bewegte. Die bei diesem Prozess anfallende Datenmenge nennt man **Traffic**.

Der Begriff **Web Analytics** kann als Oberbegriff der folgenden Teilbereiche des Datenmanagements verstanden werden: Daten sammeln, Daten speichern, Daten verarbeiten und Daten auswerten [vgl. Düweke/Rabsch 2012, S. 749].

Für die Datensammlung im Online-Marketing ist das **Page Tagging** das maßgebliche Verfahren. Beim Page Tagging wird der Quelltext, also die Übersetzung der Maschinensprache des Computers, genutzt, um darin einen kleinen Zusatzcode (den sog. Tag) zu verstecken. Damit ist es möglich, die verwendete Spracheinstellung, Anzahl der getätigten Klicks,

Mausbewegungen und Cursor-Position, Tastatureingaben etc. zu erfassen [vgl. Heßler/ Mosebach 2013, S. 374 f.].

Die Logfile-Analyse ist eine der ersten Formen der Dokumentation und Auswertung des Nutzerverhaltens im Internet. Ein Logfile ist ein Textdokument, das alle Aktionen beinhaltet, die der Server im Zusammenhang mit der angemeldeten URL (Uniform Resource Locator) an einem Tag protokolliert hat. Dementsprechend enthalten Logfiles Daten wie z.B. Datum und Uhrzeit des Aufrufs, sämtliche abgerufenen Dateien, Typ des verwendeten Browsers (z.B. Firefox), IP-Adresse des Internetnutzers sowie Status der Anfrage (z.B. erfolgreiche Anfrage oder Serverfehler) [vgl. Amthor/Brommund 2010, S. 45 ff.].

Die beschriebenen Methoden zur Erfassung und Dokumentation des Verhaltens von Internetnutzern liefern lediglich Rohdaten. Um diese für die Beurteilung des Erfolgs oder die zukünftige Steuerung einer Marketingmaßnahme verwertbar zu machen, müssen sie aufbereitet werden.

Ein wesentliches Instrument für die Erfolgskontrolle ist der Einsatz eines Ad-Servers bestehend aus speziellen Softwareprogrammen (Reporting-Tools), die die Abwicklung, Steuerung und statistische Aufbereitung von komplexen (Banner-)Kampagnen erlauben. Diese Aufbereitung erfolgt in Form von Kennzahlen (engl. *Key Performance Indicators – KPIs*).

Im Einzelnen sind folgende Kennzahlen zur Beschreibung der Qualität für die Werbeplatzvermarktung von Websites von Bedeutung [vgl. Roddewig 2003, S. 152 ff.]:

- Visit: Ein ununterbrochener Nutzungsvorgang eines Besuchers auf einer Website, unabhängig von Verweildauer und Anzahl der aufgerufenen Seiten;

- Hit: Zugriff eines Browsers auf ein Element der Website (enthält eine Website drei Bilder und zwei Tabellen, so werden fünf Hits erzeugt);

- Page-Impressions (früher Page-Views): Anzahl der aufgerufenen Seiten einer Website (Page-Impressions sind zusammen mit den Visits das wichtigste Messkriterium);

- Ad-Impressions (früher Ad-Views): Anzahl der Sichtkontakte mit einer Werbebotschaft;

- Ad-Clicks: Anzahl der Nutzer, die dazu animiert werden konnten, das Werbemittel anzuklicken;

- Click-Through-Rate: Prozentualer Anteil der Ad-Clicks an der Gesamtzahl der Ad-Impressions;

- Unique Visitor: Bestimmter User, der in einem bestimmten Zeitraum eine Website aufgerufen hat (Voraussetzung für diese Messung ist, dass der User über seine IP-Adresse identifiziert werden konnte);

- Unique Identified Visitors: Identified Visitor, der neben seiner Identifizierung durch seine IP-Adresse auf der Website registriert ist bzw. ein Kundenkonto besitzt.

Die folgenden **kundenbezogenen Kennzahlen** geben Aufschluss darüber, wie stark eine Marketingmaßnahme im Bereich Online-Marketing das Interesse eines Kunden für ein Unternehmen geweckt bzw. verstärkt hat und ob sie zu einer **Neukundengewinnung** führen konnte [vgl. Amthor/Brommund 2010, S. 104f.]:

- **Ansprache:** Summe aller Nutzer, die die Möglichkeit haben, auf ein bestimmtes Online-Angebot aufmerksam zu werden, also der Wert der potenziellen Reichweite dieses Angebots (Betreibt ein Unternehmen eine eigene Website und E-Mail-Marketing, so setzt sich die Ansprache aus der Anzahl der Page-Impressions und den versendeten E-Mails zusammen);

- **Akquisition:** Klickt ein Kunde eine Werbeanzeige an, die ihn auf eine Website führt, auf der er sich daraufhin aufhält und ihr Produktangebot studiert, stellt dies einen Akquisitionsprozess dar (Gemessen werden kann dies durch die Anzahl der Page-Impressions und der Besuchsdauer dieses einen speziellen Nutzers);

- **Conversionrate:** Anteil der Besucher einer Website, die zu Käufern wurden, sich registrierten oder eine vergleichbare erwünschte Handlung erbracht haben (Geht es z. B. um einen Online-Shop, so ist der Kauf eines Produkts die gewünschte Handlung, geht es um eine Unternehmenswebsite, die über Produkte informieren soll, so stellt der Download eines Produktkatalogs die gewünschte Handlung dar).

Wenn Werbemittel im Rahmen von Online-Werbung, Electronic Commerce, Social-Media-Marketing, Suchmaschinenwerbung oder Affiliate-Marketing auf externen Plattformen präsentiert werden, können zur **Kostenkontrolle** folgende Kennzahlen angesetzt werden [vgl. Kreutzer 2012, S. 187 f.]:

- **Cost-per-Click (CPC):** Abrechnungsform für eine Werbetätigkeit auf Basis der erzielten Klicks;

- **Cost-per-Mille (CPM):** Abrechnungsform für eine Werbetätigkeit auf Basis von 1.000 erzielten Kontakten oder Ad-Impressions;

- **Cost-per-Order (CPO):** Abrechnungsform für eine Werbetätigkeit auf Basis der erzielten Verkäufe;

- **Cost-per-Conversion (CPC):** Abrechnungsform für eine Werbetätigkeit auf Basis der vereinbarten Handlungen (z. B. Registrierungen);

- **Kosten pro Zeitintervall:** Abrechnungsform für eine Werbetätigkeit auf Basis eines bestimmten Zeitintervalls (Die Kosten beziehen sich nicht auf eine bestimmte Aktivität des Nutzers, sondern des Werbepartners. Für die Schaltung eines Online-Werbemittels können – unabhängig von der erzielten Nutzungsintensität – pro Tag, Woche oder Monat vereinbarte Beträge fällig werden).

In Abbildung 4-14 sind die oben beschriebenen Kennzahlen des Online-Marketing zusammengefasst.

Kennzahl	Messkriterium
Kennzahlen zur Qualität der Werbeplätze:	
Visit	Ununterbrochener Nutzungsvorgang eines Besuchers auf einer Website
Hit	Jeder Zugriff eines Browsers auf ein Element der Website
Page-Impressions	Anzahl der Seitenabrufe
Ad-Impressions	Anzahl der aufgerufenen Seiten einer Website
Ad-Clicks	Häufigkeit des Anklickens einer Werbebotschaft (z. B. Banner)
Click-Through-Rate (CTR)	Verhältnis der Ad-Clicks zu den Ad-Impressions (in Prozent)
Unique Visitor	Bestimmte Person, die innerhalb einer gewissen Zeit, eine oder mehrere Webseiten aufruft
Unique Identified Visitor	Bestimmte Person, die auf der Website registriert ist bzw. er ein Kundenkonto besitzt
Kennzahlen zur Neukundengewinnung:	
Ansprache	Wert der potentiellen Reichweite eines Online-Angebots
Akquisition	Anzahl Kunden, die durch Anklicken einer Werbeanzeige zum Online-Angebot geführt werden
Conversionrate	Prozentualer Anteil der Besucher einer Website mit einer gewünschten Handlung
Kennzahlen zur Kostenkontrolle:	
Cost-per-Click (CPC)	Abrechnungsform für eine Werbetätigkeit auf Basis der erzielten Klicks
Cost-per-Mille (CPM)	Abrechnungsform für eine Werbetätigkeit auf Basis von 1.000 erzielten Kontakten
Cost-per-Order (CPO)	Abrechnungsform für eine Werbetätigkeit auf Basis der erzielten Verkäufe
Cost-per-Conversion (CPC)	Abrechnungsform für eine Werbetätigkeit auf Basis der vereinbarten Handlungen
Kosten pro Zeitintervall	Abrechnungsform für eine Werbetätigkeit auf Basis eines bestimmten Zeitintervalls

[Quellen: Roddewig 2003, S. 152 ff., Amthor 2010, S. 104f., Kreutzer 2012, S. 187 f.]

Abb. 4-14:   Wichtige Kennzahlen in der Online-Werbung

Im Bereich der Online-Werbung werden direkte Messungen im Moment des Geschehens vorgenommen. Im Print-Bereich sind entweder frei zugängliche oder eigens in Auftrag gegebene Studien der Mediennutzung die Grundlage für die Berechnung der angesprochenen Größen. Daher handelt es sich hier eher um eine nachträgliche Bewertung bzw. Einschätzung des Erfolgs als um eine direkte, konkrete Messung wie es bei der Online-Werbung möglich ist.

Durch die Nutzung des Internets als technische Grundlage seiner Durchführung hat das Online-Marketing die Möglichkeit, eine Vielzahl von Messungen vorzunehmen, die im Print-Marketing nicht durchführbar sind. Die Identifizierung eines Nutzers im Moment des Kontakts mit einer Werbeanzeige oder einer Website (Unique Visitors oder Unique Identified Visitors) ist im Print-Marketing nicht möglich. Wissen über technische Eigenschaften, geografische Daten oder zeitliche Nutzung von Online-Angeboten lassen in der Online-Werbung eine stetige Optimierung dieser Angebote zu. In der Print-Werbung ist ab dem Zeitpunkt des Drucks einer Anzeige keine Optimierung mehr durchführbar.

Auch die Verteilung der verursachten Kosten ist in der Online-Werbung exakt kontrollierbar. Oft kommen Abrechnungsmodelle zum Einsatz, bei denen nur dann Kosten entstehen, wenn ein Nutzer eine bestimmte Handlung (z.B. ein Klick oder ein Kaufabschluss) getätigt hat. Durch eine Reihe von Kennzahlen (z.B. CPC, CPM oder CPL) ist eine Kostenkontrolle gut durchführbar.

4.8 Kommunikationsverhalten von Strategie- und IT-Beratungen

Zwischen den Kommunikationsaktivitäten der beiden Beratungsfelder bestehen z. T. erhebliche Unterschiede. Während viele IT-Beratungsgesellschaften in Anzeigen mit ihrer Dienstleistungsqualität werben, liegt der inhaltliche Fokus der Anzeigenwerbung von Strategieberatungen eindeutig auf der Personalbeschaffungsseite. Damit soll den Kundenunternehmen gezeigt werden, dass immer nur die Besten gesucht und eingestellt werden und damit von vornherein eine hohe Dienstleistungsqualität sichergestellt ist.

Teilt man – in Anlehnung an Barchwitz/Armbrüster – die Beratungsunternehmen hinsichtlich ihres Kommunikationsverhaltens in vier Gruppen ein, so ergibt sich folgende Typologie [vgl. Barchwitz/Armbrüster 2007, S. 225 ff.]:

- **Marketing-Verweigerer** nutzen die Kommunikationsmöglichkeiten mit Ausnahme des Online-Marketing so gut wie gar nicht;

- **Direktvermarkter**, d. h. dieser Typ setzt vor allem auf Direktmarketing mit Mailings, Telemarketing, schriftliche Direktansprache und Gruppenmailings;

- **Publizisten** nutzen vor allem Veröffentlichungen (Fachartikel, Fachzeitschriften, Fachbücher, Studien, Fallbeschreibungen etc.) und Medienkooperationen, um auf sich aufmerksam zu machen;

- **Marketing-Profis** verwenden nahezu alle Kommunikationsmöglichkeiten, die das moderne Marketing bietet.

Ordnet man die beiden Beratungsfelder diesen vier Typen zu, so liegt der Schwerpunkt der IT-Beratungen bei den Direktvermarktern und bei den Publizisten. In der Neukundenakquisition nehmen insbesondere die größeren IT-Berater sogar die Rolle der Marketing-Profis mit Mailings, Anzeigenwerbung, Messen und Ausstellungen, Zertifizierungen und Sponsoring ein. Strategieberatungen hingegen zählen nach Ansicht von Barchwitz/Armbrüster vor allem zu den Publizisten.

4.9 Künstliche Intelligenz in der Online-Kommunikation

Das klassische Marketing ist ausgelegt auf große Reichweiten durch Massenkommunikation: Direktmailing, Displaywerbung, TV-Werbung und Radio. Der Vorteil besteht darin, dass sich diese Reichweiten für relativ geringe Kosten pro Kontakt erzielen lassen. Für wirklich große Marken- bzw. Branding-Kampagnen haben die Instrumente des klassischen Marketing ihren Zweck und ihre Daseinsberechtigung. Der Nachteil ist allerdings, dass die Streuverluste außerordentlich hoch und die Maßnahmen und Botschaften, die an große Gruppen gerichtet werden, undifferenziert und wenig kundenorientiert sind. Kunden wollen aber individuell angesprochen werden. Sie haben unterschiedliche Bedürfnisse und bevorzugen zumeist personalisierte Werbung.

Durch den Einsatz verschiedener **Verfahren und Modelle der Künstlichen Intelligenz** ist es heutzutage möglich, zielgerichteter und auf Basis der Bedürfnisse eines Kunden Produkte und Leistungen zu vermarkten. Insbesondere da, wo Unternehmen bereits eine Kundenbeziehung wahrnehmen, sind die Chancen durch die verfügbaren Daten und den direkten Kommunikationskanal hoch. Mit einem datengetriebenen Framework wird die Kommunikation stärker an den Zielen und Anforderungen der Kunden ausgerichtet. KI lässt die Maschine erlernen und priorisieren, welche Kunden welche Kampagne brauchen [vgl. Wuttke 2022, S. 24 ff..].

Insert 4-17 macht deutlich, dass im Rahmen der Customer Journey mindestens genauso viele digitale Touchpoints bestehen wie physische Kontaktpunkte. Und genau da setzt die Künstliche Intelligenz an, in dem sie die digitalen Touchpoints im Sinne der vorgegebenen Zielsetzung auswertet.

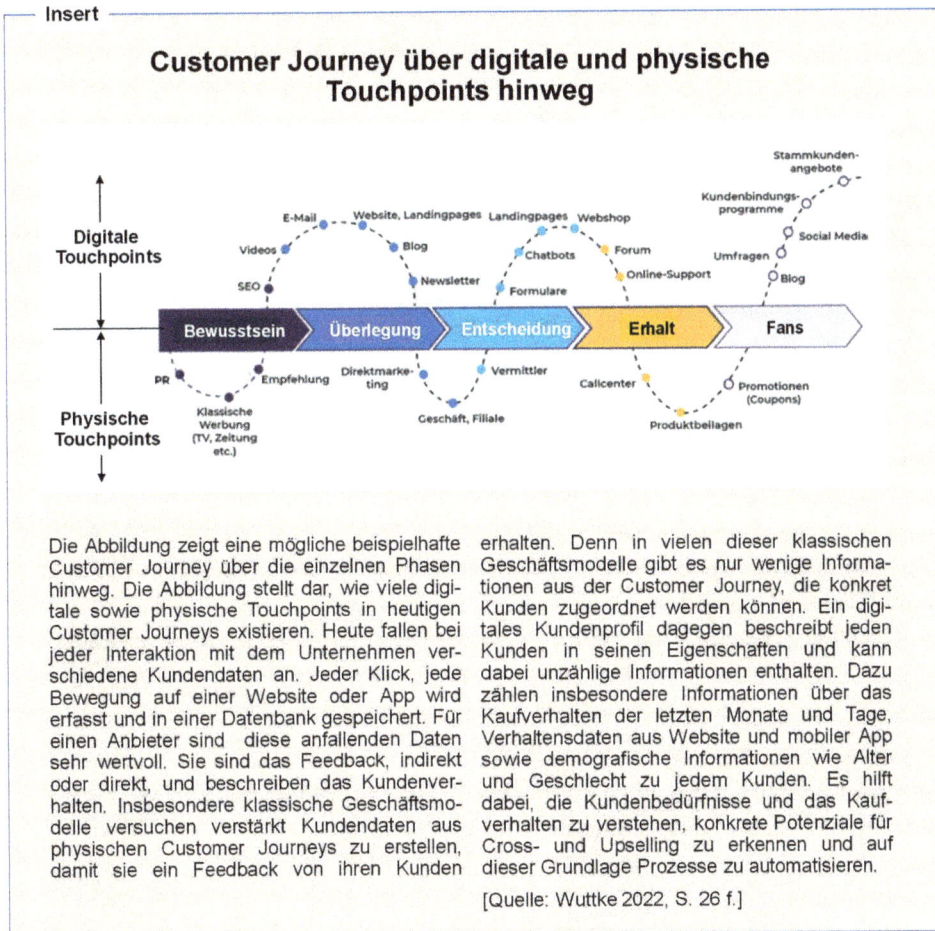

Insert

Customer Journey über digitale und physische Touchpoints hinweg

Die Abbildung zeigt eine mögliche beispielhafte Customer Journey über die einzelnen Phasen hinweg. Die Abbildung stellt dar, wie viele digitale sowie physische Touchpoints in heutigen Customer Journeys existieren. Heute fallen bei jeder Interaktion mit dem Unternehmen verschiedene Kundendaten an. Jeder Klick, jede Bewegung auf einer Website oder App wird erfasst und in einer Datenbank gespeichert. Für einen Anbieter sind diese anfallenden Daten sehr wertvoll. Sie sind das Feedback, indirekt oder direkt, und beschreiben das Kundenverhalten. Insbesondere klassische Geschäftsmodelle versuchen verstärkt Kundendaten aus physischen Customer Journeys zu erstellen, damit sie ein Feedback von ihren Kunden erhalten. Denn in vielen dieser klassischen Geschäftsmodelle gibt es nur wenige Informationen aus der Customer Journey, die konkret Kunden zugeordnet werden können. Ein digitales Kundenprofil dagegen beschreibt jeden Kunden in seinen Eigenschaften und kann dabei unzählige Informationen enthalten. Dazu zählen insbesondere Informationen über das Kaufverhalten der letzten Monate und Tage, Verhaltensdaten aus Website und mobiler App sowie demografische Informationen wie Alter und Geschlecht zu jedem Kunden. Es hilft dabei, die Kundenbedürfnisse und das Kaufverhalten zu verstehen, konkrete Potenziale für Cross- und Upselling zu erkennen und auf dieser Grundlage Prozesse zu automatisieren.

[Quelle: Wuttke 2022, S. 26 f.]

Insert 4-17:   Digitale und physische Touchpoints einer Customer Journey

Es soll an dieser Stelle aber nicht unerwähnt bleiben, dass sich der Einsatz der Künstlichen Intelligenz in der Kundensegmentierung wirklich nur dann auszahlt, wenn das Beratungsunternehmen und auch die Anzahl der Kundenunternehmen eine veritable Größe haben.

5. Vertrieb – Optimierung der Kundennähe

5.1 Aufgabe und Ziel des Vertriebs

Der *Vertrieb* ist das vierte Aktionsfeld im Rahmen des Vermarktungsprozesses von Beratungsleistungen (siehe Abbildung 5-01). Es umfasst im Wesentlichen die Festlegung der Vertriebsformen, die Wahl der Vertriebskanäle und der jeweils einzuschaltenden Vertriebsorgane. Der
Vertrieb zielt somit auf die Optimierung der *Kundennähe*:

Kundennähe = f (Vertrieb) → optimieren!

Die Notwendigkeit zur Optimierung der Kundennähe und dem damit verbundenen Aufbau einer schlagkräftigen Vertriebsorganisation ergibt sich zwangsläufig durch den Wunsch nach
Ausweitung des potenziellen Kundenkreises.

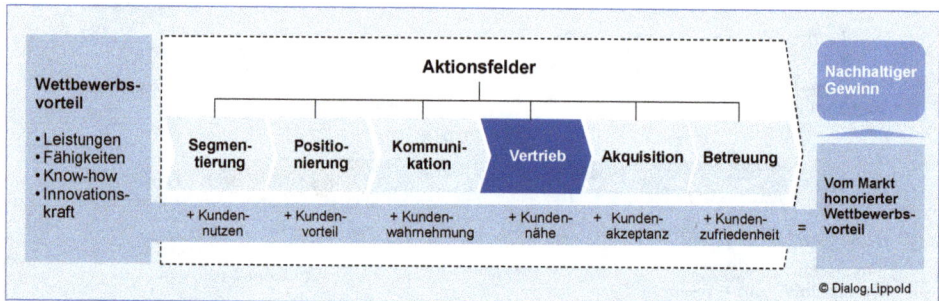

Abb. 5-01:   Vertrieb als viertes Aktionsfeld der Marketing-Gleichung

Es sei angemerkt, dass dieses vierte Aktionsfeld in der „Original"-Terminologie der Marketing-
Gleichung nicht als „Vertrieb", sondern als „Distribution" bezeichnet wird. Damit soll eine zu
starke Nähe (und Verwechslung) des Begriffs „Vertrieb" mit dem Begriff „Akquisition" (als
fünftes Aktionsfeld) vermieden werden. Im Rahmen der Marketingkonzeption von Beratungsleistungen ist der Begriff „Distribution" allerdings zumindest irreführend, wenn nicht sogar fehl
am Platz, so dass hier der Begriff „Vertrieb" gewählt wird.

Im Mittelpunkt des Aktionsfeldes *Vertrieb* steht der Aufbau eines leistungsfähigen und schlagkräftigen **Vertriebssystems**, das die institutionelle und strukturelle Grundlage der Auftragsge-
winnung darstellt. Die Komponenten des Vertriebssystems sind:

- Vertriebsformen (direkter/indirekter Vertrieb)
- Vertriebskanäle (Einkanal-/Mehrkanalsystem)
- Vertriebsorgane (interne/externe Organe).

Abbildung 5-02 gibt einen Überblick über die Komponenten des Vertriebssystems.

Für das Beratungsgeschäft ist ein Großteil dieser Optionen weitgehend ohne Bedeutung, es sei
denn, dass das Beratungsunternehmen gleichzeitig auch im Produktgeschäft (z. B. mit selbst-
entwickelter Software) tätig ist.

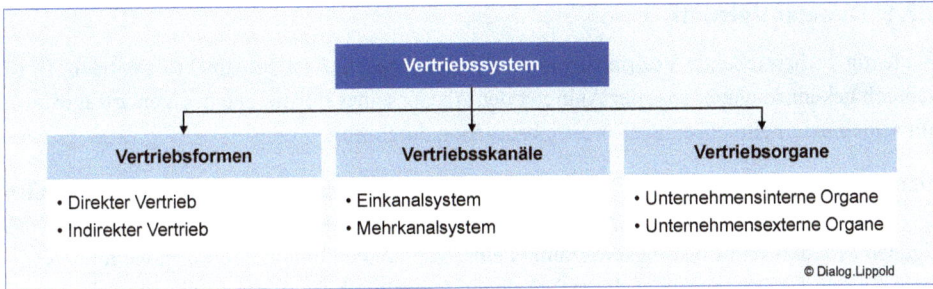

Abb. 5-02:   Elemente eines Vertriebssystems

5.2 Vertriebsformen

Die Vertriebsform steht in einem unmittelbaren Zusammenhang mit den Vertriebskanälen und -organen und betrifft die Auswahlentscheidung zwischen direktem und indirektem Vertrieb.

Abbildung 5-03 liefert einen Überblick über die wichtigsten Vertriebsformen im Beratungs- und Softwaregeschäft.

Danach zählen das Beratungs- und Projektgeschäft, die Individualsoftwareentwicklung und produktbezogenen Dienstleistungen (z.B. Einführungs- und Organisationsberatung im Umfeld von Standardsoftware) sowie Software-as-a-Service (SaaS) jeweils vollumfänglich zum direkten Vertrieb.

Das reine Produktgeschäft und die Standardsoftware sind im Wesentlichen dem indirekten Vertrieb zuzurechnen. Package Software ist sogar vollumfänglich dem indirekten Vertrieb zuzuordnen.

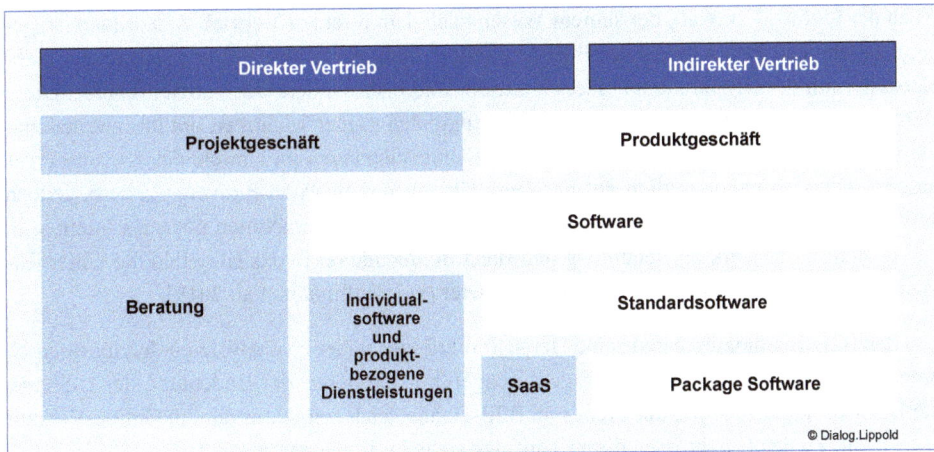

Abb. 5-03:   Vertriebsformen im Beratungs- und Softwaregeschäft

5.2.1 Direkter Vertrieb

Eindeutig vorherrschende Vertriebsform im Beratungsgeschäft ist der **direkte Vertrieb**. Er ist dadurch gekennzeichnet, dass der Anbieter den Absatz seiner Leistungen in eigener Regie, also mit seinen unternehmenseigenen Vertriebsorganen durchführt.

Einer der Hauptgründe für den Vertrieb über die eigene Organisation liegt in der absoluten **Loyalität** der eigenen Vertriebsmitarbeiter, die sich ausschließlich für die Vermarktung des eigenen Produkt- und Leistungsprogramms einsetzen können und müssen. Ein weiteres Argument für den Direktvertrieb ist die erforderliche **Kenntnis** beim Vertrieb dieser höchst erklärungsbedürftigen Dienstleistungen.

Um hochgesteckte Vertriebsziele zu erreichen, reicht es häufig nicht aus, die Vertriebsorganisation rein zahlenmäßig auf- bzw. auszubauen. Es ist vielmehr zusätzlich zu gewährleisten, dass die Vertriebsmitarbeiter den hohen Informations- und Beratungsansprüchen mit einem umfassenden Wissensstand und hinreichender **Qualifikation** entsprechen [vgl. Strothmann/Kliche 1989, S. 17 f.].

Den Vorteilen des direkten Vertriebs stehen allerdings auch **kosten- und kapazitätsmäßige Nachteile** gegenüber. Die Personalkosten für die eigene Vertriebsorganisation müssen im Wesentlichen als fix angesehen werden, da eine kapazitätsmäßige Personalanpassung an Markt- bzw. Nachfrageschwankungen nur in sehr engen Grenzen möglich ist. Da sich im Beratungsgeschäft ein (komplexes) Kundenproblem manchmal nicht allein mit den Leistungen (und Produkten) eines einzelnen Anbieters lösen lässt, ist der Direktvertrieb zudem gezwungen, in Generalunternehmerschaften oder ähnliche Vertragskonstruktionen einzusteigen [vgl. Godefroid/Pförtsch 2008, S. 260].

Generell lässt sich aber festhalten, dass Beratungsunternehmen, die ausschließlich das **Projektgeschäft** betreiben, eindeutig den Direktvertrieb präferieren.

Auch der **Online-Vertrieb**, der seinem Wesen nach dem direkten Vertrieb zuzuordnen ist, gelangt zunehmend in den Fokus des B2B-Marketing. Schließlich beschäftigen sich immer mehr Hersteller mit der Digitalisierung ihres Vertriebs und insbesondere der Vertriebskanäle. Diese werden beim Handel mit Geschäfts- und Firmenkunden immer wichtiger, um im internationalen Wettbewerb bestehen zu können. Bisherige Untersuchungen im Umfeld des **E-Commerce** beschränken sich hauptsächlich auf das Geschäft mit den privaten Endverbrauchern. Jedoch gewinnt der B2B-E-Commerce, also der Handel zwischen Unternehmen über das Internet, in den letzten Jahren stark an Bedeutung und rückt immer stärker in das Blickfeld der Unternehmen, Dienstleister oder auch der Plattformanbieter [vgl. Wittmann et al. 2019].

Um den B2B-E-Commerce und seine Herausforderungen näher zu analysieren, hat ibi research unter 165 B2B-Experten eine Umfrage durchgeführt, die neben der Bedeutung der E-Shops, der B2B-Marktplätze sowie der Trends im B2B-Handel auch den Status quo im Online-Verkauf untersucht. Zu den Ergebnissen dieser Umfrage siehe im Einzelnen Insert 5-01.

Insert

82 Prozent der Unternehmen verkaufen im Internet – jeder Fünfte generiert dort mehr als 50 Prozent des Umsatzes

Wie hoch ist der Anteil der Verkäufe über Online-Shops oder Marktplätze am Gesamt-Jahresumsatzes Ihres Unternehmens?

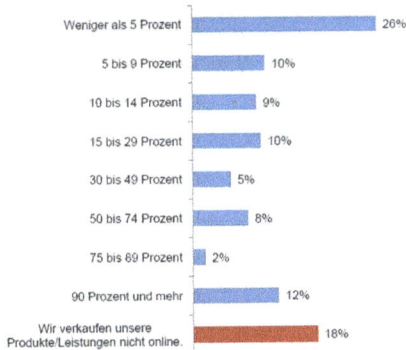

Weniger als 5 Prozent	26%
5 bis 9 Prozent	10%
10 bis 14 Prozent	9%
15 bis 29 Prozent	10%
30 bis 49 Prozent	5%
50 bis 74 Prozent	8%
75 bis 89 Prozent	2%
90 Prozent und mehr	12%
Wir verkaufen unsere Produkte/Leistungen nicht online.	18%

144 ≤ n ≤ 165 Experten

Welche Lösung nutzt Ihr Unternehmen für den Verkauf?

Abwicklung schriftlicher Bestellungen	57%
Eigener Onlineshop (offen für alle)	51%
Direktvertrieb durch Außendienst	50%
Geschlossene Onlineplattform	47%
Telefonverkauf	43%
EDI-Systeme	36%
Katalog	34%
B2B-Marktplätze	31%
Im stationären Fachhandel	30%
B2C-Marktplätze	28%
E-Procurement-System	25%
Messeverkauf	24%
App für Smartphone oder Tablet	14%
Vollautomatisierte Bestellungen (M2M)	12%
Bestellungen über Voice-Interfaces	1%
Sonstige	2%

© 2019 ibi research: „Online-Kaufverhalten im B2B-E-Commerce" – powered by Creditreform, eCube und Spryker

Bereits 82 Prozent der befragten B2B-Unternehmen verkaufen ihre Produkte und Dienstleistungen online und jedes fünfte Unternehmen generiert im Internet bereits mehr als 50 Prozent des Umsatzes. Die bedeutendsten Vertriebskanäle sind Abwicklung schriftlicher Bestellungen (57 Prozent), der eigene Online-Shop (52 Prozent) und der Direktvertrieb durch den Außendienst. Zu den 18 Prozent der Befragten, die ihre Leistungen nicht online verkaufen, zählen zu einem Großteil allerdings (noch) die Beratungshäuser.

Insert 5-01:   Anteil der Online-Verkäufe im B2B-Bereich

Nach Einschätzung der Befragten werden im Jahr 2025 mehr als die Hälfte der B2B-Verkäufe online getätigt werden. Die stärksten Treiber für den Online-Verkauf sind die Digitalisierung von Prozessen, der erwartete Zusatzumsatz und die Gewinnung neuer Kundengruppen (siehe Insert 5-02).

Der Vertrieb von **kundenindividueller Software** erfolgt regelmäßig über persönliche Kontakte, also über den direkten Vertriebsweg.

Doch selbst im Umfeld der Standardsoftware kann es eine Vielzahl **produktbezogener Dienstleistungen** (Einführungs-, Umfeld-, Organisations- und Wartungsdienstleistungen) geben, die sich sinnvollerweise nur über den **direkten Vertriebsweg** vermarkten lassen. Gerade in diesem Bereich hat sich eine Vielzahl von IT-Dienstleistern etabliert. Zudem besteht die Möglichkeit, „**Software-as-a-Service**" zu liefern. Software-as-a-Service (SaaS) ist, zusammen mit Infrastructure-as-a-Service (IaaS) und Platform-as-a-Service (PaaS), eines der drei Hauptsegmente des Cloud Computing.

Der Begriff **Cloud Computing** beschreibt die Verlagerung von Speicherplatz, Rechenkapazität oder Software-Anwendungen vom eigenen Computer die so genannte Cloud (Wolke). Dabei stellt ein Anbieter von Cloud-Diensten diesen Service auf seinen Servern gegen Gebühr zur Verfügung.

Digitalisierung, Umsatzsteigerung und zusätzliche Kunden sind die größten Motivatoren für den Online-Verkauf

Was sind aus Ihrer Sicht die drei wichtigsten Gründe für Ihre Entscheidung, Ihre Produkte/Leistungen online zu verkaufen?

Digitalisierung von Prozessen	48%
Umsatzsteigerung/Zusatzumsatz	43%
Erschließung zusätzlicher Kundengruppen	40%
Kostenersparnis im Vertrieb und Verkauf	30%
Stärkung der Kundenbindung durch Anbieten eines zusätzlichen Kanals	27%
Zeitersparnis im Vertrieb und Verkauf	26%
Kundenanfragen nach Online-Bestellmöglichkeit	16%
Überspringen von Handelsstufen	15%
Steigerung der Produktivität	13%
Druck durch Konkurrenzaktivitäten	10%
Günstiger und schnellerer Infrastrukturaufbau als bei einem Ladengeschäft	9%
Neue Produktpalette für neue Zielgruppe	7%
Imageverbesserung	5%

n = 139 Experten

© 2019 ibi research: „Online-Kaufverhalten im B2B-E-Commerce" – powered by Creditreform, eCube und Spryker

Die Digitalisierung von Prozessen, mögliche Umsatz-steigerungen und die Erschließung neuer Abnehmer-gruppen sind die drei wichtigsten Gründe für B2B-Un-ternehmen, ihre Produkte und Leistungen online zu verkaufen. Aber auch Kosten- und Zeitersparnisse im Vertrieb sowie die Stärkung der Kundenbindung sind wichtige Motivatoren für den Online-Verkauf. Als weni-ger wichtig werden neue Produkte/Leistungen für neue Zielgruppen und eine generelle Imageverbessung ein-geschätzt.

Insert 5-02:   Die größten Motivatoren für den Online-Verkauf im B2B-Bereich

Beim **SaaS-Modell** wird die Software im Rechenzentrum des Anbieters betrieben und Funktio-nalitäten über das Internet zur Nutzung angeboten. Aus dem Softwareprodukt wird ein Service und damit ist auch hier der direkte Vertriebsweg dominierend. Neben den klassischen Soft-warehäusern bieten insbesondere größere IT-Beratungsunternehmen diese Form der Dienstleis-tung vermehrt an. Im Gegensatz zum herkömmlichen Software-Lizenzgeschäft, bei dem der Kunde für die Installation der Software eine komplette IT-Infrastruktur (Hardware, Betriebs-system, Datenbanksystem etc.) benötigt, wird beim SaaS-Modell die Software und die IT-Inf-rastruktur bei einem externen IT-Dienstleister und vom Kunden als Service genutzt. Für die Nutzung wird ausschließlich ein internetfähiger PC sowie die Internetanbindung an den exter-nen IT-Dienstleister benötigt. Der Zugriff auf die Software wird über einen Webbrowser reali-siert.

Experten gingen bereits sehr früh davon aus, dass in wenigen Jahren der größte Teil der Ge-schäftsanwendungen im SaaS-Modell betrieben werden. So hatte das Marktforschungsunter-nehmen Gartner für 2011 bereits einen SaaS-Umsatz von 12,1 Milliarden US-Dollar weltweit errechnet (siehe hierzu die ausführliche Darstellung in Insert 5-03).

Insert

Gartner: SaaS Growth Shows No Signs of Slowing

Gepostet von Ann All 14.09.2011 12:35:00

The enterprise software market saw some ups and lots of downs during the recession and slow recovery. One category that experienced surprisingly strong growth was software-as-a-service, with SaaS vendors in 2010 adding large enterprises to their client rosters and taking away business from on-premise software companies. Earlier this summer Gartner predicted SaaS will account for some 15 percent of enterprise application purchases by 2015, up from 10 percent today.

SaaS growth shows no signs of slowing. According to Gartner (again), global SaaS revenue should hit $12,1 billion this year, a 20.7 percent jump from revenue of $10 billion in 2010. Gartner cites growing familiarity with SaaS, interest in cloud computing, growth in platform-as-a-service developer communities and stilltight budgets as among the drivers for SaaS adoption.

North America is the biggest SaaS buyer. Gartner expects North American SaaS revenue to reach $7.7 billion in 2011, an 18.7 percent increase from last year's revenue of $6.5 billion. Looking ahead, Gartner predicts that number will grow to $12.9 billion in 2015.

While North American companies no doubt like to save money, ease and speed of deployment are their top two reasons for SaaS adoption, followed by lower total cost of ownership, according to the Gartner research. North American companies also value SaaS' ability to lower capital expense more highly than their global counterparts do, says Gartner Research Director Sharon Mertz.

CRM is the top SaaS application across all regions, almost surely due to the dominant position of Salesforce.com. North Americans are more likely than other regions to use SaaS Web conferencing, e-learning and travel booking.

Other regions are far behind North America in SaaS adoption. SaaS revenue should reach $2.7 billion this year in Western Europe, up 23.3 percent from 2010 revenue of $2.2 billion. Gartner expects that number to hit $4.8 billion in 2015. The market is growing more quickly in Eastern Europe, Gartner believes SaaS revenue will grow to $131.4 million in 2011, up 29.8 percent from 2010 revenue of $101.2 million. Gartner predicts that number will grow to $270.1 million in 2015.

For Asia-Pacific, Gartner projects SaaS revenue of $768.3 million this year, up 27.7 percent from 2010 revenue of $601.8 million. It believes SaaS revenue will reach $1.7 billion in 2015. Australia, New Zealand, Hong Kong, Singapore and South Korea are the leading adopters in Asia-Pacific.

While Gartner categorizes the Latin American SaaS market as "embryonic," it says revenue is on pace to total $328.4 million in 2011, a 23.5 percent increase from 2010 revenue of $266 million. It expects that number to rise to $694.2 million in 2015.

It's worth noting that this kind of growth is what lands enterprise software in Gartner's famous (or infamous) "Trough of Disillusionment." If SaaS follows Gartner's usual Hype Cycle technology adoption trajectory, it will spend some time in the trough before emerging into the Slope of Enlightenment and Plateau of Productivity.

Insert 5-03:   Gartner-Prognose über die SaaS-Entwicklung

Der obenstehende Post aus dem Jahre 2011 war keinesfalls optimistisch. Wie Insert 5-04 zeigt, hat sich der weltweite Umsatz mit Software-as-a-Service bis heute sprunghaft entwickelt. Im Jahr 2022 belief sich der weltweite Umsatz mit SaaS auf etwa 167 Milliarden US-Dollar – Tendenz steigend. Für 2024 wird sogar ein Umsatz von 232 Milliarden US-Dollar erwartet. Das sind noch einmal knapp 40 Prozent mehr als 2022 (siehe Insert 5-04).

Analog dazu haben sich die SaaS-Umsätze in Deutschland entwickelt. Nach Angaben von Statista wird der Umsatz im deutschen Software-as-a-Service Markt etwa 12 Mrd. Euro im Jahr 2023 betragen. Es wird erwartet, dass der Umsatz eine jährliche Wachstumsrate (CAGR 2023-2028) von knapp 9 Prozent aufweist, was zu einem prognostizierten Marktvolumen von rund

19 Mrd. Euro im Jahr 2028 führt. Insgesamt beträgt der SaaS-Umsatz in Deutschland in etwa ein Zehntel des entsprechenden Umsatzes in den USA [vgl. Statista Market Insights, Okt. 2023].

Insert 5-04:   Umsatz mit Software-as-a-Service weltweit bis 2022 und Prognose bis 2024

SaaS-Produkte werden in verschiedenen Branchen eingesetzt. Diese sehr unterschiedlichen Softwareprodukte werden von mehreren Unternehmen angeboten, wodurch im SaaS-Segment die Marktkonzentration sehr gering ist. Software-as-a-Service wird für Unternehmen, die nach einfacher Zugänglichkeit und flexiblen Softwarelösungen suchen, immer attraktiver. Im Rahmen der globalen COVID-19-Pandemie werden diese beiden Anforderungen vermehrt nachgefragt, und die Einführung von Software-as-a-Service somit weltweit beschleunigt [vgl. Statista Market Insights, Okt. 2023].

Weltweit führende Anbieter bei SaaS sind Microsoft (10,9 Prozent Marktanteil), Salesforce (9,9 Prozent), und SAP mit 4,5 Prozent Marktanteil. Es folgen Oracle mit 3,6 Prozent und Google mit 3,4 Prozent. Am SaaS-Markt für Business-Anwendungen partizipieren größere IT-Beratungsunternehmen ähnlich wie im Markt für traditionelle Lizenzsoftware (siehe dazu Insert 5-05).

Insert

Marktanteile führender Unternehmen am Umsatz mit Software-as-a-Service weltweit 2021

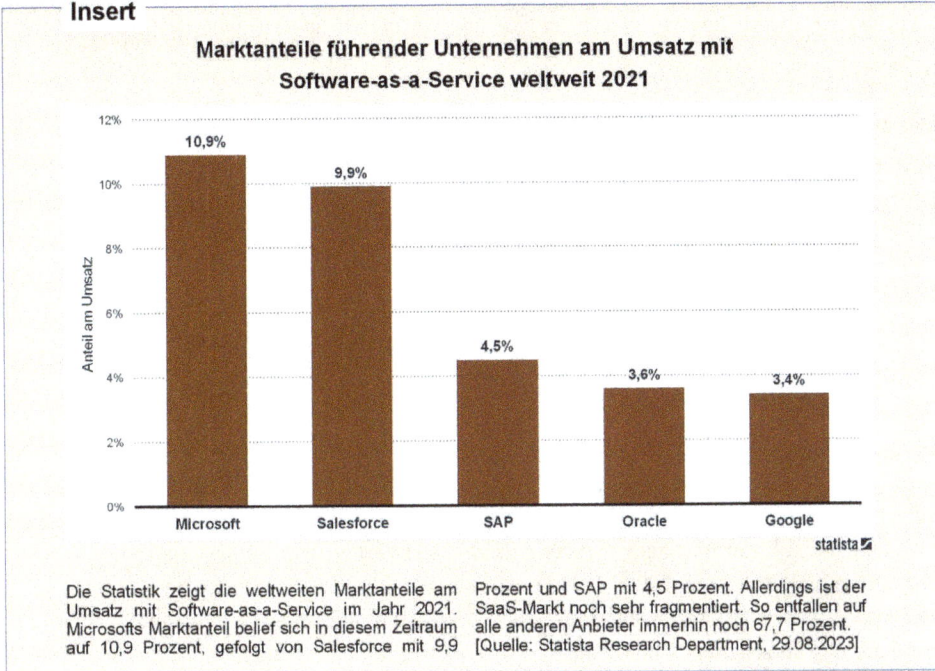

Die Statistik zeigt die weltweiten Marktanteile am Umsatz mit Software-as-a-Service im Jahr 2021. Microsofts Marktanteil belief sich in diesem Zeitraum auf 10,9 Prozent, gefolgt von Salesforce mit 9,9	Prozent und SAP mit 4,5 Prozent. Allerdings ist der SaaS-Markt noch sehr fragmentiert. So entfallen auf alle anderen Anbieter immerhin noch 67,7 Prozent. [Quelle: Statista Research Department, 29.08.2023]

Insert 5-05:   Marktanteile führender Unternehmen am SaaS-Umsatz 2021

5.2.2 Indirekter Vertrieb

Demgegenüber schaltet der Anbieter beim **indirekten Vertrieb** bewusst unternehmensfremde, rechtlich selbständige Vertriebsorgane ein. Diese Vertriebsform ist für Beratungsunternehmen, die Software anbieten und damit im **Produktgeschäft** tätig sind, eine überlegenswerte Alternative. So liegt bei der Erstellung von Standardsoftware ein ganz anderes Geschäftsmodell zugrunde als bei der individuellen Softwareentwicklung. Entsprechend ist der Absatz von Standardsoftware typischerweise über ein Vertriebspartnernetz organisiert. Hierzu bieten sich folgende Vertriebswege an:

- Vertrieb über Händler/Distributoren
- Vertrieb über Value-Added-Reseller (VARs).

Zwischen den Begriffen „**Händler**" und „**Distributor**" soll im B2B-Geschäft nicht differenziert werden, weil beide Absatzmittlergruppen das gleiche Geschäftsmodell verfolgen: Sie kaufen vom Softwarehersteller Produktlizenzen ein und verkaufen diese nahezu unverändert an andere Händler oder an Endkunden weiter. Neben dem Vertrieb der Softwareprodukte übernimmt der Händler/Distributor auch die Beratung und Betreuung der Kunden und ggf. die entsprechende Werbung und Verkaufsförderung. Der Vertrieb über Händler/Distributoren ist für das Softwarehaus i. d. R. immer dann vorteilhaft, wenn es sich um ein relativ geringes

Umsatzvolumen pro Transaktion und um geografisch große Märkte handelt, die sich mit einem Direktvertrieb wirtschaftlich nicht sinnvoll abdecken lassen [vgl. Godefroid/Pförtsch 2008, S. 265 ff.].

Der indirekte Vertrieb über **Value-Added-Reseller** geht einen Schritt weiter als der Vertrieb über Distributoren. Während der Distributor das Softwareprodukt weitgehend unverändert anbietet, „veredelt" der VAR das Produkt durch wesentliche eigene Komponenten und bietet dem Käufer eine vollständige Lösung an, bei der er die Software des Herstellers „mitverkauft" und dafür eine Vermittlungsprovision erhält. Der entscheidende Unterschied zum Distributor besteht darüber hinaus darin, dass der VAR auf Rechnung des Softwareherstellers verkauft und damit nicht Eigentümer der Ware wird [vgl. Godefroid/Pförtsch 2008, S. 268].

5.3 Vertriebskanäle

Vertriebskanäle entstehen durch die Auswahl und Kombination der obigen Vertriebswege. Die Festlegung der Vertriebskanäle ist *strukturell-bindend*, d. h. sie ist kurz- und mittelfristig nur mit erheblichem organisatorischem Aufwand und entsprechenden Kosten revidierbar. Entscheidungen im Zusammenhang mit der Auswahl der Vertriebskanäle haben also **Grundsatz-charakter** [vgl. Becker, J. 2009, S. 528]. Vornehmlich im B2C-Marketing hat sich eine Vielzahl von Distributionskanälen herausgebildet. Begünstigt durch die Möglichkeiten der Online-Vermarktung nutzen diese Unternehmen mehrere Distributionskanäle für den Absatz ihrer Produkte. Solche **Mehrkanalsysteme** (engl. *Multi-Channel*) sind in sehr unterschiedlichen Branchen zu finden (z. B. Fluggesellschaften, Automobilhersteller, Versicherungsgesellschaften).

Für das Beratungsgeschäft sind solche Mehrkanalsysteme allerdings weniger von Bedeutung. Hier dominiert eindeutig das **Einkanalsystem**, d. h. der direkte Vertriebskanal für das Projektgeschäft. Lediglich IT-Beratungsgesellschaften, die neben Beratungsleistungen gleichzeitig auch Standardsoftware in ihrem Angebotsportfolio haben, verfügen in der Regel über zwei Vertriebskanäle: zum einen den direkten Vertriebskanal für das Projektgeschäft und zum anderen den indirekten Vertrieb über Absatzmittler (siehe Abbildung 5-04).

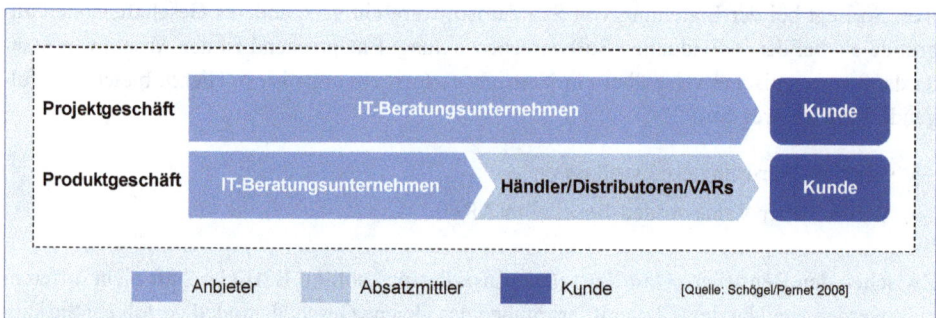

Abb. 5-04:   „Standard"-Vertriebskanäle von IT-Beratungsunternehmen

5.4 Vertriebsorgane

Zu den Vertriebsorganen zählen alle unternehmensinternen und unternehmensexternen Personen, Abteilungen und Institutionen, die an den Vertriebsaktivitäten der Unternehmensberatung beteiligt sind. Bei der **unternehmensinternen Vertriebsorganisation** geht es um die zentrale Frage, ob der Vertrieb aus dem Leistungsbereich heraus wahrgenommen wird oder ob der Vertrieb über eine eigenständige organisatorische Einheit erfolgen soll.

Größere Beratungsunternehmen bevorzugen in der Regel den „institutionellen" Ansatz, d. h. die Akquisition von Neukunden, die Pflege des vorhandenen Kundenstamms, die Betreuung von Vertriebspartnern (z. B. Händler) sowie das Key Account Management (Betreuung von Groß- bzw. Schlüsselkunden) werden von einer hierfür vorgesehenen organisatorischen Einheit wahrgenommen. Für diesen „arbeitsteiligen" Ansatz spricht die Erfahrung, dass ein ausgebildeter Vertriebsmitarbeiter mit dem entsprechenden fachlichen Hintergrund erfolgreicher an der Vertriebsfront agiert als ein Nur-Berater. Außerdem lässt sich der Vertriebsmitarbeiter zeitlich problemloser in die Vertriebsprozesse einbinden als der Berater, der sich aus den laufenden Projekten immer wieder „freischaufeln" muss. Demgegenüber steht das immer wieder hervorgebrachte Argument, dass der Vertriebsmitarbeiter zum *Overselling* neigt, d. h. er verkauft Projekte, die zu knapp kalkuliert oder fachlich nicht genügend abgesichert sind. Mit einem gemeinsamen Verkaufsteam im Sinne eines „Selling Centers" (siehe Abschnitt 6.2.1), das sich sowohl aus Vertriebs- als auch aus Fachmitarbeitern zusammensetzt, kann dieser Gefahr begegnet werden. Kleinere Beratungsunternehmen sind allerdings aus Kosten- oder Kapazitätsgründen häufig nicht in der Lage, eine separate Vertriebsabteilung aufzubauen. In solchen Fällen bietet es sich an, dass die erfahrenen (Fach-)Berater (z. B. Senior Manager) die Führung des Accounts (engl. *Lead*) übernehmen.

Bei den **unternehmensexternen Vertriebsorganen**, die letztlich nur für Beratungsunternehmen interessant sind, die gleichzeitig auch im Produktgeschäft tätig sind, handelt es sich vornehmlich um Distributoren und Value-Added-Reseller (VAR).

5.5 Vertriebliche Qualifikationen

Alle bislang genannten vertrieblichen Aufgaben machen nur ansatzweise deutlich, welche vergleichsweise hohen Anforderungen an die Qualifikation des Vertriebsmanagements von Unternehmensberatungen zu stellen sind. Im Geschäft mit komplexen Beratungsleistungen ist neben dem erforderlichen betriebswirtschaftlichen Anwendungswissen häufig auch ein sehr fundiertes systemtechnisches Know-how erforderlich. Da derartige Ansprüche meist schon bei Kontaktaufnahme an den Vertriebsmitarbeiter gestellt werden, müssen die Anbieter darauf bedacht sein, dass gleich zu Beginn des Auswahl- und Entscheidungsprozesses die Kompetenz des Vertriebsmitarbeiters eine Assoziation zur Leistungsstärke des Anbieterunternehmens auf dem Gebiet der nachgefragten Problemlösung auslöst. In diesem Kontext ist auch die Erfahrung einzuordnen, dass der Verkäufer die Sache (also die Leistung) zunächst immer über die (eigene) Person verkauft [vgl. Lippold 1993, S. 233].

Mitarbeiter eines Direktvertriebs treten dem Kunden i. d. R. mit einem größeren Problemverständnis gegenüber als eine indirekte Vertriebsorganisation, deren Beratungsleistung häufig zu wünschen übriglässt. Wesentlicher Vorteil des Direktvertriebs ist seine Akzeptanz als kompetenter **Problemlöser**, denn nur für die Vertriebsmitarbeiter der eigenen Organisation lassen sich ein umfassender Wissensstand und eine hinreichende Qualifikation sicherstellen. Daher ist es auch nicht verwunderlich, dass im B2B-Bereich in aller Regel der direkte Vertrieb vorherrscht.

Zu dem fachlichen Informationsanspruch, den die Entscheidungsgremien auf der Kundenseite an den Vertrieb stellen, kommen noch die typischen kaufmännischen Gesprächsthemen wie Preise, Fertigstellungstermine, Zahlungsmodalitäten bis hin zu juristischen Feinheiten der Angebots- und Vertragsgestaltung hinzu.

Darüber hinaus hängt der Erfolg des persönlichen Verkaufs neben der Persönlichkeit in hohem Maße von der Fachkompetenz ($\rightarrow$ Fachebene) und den interaktionsbezogenen Fähigkeiten ($\rightarrow$ Beziehungsebene) des Verkäufers ab. Ein wichtiger Erfolgsfaktor ist dabei die angemessene Veränderung des Verkäuferverhaltens innerhalb einer Interaktion mit dem Kunden. Eine derartige flexible Vorgehensweise während des Verkaufsgesprächs wird auch als **Adaptive Selling** bezeichnet [vgl. Homburg/Krohmer 2009, S. 867 ff.].

In Abbildung 5-05 sind die entsprechenden Kompetenzen eines Key Account Managers beispielhaft in einer Matrix zusammengestellt.

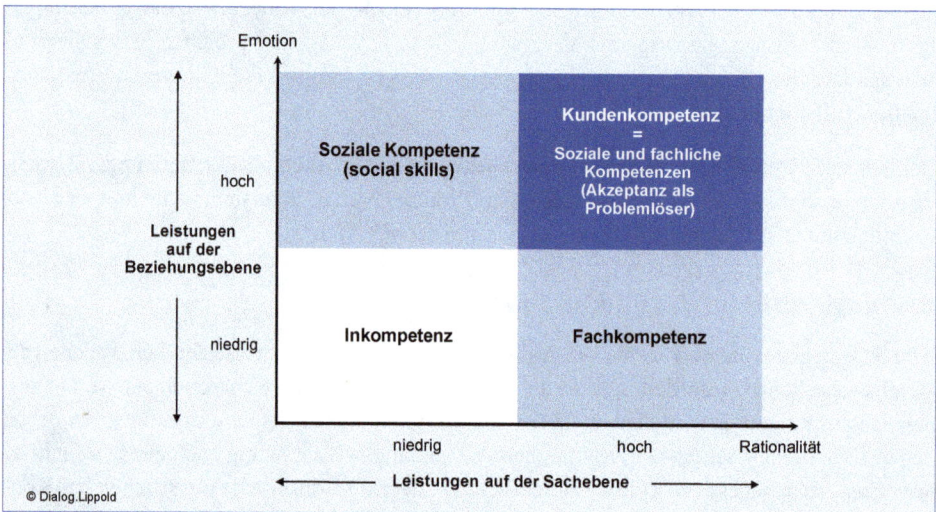

Abb. 5-05:   Kompetenzen des Key Account Managers

Ein weiterer Ansatz zur systematischen Einordnung des Verkäuferverhaltens ist in dem sogenannten **GRID-System** zu sehen. In diesem „Verkaufsgitter" werden die unterschiedlichen Ausprägungen im Verkaufsstil auf der Basis von zwei Kriterien erfasst. Das eine Kriterium beschreibt das Bemühen um den Kunden, das andere Kriterium zeigt das Interesse am Kaufabschluss auf [vgl. Becker, J. 2009, S. 547 f.].

Abbildung 5-06 zeigt eine vereinfachte Darstellung dieses Verkaufsgitters.

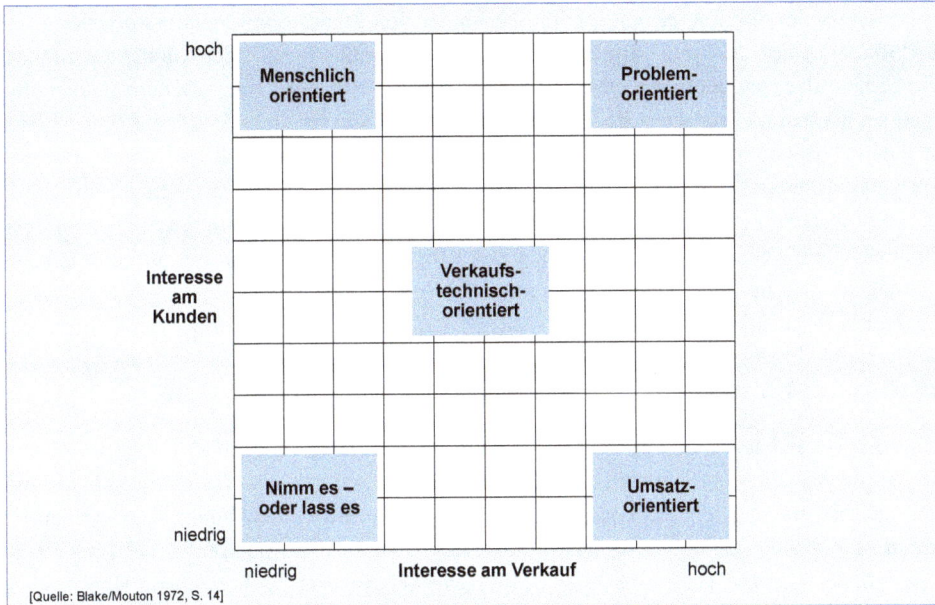

Abb. 5-06:   Das Verkaufsgitter (GRID-System)

Die aufgeführten Ansätze zur Einordnung des Verkäuferverhaltens weisen im Prinzip jedoch den Nachteil auf, dass jeweils nur zwei Verhaltensdimensionen (Kriterien) in Betracht gezogen werden.

5.6 Vertriebskooperationen

Obwohl nach wie vor der direkte Vertriebsweg im Beratungsgeschäft vorherrscht, gibt es aus Sicht des einzelnen Beratungsunternehmens mehrere Optionen, Leistungen (und Produkte) auch indirekt zu vertreiben. Aufgrund der Komplexität und Erklärungsbedürftigkeit dieser Leistungen sind die indirekten Vertriebswege vornehmlich durch zwischenbetriebliche Kooperationen gekennzeichnet. Hierzu zählt neben dem Vertrieb über Händler/Distributoren oder Value-Added-Reseller (VARs) – der naturgemäß nur für Softwarehäuser in Frage kommt – vor allem die Bildung von strategischen Allianzen.

Die strategische Allianz (auch: strategische Partnerschaft) ist eine besonders intensive Form der Kooperation, bei der beide Partner das Ziel einer langfristigen Steigerung der Rentabilität und Ertragskraft (z. B. durch gemeinsame Markterschließung) verfolgen. Das Management von strategischen Partnerschaften spielt für IT-Beratungsunternehmen eine deutlich wichtigere Rolle als für Strategieberatungen. Typisch sind hier Service-, Software- und Hardwarepartnerschaften.

Hardwarepartner sind die großen Hardwarehersteller wie IBM oder HP, die durch ein ausgeprägtes Partnering versuchen, Unternehmensberater im Sinne eines „verlängerten Vertriebs- und Marketingarms" an sich zu binden und damit ihre Hardware als zumeist austauschbares Gut (engl. *Commodity*) mit der *Business Excellence* des Beraters zu verknüpfen.

Softwarepartner sind in aller Regel die Hersteller von Standardanwendungssoftware (z. B. SAP oder Oracle), die ihren Partnern günstige Lizenzmodelle bieten oder Kunden vermitteln, die bereits Lizenzen bei ihnen erworben haben. Auf diese Weise können Beratungsunternehmen am starken Vertriebsnetz der Softwarehäuser partizipieren. Als *Certified Partner* bietet sich den IT-Beratern überdies die Möglichkeit, sich auf gemeinsamen Messen zu präsentieren. Partnerschaften existieren aber auch bei **Strategieberatungen** – allerdings weniger mit Hard- oder Softwarepartnern, sondern mit IT-Beratern, die sich als Implementierungspartner immer dann anbieten, wenn die Strategieberatung ihre Kundenunternehmen nur bis zur Umsetzungsphase begleiten. So lag die Umsetzungsquote bei Strategieberatungen 1998 noch bei etwa 50 Prozent, d. h. lediglich die Hälfte aller strategischen Beratungen nahm für sich in Anspruch, den Wandel von der Konzeptberatung zur Umsetzungsberatung vollzogen zu haben [vgl. Nissen/Kinne 2008, S. 97 f. unter Bezugnahme auf Fritz/Effenberger 1998, S. 110].

Gleich, ob es sich um eine Vertriebspartnerschaft oder um eine strategische Allianz, ob es sich um ein inländisches oder um ein übernationales Engagement handelt, eine Partnerschaft muss von beiden Seiten „gelebt" und ernst genommen werden. Sie ist nicht zum „Nulltarif" zu bekommen und sollte immer wieder überprüft werden. Ziel einer Partnerschaft – sei es als vertikale Kooperation mit Hardware- oder Softwareherstellern oder als horizontale Kooperation zwischen Wettbewerbern – ist die Schaffung einer **Win-Win-Situation** für alle Beteiligten.

Generell können folgende Kriterien für eine erfolgversprechende Vertriebskooperation herangezogen werden [vgl. Lippold 1998, S. 217]:

- Es sollte Konsens über die Beurteilung und Einschätzung der Marktsegmententwicklung (Chancen, Risiken) bestehen.
- Es ist ein ernsthaftes Engagement beider Partner zur gegenseitigen Unterstützung erforderlich (Vertriebsschulungen, Vertriebssupport).
- Die Marketing-Strategien beider Partner sollten mittel- und langfristig zusammenpassen oder sich ergänzen.
- Das gemeinsame Marktpotenzial sollte erfolgversprechend sein.
- Synergien können genutzt und umgesetzt werden, d. h. eins plus eins sollte größer als zwei werden.
- Qualität, Kompetenz und Anspruch beider Partner sollten übereinstimmen.

Beispiele für Vertriebskooperationen liefert der Beratungs- und Softwarebereich in ausreichender Anzahl. Dennoch sind viele Partnerschaften, die zu Beginn der Liaison teilweise sogar als „strategisch" angekündigt wurden, nach kurzer Zeit wieder vom Markt verschwunden. In jedem Fall sollten klare Kooperationsvereinbarungen geschaffen werden. Zu den wichtigsten Punkten eines vertrieblich orientierten Kooperationsvertrages zählen [vgl. Lippold 1998, S. 217 f.]:

- Klare Aufgaben- und Zieldefinition sowie eine ebenso deutliche Abgrenzung des angestrebten Zusammenwirkens, um mögliche Interessenkonflikte zu vermeiden;

- Genaue Festlegung und Abgrenzung der einzelnen Marktsegmente, denen sich der jeweilige Partner widmet;

- Regelungen über das vertriebliche Vorgehen bei Doppelkontakten;

- Regelungen über Provisions- und Lizenzaufteilungen beim gemeinsamen vertrieblichen Vorgehen;

- Schaffung gemeinsamer Kontrollgremien;

- Vertragsdauer, Vertragskündigung, ggf. Erwerb und Verkauf von Kapitalanteilen.

Es wird häufig sehr viel Zeit in die vertraglichen Vereinbarungen einer Vertriebspartnerschaft bzw. einer strategischen Allianz investiert. Insbesondere Provisions- und Lizenzaufteilungsmodelle werden sehr intensiv und teilweise akademisch verhandelt. Doch nur, wenn neben der Sach-, Kultur- und Marktidentität auch der gute Wille aller Mitarbeiter auf Dauer vorhanden ist, werden beide Vertragsparteien Nutznießer der Vertriebsallianz sein – unabhängig davon, welche Lizenzaufteilungen vereinbart worden sind.

6. Akquisition – Optimierung der Kundenakzeptanz

6.1 Aufgabe und Ziel der Akquisition

In vielen Branchen – und dazu zählt auch die Beratungsbranche – ist der persönliche Verkauf (engl. *Personal Selling*) hauptverantwortlich für den Markterfolg. Um dieser besonderen Bedeutung des persönlichen Verkaufs gerecht zu werden, wird die *Akquisition* als eigenständiges Aktionsfeld der Marketing-Gleichung behandelt. Bei der *(persönlichen) Akquisition* geht es darum, die vorhandenen Kundenkontakte zu qualifizieren und in Aufträge umzumünzen. Die *Akquisition* ist das fünfte Aktionsfeld im Vermarktungsprozess (siehe Abbildung 6-01) und zielt auf die Optimierung der *Kundenakzeptanz*:

> **Kundenakzeptanz = f (Akquisition) → optimieren!**

Insbesondere bei erklärungsbedürftigen Produkten und Leistungen zählt der *persönliche Verkauf* zu den wirksamsten, aber zugleich auch zu den teuersten Kommunikationsinstrumenten. Die *Akquisition* ist vielleicht das wichtigste Aktionsfeld nicht nur der Marketing-Gleichung, sondern im Beratungsunternehmen insgesamt, da sie die Auslastung des Unternehmens und seiner Berater bestimmt. Bei der Systematisierung der Aktionsfelder der hier zugrundeliegenden Marketing-Gleichung bestehen hinsichtlich der persönlichen Akquisition durchaus Abgrenzungsprobleme. So ließe sich die persönliche Akquisition bzw. der persönliche Verkauf auch im Zusammenhang mit dem Aktionsfeld *Kommunikation* oder mit dem Aktionsfeld *Vertrieb* behandeln.

Abb. 6-01:   Akquisition als fünftes Aktionsfeld der Marketing-Gleichung

Im Rahmen des Aktionsfeldes *Akquisition* sollten folgende Fragen behandelt werden [vgl. Lippold 1998, S. 220]:

- Wie läuft der organisationale Kaufprozess ab?
- Wie kann der Akquisitionsprozess strukturiert werden?
- Wie lässt sich die Effizienz des persönlichen Verkaufs steigern?
- Für welche Marketing-Aktivitäten sollte dieses teure Instrument eingesetzt werden?
- Wie lässt sich die Abschlussquote erhöhen?
- Wie kann der Akquisitionszyklus verkürzt werden?

Die wesentliche Aufgabe des persönlichen Verkaufs besteht darin, den kundenseitig verlaufenden Auswahl- und Entscheidungsprozess so zu beeinflussen, dass letztlich der Auftrag gewonnen wird.

Eine zweite Aufgabe des persönlichen Verkaufs besteht in der Pflege bestehender Kundenbeziehungen. Dies hat für den Anbieter deshalb eine besondere Bedeutung, weil der bereits erbrachte Nachweis der Leistungsfähigkeit sowohl für das **Folgegeschäft** (bei demselben Kunden) als auch für das **Neugeschäft** eine verkaufsauslösende Wirkung hat. Dieses sog. *Referenz-Selling* ist damit ein aktiver Bestandteil des Aktionsfeldes *Akquisition*.

Schließlich obliegt dem persönlichen Verkauf auch die Aufgabe, Informationen zu gewinnen. Der (potenzielle) Kunde ist als Informationsquelle für die Marktforschung von besonderer Bedeutung. Ob es sich dabei um Informationen über Leistungen, Aktionen und Vorgehen der wichtigsten Wettbewerber, um die Aufnahme spezifischer Kundenanforderungen oder um Informationen über bestimmte betriebswirtschaftliche oder technologische Ausrichtungen der Kundenunternehmen handelt, in jedem Fall bietet das Verkaufsgespräch eine Fülle von Ansatzpunkten für das eigene Leistungsportfolio.

6.2 Akquisitionsbegriffe

Ebenso wie das Marketing sind auch Systematik, Begriffe und Vorgehensweise des klassischen "Verkaufens" sehr stark von der englischsprachigen Literatur geprägt. Begriffe wie *Selling Center*, *Targeting*, *Cross Selling* und *Key Accounting* stehen auf der vertrieblichen Tagesordnung.

6.2.1 Selling Center

Quasi als Antwort auf das **Buying Center** der Kundenunternehmen (siehe Abschnitt 3.2.2) hat sich auf der Angebotsseite das **Selling Center** als multipersonale Form der Akquisition für größere Projekte etabliert. Teammitglieder im Vertrieb von komplexen Leistungen (und Produkten) können Verkäufer, Key Account Manager, System- und Anwendungsspezialisten oder die Geschäftsführung selbst sein. Gerade die Geschäftsführung ist häufig in der Lage, evtl. vorhandene Defizite im Qualifikationsprofil durch ihre hierarchische Stellung wettzumachen. Mit dieser *Teambildung* kann man dem vielfältigen Informationsanspruch der Einkaufsseite ein entsprechendes Gewicht auf der Verkaufsseite gegenüberstellen [vgl. Backhaus/Voeth 2010, S. 37 ff.]

In Insert 6-01 sind die Teammitglieder des *Buying Center* den entsprechenden Vertriebsrepräsentanten des *Selling Center* beispielhaft gegenübergestellt [vgl. auch Bänsch 2002, S. 207 ff.].

Die Darstellung kann als typisch für die meisten größeren Akquisitionsprozesse besonders im Geschäft mit komplexen Produkten und Leistungen (z. B. Beratungsprojekte, High Tech-Produkte, Anlagen, Systeme) angesehen werden. Eine etwas vereinfachte Form des Selling Center ist die Bildung eines **Tandems**, bestehend aus einem Kunden- und einem Konzeptmanager, aus einem anwendungsorientierten und einem systemorientierten Verkäufer oder aus einem strategie- und einem umsetzungsbetonten Berater. Der Vorteil einer solchen Tandemlösung liegt in der Einsparung von Kosten unter Aufrechterhaltung eines arbeitsteiligen Vorgehens.

Insert

Wenn sich Buying Center und Selling Center gegenüberstehen

Der Akquisitionsprozess im B2B-Bereich läuft grundsätzlich rationaler, systematischer, formeller und langfristiger ab als bei B2C-Gütern. Doch ebenso wie bei Konsumgütern gibt es auch beim Verkauf von erklärungsbedürftigen Produkten und Leistungen keinen festgeschriebenen Prozess. Besonders interessant ist hier, auf welcher Seite welche Personen mit welchen Aktivitäten zum Einsatz kommen können.

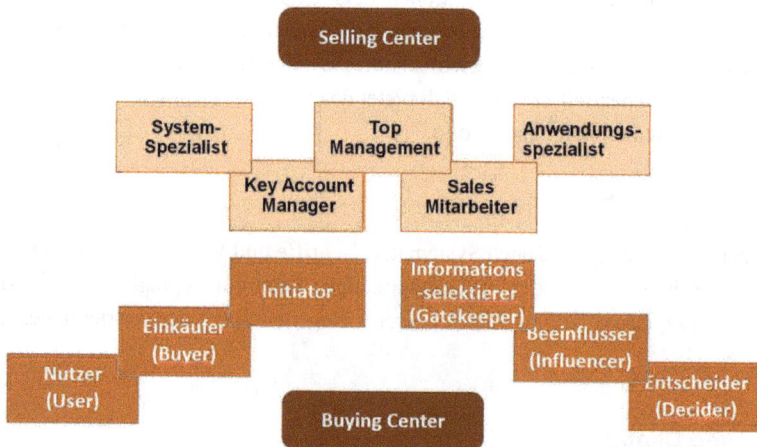

© Dialog.Lippold

Die Personen, die auf der **Einkaufsseite** mitwirken, werden häufig in einem Gremium zusammengefasst, das als **Buying Center** bezeichnet wird. Es weist den Beteiligten verschiedene Rollen im Hinblick auf den Beschaffungsprozess zu: Initiatoren, Informationsselektierer (Gatekeeper), Beeinflusser (Influencer), Entscheider (Decider), Einkäufer (Buyer) und Benutzer (User) sind hier die (sprechenden) Rollenbezeichnungen. Den teilweise sehr hohen Anforderungen beim Vertrieb von komplexen und höchst erklärungsbedürftigen Produkten und Leistungen kann der Verkäufer als Einzelperson in aller Regel nicht mit gleicher Qualität entsprechen. Es ist also nicht ganz einfach, dem Buying Center etwas Adäquates auf der Verkäuferseite gegenüberzustellen. Häufig ist es dann die *Geschäftsführung* selbst, die evtl. vorhandene Defizite im Qualifikationsprofil durch ihre hierarchische Stellung wettmachen kann. Eine weitere Möglichkeit ist darin zusehen, dem Vertriebsmanagement (Vertriebsleiter) Spezialisten, z. B. für systemtechnische/ konzeptionelle Fragen, an die Seite zu stellen. Quasi als Antwort auf das Buying Center hat sich auf der Grundlage dieser Idee der Teambildung das **Selling Center** als multipersonale Form der Akquisition für größere Projekte etabliert. Teammitglieder im Vertrieb von komplexen Produkten (und Leistungen) können Verkäufer, Key Account Manager, System- und Anwendungsspezialisten oder die Geschäftsführung selbst sein. Mit dieser Teambildung kann man dem vielfältigen Informationsanspruch der Einkaufsseite ein entsprechendes Gewicht auf der Verkaufsseite gegenüberstellen. In der Abbildung sind die Teammitglieder des Buying Center den entsprechenden Vertriebsrepräsentanten des Selling Center beispielhaft gegenübergestellt. Von besonderer Bedeutung für das B2B-Marketing ist es, die Mitglieder des Buying Center zu identifizieren und diese in ihrem Rollenverhalten zu analysieren.

[Quelle: Lippold 2023]

Insert 6-01:   Wenn sich Buying Center und Selling Center gegenüberstehen

Selling Center bilden sich – ebenso wie Buying Center – **informell** und sind in der Regel nicht organisatorisch verankert. Daher sind Umfang und Struktur dieses Verkaufsgremiums auch nur sehr schwer zu erfassen. Es lässt sich aber die These vertreten, dass die Anzahl der jeweils Beteiligten am Selling Center im Wesentlichen von folgenden Faktoren abhängt:

- Wert bzw. Größe und Komplexität des Verkaufsobjektes
- Einfluss des Produkts bzw. der Problemlösung auf Prozesse und Organisation beim Kunden
- Größe des Anbieters.

Auch kann nicht festgeschrieben werden, ob teilweise mehrere Rollen von einer Person und ob die einzelnen Rollen teilweise von mehreren Personen wahrgenommen werden.

In Abbildung 6-02 sind Anbieter- und Kundenseite im Akquisitionsprozess mit ihren jeweiligen Center-Mitgliedern beispielhaft dargestellt. Dabei wird deutlich, dass sich in Abhängigkeit der Prozessphase die Zusammensetzung des jeweiligen Centers ändern kann.

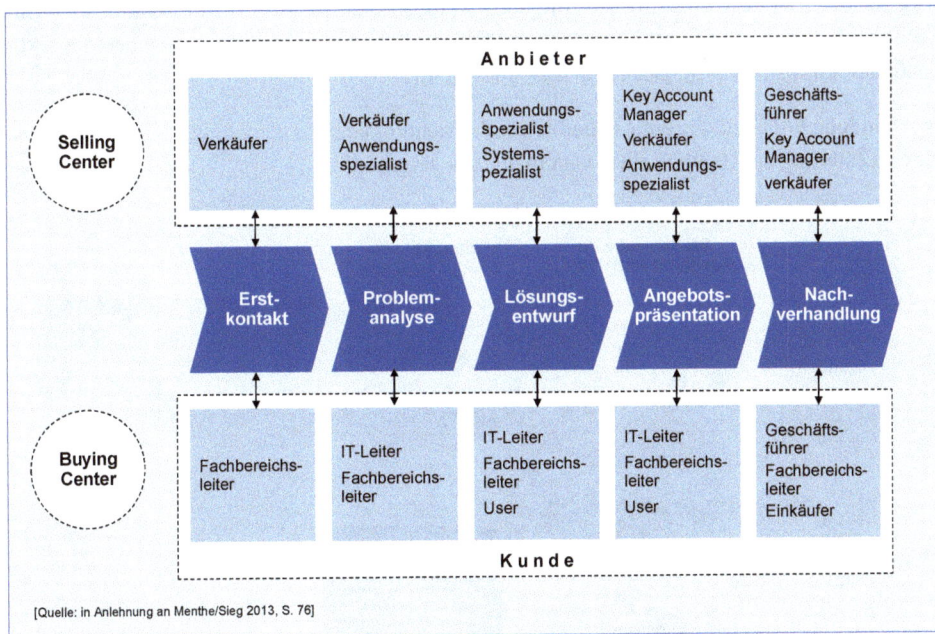

[Quelle: in Anlehnung an Menthe/Sieg 2013, S. 76]

Abb. 6-02:   Buying Center und Selling Center im Akquisitionsprozess (Beispiel)

6.2.2 Targeting, Cross Selling und Key Accounting

Die gezielte akquisitorische Auswahl und Bestimmung von Unternehmen, die einem bestimmten zielgruppen-orientierten Profil entsprechen, wird als **Targeting** bezeichnet. Das Besondere an einem Targetingprozess ist die systematische Herangehensweise und das gezielte

Nachfassen unter bestimmten Vorgaben, so dass auch das Ergebnis entsprechend gemessen werden kann.

Unter **Cross Selling** wird die Ausdehnung der bestehenden Kundenbeziehung bzw. der Produktverkäufe einer Geschäftseinheit des Anbieters auf die Produkte und Leistungen anderer (benachbarter) Geschäftseinheiten des Anbieters verstanden. Wenn also Kundenunternehmen des Strategiebereichs einer Unternehmensberatung auch für den Technologiebereich empfohlen werden oder wenn Prüfungsmandate einer Wirtschaftsprüfungsgesellschaft künftig auch für Steuerberatungsleistungen akquiriert werden, so sind dies klassische Cross Selling-Maßnahmen.

Absatz-, Umsatzerfolg und Gewinn des Unternehmens hängen häufig stark davon ab, ob es gelingt, bestimmte **Schlüsselkunden** (engl. *Key Accounts*) zu gewinnen und zu halten. Mit solchen Schlüsselkunden (= Großkunden) wird ein nicht unbeträchtlicher Teil des Gesamtumsatzes erzielt. Die Analyse-, Planungs-, Verhandlungs-, Steuerungs- und Koordinationsprozesse, die im Zusammenhang mit der Betreuung von Schlüsselkunden durchzuführen sind, werden als **Key Accounting** bezeichnet. Diese Aufgaben werden vom sog. *Key Account Manager* wahrgenommen. Das *Key Account Management* zählt somit zu den wichtigsten Aufgaben des Aktionsfeldes *Akquisition* [vgl. Becker, J. 2009, S. 542 f.].

In Abbildung 6-03 sind die unterschiedlichen Zielrichtungen beim Targeting, Cross Selling und Key Accounting am Beispiel eines Unternehmens dargestellt.

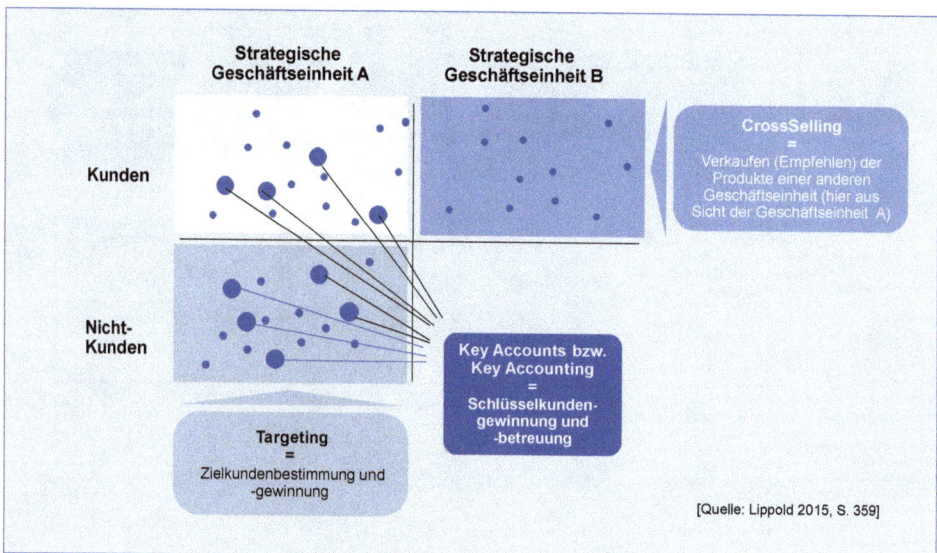

Abb. 6-03:   Wichtige Akquisitionsbegriffe

6.3 Der organisationale Kaufprozess

Der Kaufprozess im B2B-Bereich läuft grundsätzlich rationaler, systematischer, formeller und langfristiger ab als im B2C-Bereich. Doch ebenso wie bei Konsumgütern gibt es auch beim (Ein-)Kauf von Beratungsleistungen keinen festgeschriebenen Prozess. Zur besseren

Veranschaulichung ist es aber auch hier hilfreich, den organisationalen Kaufprozess in Phasen zu unterteilen. Das in Abbildung 6-04 dargestellte Phasenmodell ist idealtypisch für die Beauftragung bei Projekten mit größerem Volumen; es können Phasen wegfallen, übersprungen werden oder auch die Reihenfolge kann variieren [vgl. Homburg/Krohmer 2009, S. 146].

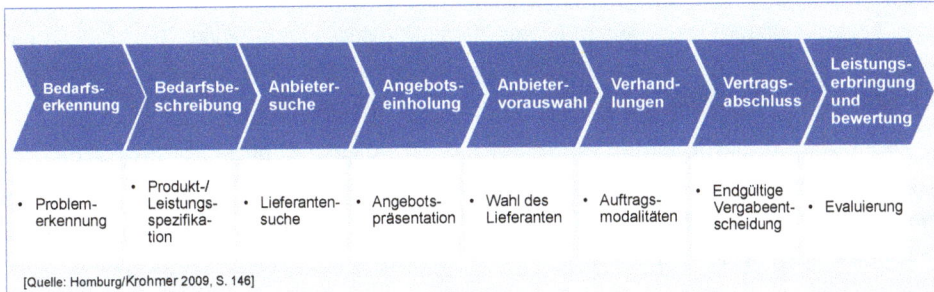

[Quelle: Homburg/Krohmer 2009, S. 146]

Abb. 6-04:   Phasen des organisationalen Kaufprozesses

Ausgangspunkt des organisationalen Kaufprozesses ist die Phase der **Bedarfserkennung**. Hier geht es um die Analyse und Definition des grundsätzlichen Bedarfs. Die Bedarfsauslösung kann durch interne oder durch externe Anregungen erfolgen. Während intern der Bedarf zumeist durch einen Angehörigen der Kundenorganisation (*Initiator*) ausgelöst wird, erfolgen externe Anregungen zum Beratungsbedarf durch Benchmarks, Reference Selling, Hinweise durch Key Account Manager, Direkt-Marketingaktionen oder durch Fachmessen.

Nach der grundsätzlichen Bedarfserkennung erfolgt die **Bedarfsbeschreibung**. In dieser Phase werden die gewünschten Leistungseigenschaften spezifiziert. Bei komplexen Dienstleistungen geschieht dies sehr häufig in Form eines Pflichten- oder Lastenheftes, das die genauen *Leistungsspezifikationen* enthält. Im Rahmen des Buying Center spielen diejenigen Akteure eine wichtige Rolle, die über das entsprechende produkt- und leistungsspezifische Wissen verfügen (z. B. *Beeinflusser* und *Nutzer*).

Im Rahmen der dann folgenden **Anbietersuche** geht es um die Identifikation der in Frage kommenden Berater (Lieferanten). Branchenverzeichnisse, Online-Kataloge und Portale, vor allem aber *Empfehlungen* und *Referenzen* spielen bei der Beraterauswahl eine wichtige Rolle. Bisherige Erfahrungen des Kunden mit dem Anbieter sowie die allgemeine Reputation des Beratungsunternehmens sind insbesondere immer dann wichtige Auswahlkriterien, wenn es sich um die Beauftragung von größeren Projekten handelt, die einen nicht unerheblichen Einfluss auf Struktur und Prozesse der einkaufenden Organisation haben. *Gatekeeper*, *Beeinflusser* und *Nutzer* sowie *Promotoren* und *Opponenten* sind hierbei besonders aktive Mitwirkende im Buying Center.

Im nächsten Schritt steht die **Angebotseinholung** im Vordergrund. Aus Sicht des potenziellen Lieferanten geht es vor allem darum, die Nutzenkriterien und Vorteile des eigenen Angebotes besonders herauszustellen. Angebote sind damit Marketingdokumente, deren Erstellung durchaus sehr aufwändig sein kann. Bestimmte Beschaffungsvorhaben und dies gilt insbesondere für öffentliche Aufträge, müssen ausgeschrieben werden (EU-Richtlinien). Bei der Angebotseinholung und -bewertung wirken in der Regel *Nutzer* und *Einkäufer* der Kundenorganisation mit.

Auf der Grundlage der vorliegenden Angebote wird eine **Anbietervorauswahl** getroffen, an der aus dem Buying Center ebenfalls *Nutzer* und *Einkäufer* schwerpunktmäßig beteiligt sind. Häufig werden die potenziellen Lieferanten auch zu einer förmlichen Präsentation ihres Angebots gebeten. Solche Wettbewerbspräsentationen (engl. *Pitch*) sind in vielen Branchen üblich und bedeuten für die konkurrierenden Beratungsunternehmen eine nicht unerhebliche Vorleistung. Ergebnis dieser Qualifizierung ist zumeist eine sogenannte *Shortlist*. Diese enthält nur noch eine sehr kleine Anzahl von Anbietern, die sämtliche Mindestvoraussetzungen (engl. *Order Qualifications*) erfüllen.

Mit den Unternehmen, die auf der Shortlist stehen, wird nun in die Phase der **Verhandlungen** eingetreten. Hier werden alle Auftragsmodalitäten wie Art, Qualität, Umfang und Dauer des Projektes, der Preis inkl. Fahrtkosten, Spesen, Ergänzungsleistungen, Gewährleistungsaspekte sowie Lieferungs- und Zahlungsbedingungen verhandelt. Aus dem Buying Center wirken *Einkäufer*, *Nutzer* und *Entscheider* als zentrale Akteure auf der Einkaufsseite mit.

Die Verhandlungsphase mündet ein in den **Vertragsabschluss** mit dem Lieferanten, der bei sehr komplexen Projekten auch als Generalunternehmer fungieren kann. An der Auftragsvergabe bzw. am Vertragsabschluss direkt beteiligt sind in der Regel *Einkäufer* und *Entscheider*.

In der abschließenden Phase der **Leistungserbringung und -bewertung** geht es um die Erfüllung der vertraglich festgelegten Leistungen sowie um deren Beurteilung. Bei größeren Projekten oder Investitionsvorhaben (z. B. Entwicklung von Individualsoftware) werden Leistungserbringung (engl. *Delivery*) und deren Bewertung auch in zeitlichen Abschnitten durchgeführt. Maßgeblich hierfür sind Meilensteinpläne, die dem Nutzer bzw. Anwender die Möglichkeit bieten, Zwischenkontrollen durchzuführen und ggf. – bei Schlechterfüllung – den Lieferanten zu wechseln.

In Insert 6-02 ist der Einkaufsprozess für Beratungsleistungen der Daimler AG als Beispiel für den Einkauf von Dienstleistungen dargestellt.

┌─ **Insert** ─────────────────────────────────────

Der Einkaufsprozess für Beratungsleistungen bei Daimler

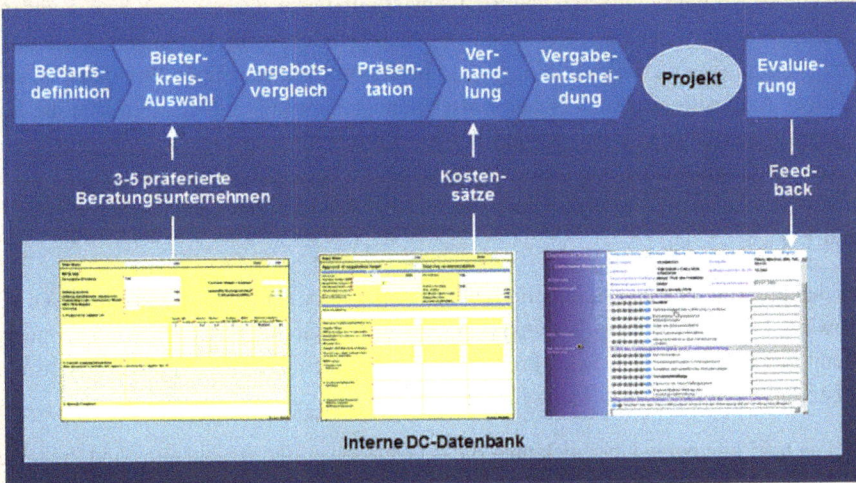

[Quelle: Grube 2004, S. 12]

Daimler gehört zu den Unternehmen, die den Einkaufsprozess für Investitionsprojekte und andere größere Beschaffungsvorhaben standardisiert haben. Dabei dient eine Lieferanten-Datenbank als zentrales Hilfsmittel. Im Anschluss an die Bedarfsdefinition („Plichtenheft") wird zunächst eine Bieterkreisaus-wahl vorgenommen. Dabei werden drei bis fünf präferierte Anbieter, die in der Datenbank in Form einer „Shortlist" für bestimmte Leistungen erfasst sind, angeschrieben und um die Abgabe eines Angebotes gebeten. Die daraufhin eingehenden Angebote werden verglichen und eine Endauswahl gebildet. Die in die Endauswahl gelangten Anbieter präsentieren ihre Angebotslösungen. Den folgenden Vertragsverhandlungen liegen die in der Datenbank für vergleichbare Leistungen hinterlegten Kostensätze zugrunde, denn das Preis-Leistungsverhältnis ist das Top-Kriterium bei Daimler für den Entscheidungsprozess. Sämtliche Projektergebnisse und Evaluierungen werden wiederum in der Datenbank festgehalten und ggf. die Shortliste verändert.

Insert 6-02: Der Einkaufsprozess für Beratungsleistungen bei Daimler

6.4 Akquisitionszyklus (Sales Cycle)

Der **Akquisitionszyklus** (engl. *Sales Cycle*) befasst sich mit den vertrieblichen Aktivitäten innerhalb eines Zeitraumes, der sich vom Erstkontakt mit einem Interessenten bzw. Kunden bis zum Auftragseingang oder der Ablehnung eines Angebotes erstreckt. Besonderes Merkmal von Beratungsleistungen und stark erklärungs- und unterstützungsbedürftigen Produkten ist ein relativ *langer* Akquisitionszyklus. Neben Entscheidungstragweite und Risiko dürfte die Länge des Akquisitionszyklus von der Anzahl der am Entscheidungsprozess beteiligten Personen (bzw. von der Größe des Buying Centers) abhängen. Im Geschäftskundenbereich und bei Systemprodukten kann der Sales Cycle durchaus mehrere Monate oder auch ein Jahr dauern [vgl. Lippold 1993, S. 233].

Die beiden Prozesse, die den Akquisitionszyklus bestimmen, sind der **Leadmanagement-Prozess** sowie der eigentliche **Akquisitionsprozess**, wobei die Grenze zwischen dem Leadmanagement und den nachfolgenden Sales-Prozessen, die zuweilen auch als **Opportunity Management** bezeichnet werden, nicht klar zu ziehen ist.

Abbildung 6-05 gibt einen Überblick über die verschiedenen Begrifflichkeiten und Prozesse im Vertriebsmanagement.

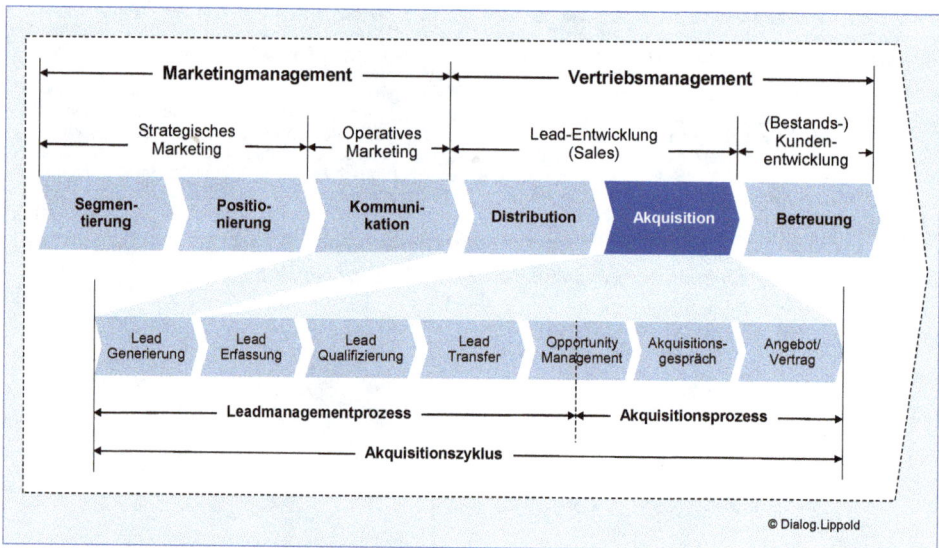

Abb. 6-05:   Begrifflichkeiten und Prozesse im Vertriebsmanagement

6.4.1 Leadmanagement

In Anlehnung an das englische Wort „Lead", das für Hinweis oder Anhaltspunkt steht, wird die systematische Kundenidentifizierung und -verfolgung als Leadmanagement bezeichnet. Dabei ist das Leadmanagement nicht auf Interessenten bzw. Neukunden beschränkt, denn auch bei bestehenden Kunden können sich neue Geschäftspotenziale ergeben. **Leadmanagement** ist die Generierung, Qualifizierung und Priorisierung von Interessenbekundungen der Kunden mit dem Ziel, dem Sales werthaltige Kontakte bereitzustellen [vgl. Leußer et al. 2011, S. 632].

Der Leadmanagement-Prozess umfasst die Stufen

- Lead Generierung,
- Lead Erfassung,
- Lead Qualifikation und
- Lead Transfer (Übergang des Leads in den Vertrieb zur Kundengewinnung).

Die erste Phase im Prozess ist die **Lead Generation**. Hier werden erste Informationen von Interessenten gesammelt werden, die als Ausgangspunkt für eine Kundengewinnung dienen. Zur Erstellung eines Leads kommt es über verschiedene Kontaktkanäle, wie z.B. Web, Telefon, E-Mail, Filialen, Marketing-Kampagnen etc. Initialzündung der Lead Generation ist somit das Kampagnen-Management, für das das Marketing (und nicht der Vertrieb) verantwortlich zeichnet [vgl. Bitkom 2010, S. 18 f.].

Über diese Kanäle erhält das Unternehmen die Daten des Interessenten (Anschrift, Branche, Unternehmensgröße etc.). Je nach Channel der Werbekampagne erfolgt die Antwort des Kunden auf unterschiedliche Weise (Ausfüllen von Web-Formularen oder gedruckten Antwortkarten, Anrufe bei einer Hotline, Besuche in einer Filiale etc.). Diese Daten werden in der **Lead Erfassung** zusammengetragen.

Nach der Lead Erfassung reichert der Vertrieb die Leads mit weiteren Informationen wie demografische und psychografische Daten an. Im Rahmen der **Lead Qualifizierung** erfolgt eine Klassifizierung der Leads nach der Dringlichkeit der Bearbeitung. Besonders wichtig ist auch eine Einschätzung der Abschlusswahrscheinlichkeit. Damit sollen die wirklich ernsthaften Kontakte herausgefiltert werden. Der mangelhafte Erfolg vieler Vertriebsorganisationen gerade im Geschäft mit komplexen Produkten und Leistungen (B2B) ist ganz offensichtlich darauf zurückzuführen, dass ein Großteil der teuren Vertriebsressourcen mit der Verfolgung sogenannter „Luftnummern" vergeudet wird. Nur durch eine gezielte Qualifizierung der Kontakte, in der bewusst Schwellenwerte gesetzt werden, lassen sich Akquisitionen kostengerechter und damit rentabel gestalten.

Eine gute Möglichkeit für eine Qualifizierung von Kontakten ist die ABC-Analyse, die in Abbildung 6-06 dargestellt ist. In dem Beispiel dienen der Status des Akquisitionsprozesses, das voraussichtliche Datum der Auftragserteilung und die Einschätzung der eigenen Chancen als Kriterien und damit als Schwellen für die jeweilige Bewertung und Einstufung der Kontakte.

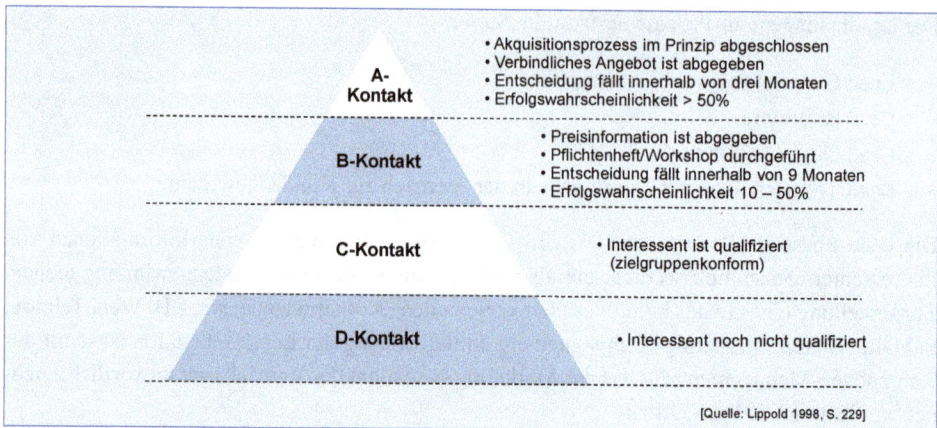

Abb. 6-06: ABC-Analyse bestehender Kontakte im B2B-Bereich (Beispiel)

Die im Marketing generierten und im Vertrieb qualifizierten Kontakte müssen nun in den Sales Prozessen weiterbearbeitet werden. Dazu ist es erforderlich, die Leads an diejenigen Vertriebsmitarbeiter weiterzuleiten, die diese bearbeiten sollen (**Lead Transfer**).

6.4.2 Opportunity Management

Sales Prozesse gliedern sich in das Opportunity Management sowie das Angebots- und Auftragsmanagement. Teilweise wird das Opportunity Management aber auch dem Leadmanagement zugerechnet und als **Lead Verfolgung** bezeichnet. Das **Opportunity Management** beschreibt die systematische Identifikation und Nutzung konkreter Verkaufschancen (engl. *Opportunities*) mit dem Ziel, diese zu bearbeiten und in ein Angebot und einen Auftrag zu verwandeln [vgl. Jost 2000, S. 334].

Letztlich geht es im Opportunity Management also darum, die Leads zeitnah in Abschlüsse umzumünzen. Nimmt der Vertrieb bspw. zu spät mit den Interessenten Kontakt auf, kann sich die sogenannte **Konversionsrate** (engl. *Conversion rate*), d. h. die Quote der Geschäftsabschlüsse im Vergleich zu allen Leads, deutlich verschlechtern. Daher haben stark vertriebsorientierte Unternehmen elektronische Eskalationssysteme für Fristüberschreitungen installiert. Das Opportunity Management unterstützt die Vertriebsmitarbeiter durch Analysen zum Status einer Opportunity, der jederzeit abgefragt werden kann, um einen aktuellen Gesamtüberblick über bestehende Verkaufschancen (Abschlusswahrscheinlichkeiten, erwartetes Abschlussvolumen und -datum) zu erhalten. Unterstützt werden die Vertriebsmitarbeiter durch grafische Pipeline-Analysen, in denen die einzelnen Opportunities in den verschiedenen Stufen des Akquisitionszyklus dargestellt werden [vgl. Leußer et al. 2011, S. 143].

Heutzutage übernehmen moderne **Customer Relationship Management-Systeme** (CRM-Systeme wie z. B. Oracle Siebel, SAP CRM) die Analyse und Verfolgung bestehender Kontakte. Dabei erfolgt die Verwaltung und Dokumentation von Geschäften in Anbahnung nach den einzelnen Stufen (engl. *Stages*) des Sales Cycle. Auf diese Weise ist es möglich, Vertriebsanalysen, Auftragswahrscheinlichkeiten und Erfolgsquotenmessungen je Kontaktstufe vorzunehmen. Ein so eingerichtetes **Pipeline Performance Management** erlaubt überdies

periodenspezifische Vertriebsprognosen anhand der Bewertung der ungewichteten oder ge-
wichteten Vertriebspipeline auf jeder Kontaktstufe. In Abbildung 6-07 ist der Sales Cycle auf
der Grundlage von sieben Kontaktstufen beispielhaft dargestellt.

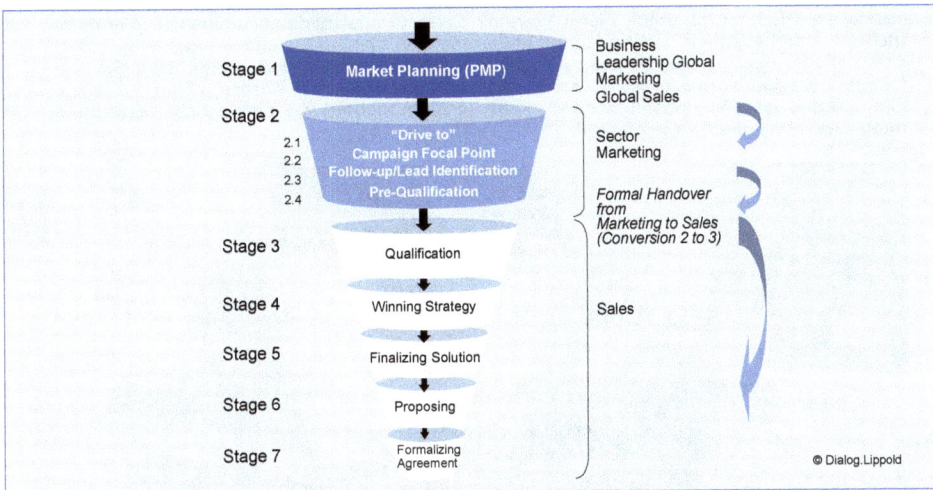

Abb. 6-07:   Beispiel eines Sales Cycle

Der Sales Cycle hat die Form eines „Vertriebstrichters" (engl. *Sales Funnel*). Während in Stufe
(Stage) 1 sämtliche Kontakte als Leads des Unternehmens erfasst sind, verdünnt sich der Trich-
ter stufenweise bis zur Stufe 7, in der nur noch jene Kontakte enthalten sind, die eine hohe
Auftragswahrscheinlichkeit besitzen und bei denen die Akquisition prinzipiell abgeschlossen
ist. Es hat sich dabei durchgesetzt, die einzelnen Kontaktstufen eines Sales Cycle in Form eines
„Vertriebstrichters" (engl. *Sales Funnel*) abzubilden. Allerdings ist diese Bezeichnung im
Grunde genommen verwirrend (siehe Insert 6-03).

Insert

Der Sales Funnel hat ausgedient

Formal ja, inhaltlich natürlich nicht! Warum? Sales Funnel bedeutet übersetzt „Vertriebs-trichter". Und bei einem Trichter kommt alles, was man oben in ihn hineingegeben hat, auch unten wieder heraus. Das ist beim Akquisitionsprozess ganz anders, denn auf jeder Kon-taktstufe werden Kontakte (engl. Leads), die nicht weiterverfolgt werden sollen, herausge-filtert. Daher ist „Vertriebsfilter" (und nicht Vertriebstrichter) die einzig richtige Bezeich-nung. Doch beginnen wir von vorne.

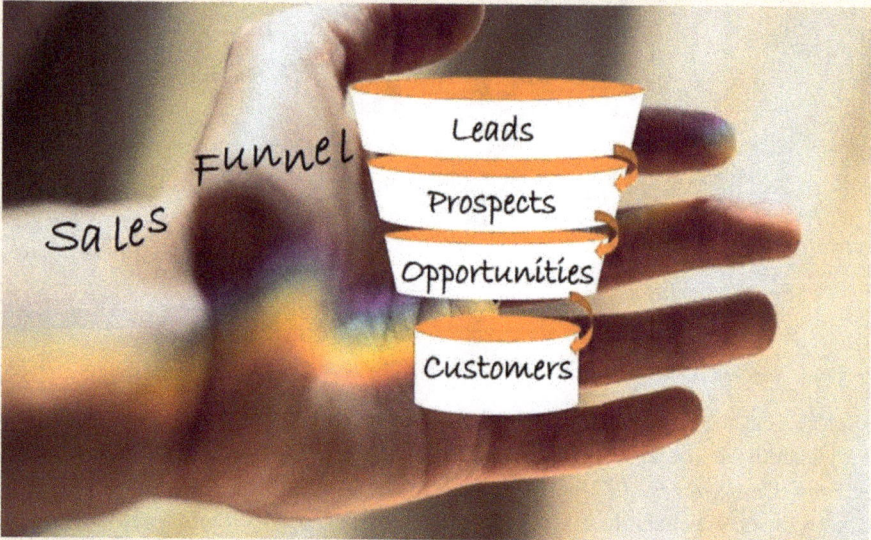

Der Vertriebsbereich bzw. die Akquisition ist wohl das teuerste Handlungsfeld im B2B-Bereich überhaupt. Und die teuerste Aktion im gesamten Vertriebsbereich wiederum heißt „Luftnummern verfolgen". Und weil das so ist, haben stark ver-triebsorientierte Unternehmen elektronische Eskalationssysteme installiert, die den Akquisi-tionszyklus in Form von selbstgesetzten Fristen überwacht. Die grundsätzliche Systematik bietet dazu die Darstellung des Vertriebstrichters, par-don des Vertriebsfilters.

In der Abbildung ist dieser Vertriebsfilter auf der Grundlage von vier Kontaktstufen beispielhaft dargestellt. Während in Stufe 1 sämtliche Kon-takte als Leads des Unternehmens erfasst sind, verdünnt sich der Trichter stufenweise bis zur Stufe 3, in der nur noch jene Kontakte enthalten sind, die eine hohe Auftragswahrscheinlichkeit besitzen und bei denen die Akquisition prinzipiell abgeschlossen ist.

Der Sales Cycle befasst sich mit den vertriebli-chen Aktivitäten innerhalb eines Zeitraumes, der sich vom Erstkontakt mit einem Interessenten

beziehungsweise Kunden bis zum Auftragsein-gang oder der Ablehnung eines Angebotes er-streckt. Besonderes Merkmal von stark erklä-rungs- und unterstützungsbedürftigen Produkten und Leistungen ist ein relativ langer Akquisi-tionszyklus. Neben Entscheidungstragweite und Risiko dürfte die Länge des Akquisitionszyklus von der Anzahl der am Entscheidungsprozess beteiligten Personen (beziehungsweise von der Größe des Buying Centers) abhängen. Im Ge-schäftskundenbereich und bei Systemprodukten kann der Sales Cycle durchaus mehrere Monate oder auch ein Jahr dauern.

Ganz entscheidend dabei ist, dass die „Luftnum-mern" – also die Kontakte ohne seriösen Hinter-grund – sehr frühzeitig herausgefiltert werden, da sonst die teuren vertrieblichen Ressourcen unnö-tig vergeudet werden. Und zur Sichtbarmachung solcher Luftnummern dient der Vertriebsfilter mit seinen Eskalationsstufen.

[Quelle: Lippold 2023]

Insert 6-03: Der Sales Funnel hat ausgedient

Insert 6-04 liefert mit „The Collaborative Selling Wheel" ein Beispiel dafür, wie das beratungs-unternehmen Capgemini seinen Sales Cycle in die Praxis umsetzt.

Insert

The Collaborative Selling Wheel von Capgemini

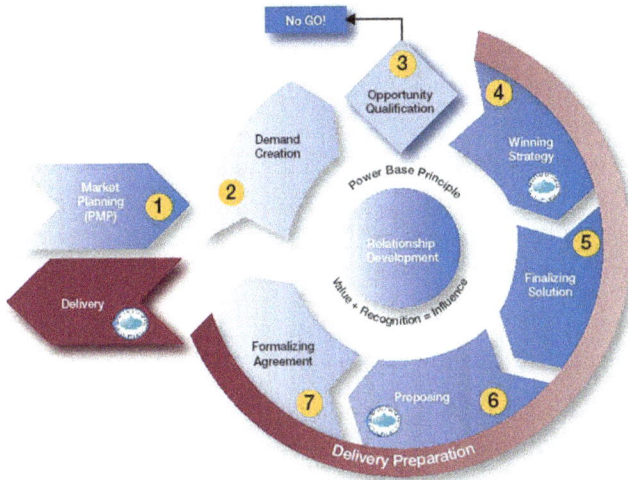

Das „Collaborative Selling Wheel" von Capgemini basiert auf sieben Stufen (Stages). Während die Stufen 1 und 2 dem Marketing vorbehalten und der Leadgenerierung gewidmet sind, entscheidet sich in der Stufe 3, welche Leads durch den Vertrieb weiter verfolgt werden sollen. In Stufe 4 wird die „Winning strategy" und in Stufe 5 die endgültige Angebotslö-sung festgelegt. Es folgt in Stufe 6 die Angebots-abgabe inkl. Präsentation. In der 7. und letzten Stufe werden die Vertragsvereinbarungen abgeschlossen. Auf Basis der oben beschriebenen Systematik zeigt die unten stehende Grafik beispielhaft die monatliche Entwicklung des Sales Funnel nach Stufen (Stages).

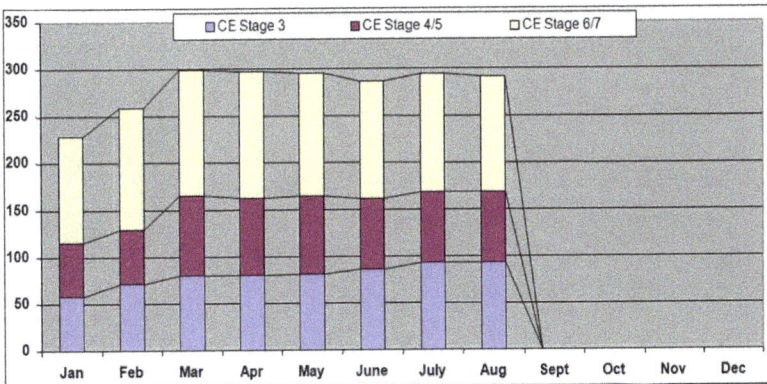

Insert 6-04: „The Collaborative Selling Wheel" von Capgemini

6.5 Akquisitionscontrolling

6.5.1 Effizienzsteigerung im Vertrieb

Der direkte Vertriebsweg ist zweifellos der bedeutendste Kostenfaktor im Vermarktungsprozess von Beratungsleistungen. Mögliche Ansatzpunkte, um die Wirtschaftlichkeit im Vertrieb zu steigern, sind:

- Straffung der administrativen Abläufe
- Förderung der Zusammenarbeit zwischen Vertrieb und Beratung
- Vereinfachung des Berichtswesens
- Einsatz des Internets für vertriebsunterstützende Maßnahmen
- Abbau von Hierarchieebenen.

Jede Stunde, die der Vertriebsmitarbeiter mit vertrieblich unproduktiven Tätigkeiten verbringt, fehlt für die qualifizierte Vertriebsarbeit [vgl. Bittner 1994, S. 180 f.].

Abbildung 6-08 zeigt als Beispiel die Ergebnisse einer Untersuchung, die das Software- und Beratungsunternehmen ADV/ORGA in den 80er Jahren durchgeführt hat und zum Anlass nahm, seine Vertriebsorganisation neu zu formieren [vgl. Lippold 1998, S. 231 ff.].

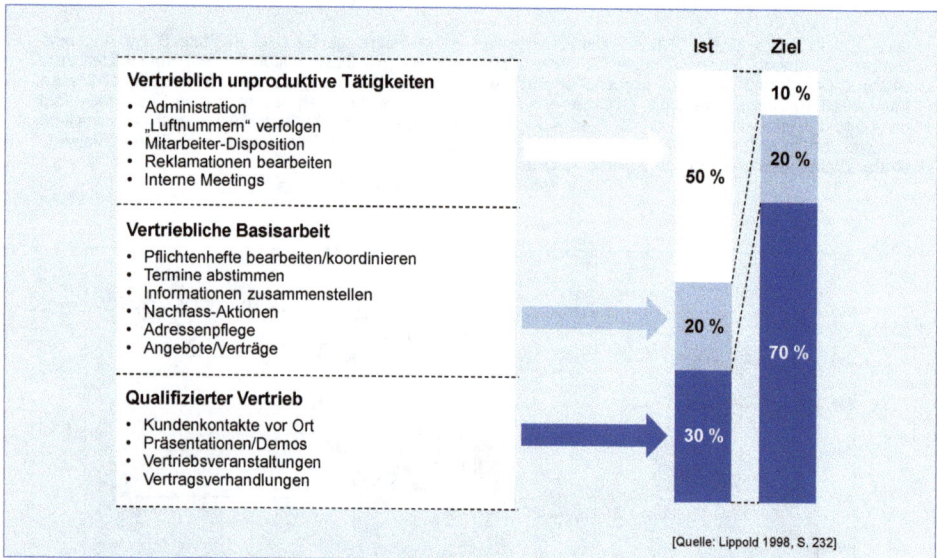

Abb. 6-08:   Tätigkeiten eines Vertriebsbeauftragten im Software- und Beratungsbereich

Um die oben bereits angesprochenen „Luftnummern" rechtzeitig zu erkennen, bietet es sich an, bereits direkt im Verkaufsgespräch oder im Vertriebsaudit **Akquisitionsschwellen** zu setzen. In Insert 6-05 sind mögliche Fragen zusammengestellt, die in diesem Zusammenhang einen scheinbar ersthaften Kontakt mit hoher Auftragswahrscheinlichkeit entlarven können [vgl. Lippold 1993, S. 233]:

Insert

Wie mit vier Fragen ein scheinbar ernsthafter Vertriebskontakt entzaubert werden kann

Viele von uns kennen die Situation: Wir sind im B2B-Bereich und im Rahmen des monatlichen Vertriebsmeetings stellen die verantwortlichen Vertriebler die Erfolgswahrscheinlichkeit bzw. Ernsthaftigkeit ihrer vertrieblichen Kontakte vor. Einen Monat später kommen dieselben Kontakte mit derselben Ernsthaftigkeit wieder zur Sprache. Einen weiteren Monat später das gleiche Prozedere und das Entscheidende: Kaum einer der Kontakte (Leads) konnte zwischenzeitlich in einen Abschluss umgemünzt werden. Monat für Monat wird so die verantwortliche Geschäftsleitung vertröstet. Mit teilweise fatalen Folgen, denn an die Durchführung vieler Aufträge sind Investitionen (in Personal und Sachmittel) geknüpft. Was läuft hier falsch?

Der angesprochene direkte Vertriebsweg kann sehr erfolgreich, aber auch sehr teuer sein. In jedem Fall ist er der bedeutendste Kostenfaktor im Vermarktungsprozess von erklärungsbedürftigen Produkten und Leistungen. Jede Stunde, die der Vertriebsmitarbeiter mit vertrieblich unproduktiven Tätigkeiten verbringt, fehlt für die qualifizierte Vertriebsarbeit. Der größte Zeitfaktor dabei ist: „Luftnummern verfolgen". Um solche Luftnummern rechtzeitig zu erkennen, bietet es sich an, bereits direkt im Verkaufsgespräch oder im Vertriebsaudit **Akquisitionsschwellen** zu setzen. Wichtige Fragen in diesem Zusammenhang sind (siehe Abbildung):

Stimmen **Anforderungsprofil** (des Interessenten) und **Leistungsprofil** (des Angebots) überein?
Was? — **Bedarfsanalyse**

Wann soll das Projekt gestartet werden und wann ist die **Einführung** der Problemlösung geplant?
Wann? — **Einführungszeitpunkt**

Ist ein **angemessenes Budget** für die Realisierung der Problemlösung vorhanden?
Wieviel? — **Budget**

Wer **entscheidet letztendlich** über die Vergabe des Auftrags?
Wer? — **Entscheidungsträger**

Zusammen mit solchen Filterfragen ist der Einsatz von Informations- und Kommunikationssystemen der stärkste Hebel zur Steigerung der Wirtschaftlichkeit im Vertrieb. Im Vordergrund steht das **Customer Relationship Management** (CRM), das eine konsequente Ausrichtung des Unternehmens auf seine Kunden und die systematische Gestaltung der Kundenbeziehungsprozesse zum Gegenstand hat. Die dazu gehörende Verfolgung (Historie) von Kunden- und Interessentenbeziehungen ist ein wichtiger Baustein und ermöglicht ein vertieftes Beziehungsmanagement. Gerade im B2B-Bereich sind Beziehungen zwischen Anbieter und Kun-den langfristig ausgerichtet. Mit Hilfe von CRM-Systemen werden diese Kundenbeziehungen gepflegt und eine differenzierte Kundenbetreuung (z. B. Fokus auf „wertvolle" Kunden) ermöglicht. Gleichzeitig dienen die CRM-Daten der Vorbereitung und Durchführung des Kundenbesuchs. [Quelle: Lippold 2018e]

Insert 6-05: Vier Fragen zur Überprüfung der Ernsthaftigkeit eines Akquisitionskontaktes

Sollten keine zufriedenstellenden Antworten auf diese oder ähnliche Fragen – wie in Insert 3-28 dargestellt – gegeben werden, so ist die Ernsthaftigkeit des Vertriebskontakts mehr als in Frage gestellt. Ggf. ist der Kontakt aus der Auftragserwartung zu streichen.

Der stärkste Hebel zur Steigerung der Wirtschaftlichkeit im Vertrieb ist im Einsatz von Informations- und Kommunikationstechnologien zu sehen. Im Vordergrund stehen hierbei die bereits oben erwähnten **CRM-Systeme**, die konsequent auf die Kunden und die systematische Gestaltung der Kundenbeziehungen ausgerichtet werden müssen.

6.5.2 Kennzahlen im Vertrieb

Für den Vertriebsbereich bietet sich eine ganze Reihe wichtiger Kennzahlen (engl. *Key Performance Indicators – KPIs*) als **Steuergrößen** bzw. verdichtete Informationen über quantifizierbare Tatbestände im Akquisitionsprozess an. Allerdings gibt es nicht die „besten Kennzahlen" oder das „beste Kennzahlensystem" – zu unterschiedlich sind Ziele und Strategien einzelner Unternehmen und Branchen. Kennzahlen sind unternehmensindividuell und sollen **Potenzial für Verbesserungen** aufzeigen und nicht als pure Kontrolle missverstanden werden. Kennzahlen sollten nicht isoliert betrachtet werden. Ihre größte Aussagekraft entfalten sie erst im Gesamtzusammenhang des Kennzahlensystems in einer langfristigen Entwicklung.

Für eine erfolgreiche Vertriebssteuerung ist es daher wichtig, die für das Unternehmen wirklich relevanten Kennzahlen auszuwählen und zeitnah zur Verfügung zu stellen. Denn mit einem effektiven Vertriebskennzahlensystem besitzt das Unternehmen ein umfassendes Informationsinstrument für sämtliche Absatz-, Kunden-, Wettbewerbs- und Marktsituationen. Vertriebskennzahlen bilden die Zielvorgaben für einzelne Vertriebsprozesse und steuern somit die Vertriebsorganisation als Ganzes als auch den einzelnen Vertriebsbeauftragten [vgl. Bitkom 2006, S. 2 ff.].

Vertriebskennzahlen füllen in erster Linie drei Funktionen aus. Sie dienen

– als die Grundlage für die **Vertriebsplanung**,

– dem Controlling als Grundlage für das Aufspüren von **Verbesserungspotenzialen** und

– der **Motivation der Mitarbeiter**, indem sie die einzelnen Vertriebsleistungen bewerten und vergleichen und damit Basis für die Berechnung von variablen Vergütungsanteilen sind.

Um die Vielzahl der zur Verfügung stehenden Vertriebskennzahlen besser einordnen zu können, sollen eine ausgewählte Anzahl entlang des Akquisitionszyklus mit den Phasen *Lead Generierung*, *Lead Qualifizierung* und *Akquisitionsprozess* aufgeführt werden. Darüber hinaus lassen sich noch Kennziffern aus den anfallenden Akquisitionskosten bilden.

Abbildung 6-09 liefert den entsprechenden Überblick.

Phase des Akquisitionszyklus	Kennziffer	Ziel
Lead Generierung	• Rücklaufquote (Feedback) pro Vertriebs-/ Marketingaktion	• Erfolg der Aktionen erhöhen
	• Prozentualer/absoluter Anteil von Messe-/ Event-/Aktionsaufwendungen am Marketingbudget	• Marketingkosten ergebnisorientiert steuern
	• Veranstaltungsindex bestehend aus Hausmessen/Ausstellungen/Roadshow, Messen, Präsentationen, Demo's etc.	• Erfolgsorientiertes Eventmanagement
	• Adress-/Bedarfs-qualifiziertes Potenzial zu Gesamtpotenzial	• Direktmarketing- kosten optimieren
Lead Qualifizierung	• Gewonnene Prospects, d. h. das Verhältnis der Anzahl der bearbeiteten Leads in einer Kategorie mit hoher Abschlusswahrschein- lichkeit zur nächst niedrigeren Stufe	• Messung und Steuerung des Lead-Qualifizie- rungsprozesses
	• Forecast Sales Pipeline	• Planbarkeit AEs erhöhen
Akquisitionsprozess (Abschluss)	• Realisierte Auftragseingangs-, Umsatz-, DB- Quote, d. h. Anzahl Mitarbeiter zu Auftrags- eingang, Umsatz, DB	• Erhöhung der Ver- triebsproduktivität
	• Angebotserfolgsquote, d. h. die Anzahl der erfolgreichen Angebote im Verhältnis zu allen abgegebenen Angeboten	• Angebotserfolge erhöhen
	• Total Contract Value (TCV) abgegebener Angebote	• Transparenz der TCV-Entwicklung
	• Auftragsverlustquote, d. h. Anzahl der nicht erzielten Aufträge im Verhältnis zu allen abgegebenen Angeboten	• Anzahl der Auf- träge aus Ange- boten erhöhen
	• Gewährte Rabatte/Erlösschmälerungen zu Brutto-Auftragseingang/Umsatz-Auftrags- werten	• Einhaltung geplanter Marktpreise
	• Neukundenquote, d. h. Anzahl der Aufträge bei Erstkunden im Verhältnis zur Anzahl aller Aufträge innerhalb einer definierten Periode	• Entwicklung des Neugeschäfts
	• Entwicklung des Kundenbestands („Schlagzahl")	• Erhöhung der An- gebotsattraktivität
	• Abschlussquote (engl. *Conversion rate*), d. h. Anzahl aller erzielten Aufträge im Verhältnis zur Gesamtzahl der Auftragserwartungen innerhalb einer definierten Periode	• Klarheit über die erfolgreichen Ziel- kundensegmente erhalten
	• Auftragsquote, d. h. Anzahl der erzielten Aufträge pro 10 Kundenbesuche	• Verbesserung der Vertriebseffektivität
	• Zeitlicher Anteil der Vertriebskontakte im Ver- hältnis zur gesamt verfügbaren Arbeitszeit	• Produktivität der Vertriebsmitarbei- ter optimieren

[Quelle: Bitkom 2006, S. 13 ff. ; Görgen 2014, S. 56]

Abb. 6-09:   Ausgewählte Akquisitionskennzahlen

6.6 Das Akquisitionsgespräch

Das wesentliche Ziel des persönlichen Verkaufs besteht darin, den Auswahl- und Entscheidungsprozess beim Kunden so zu beeinflussen, dass letztlich der Verkaufsabschluss realisiert wird. Drei Voraussetzungen sind für den Akquisitionserfolg eines Verkäufers im Beratungsgeschäft unabdingbar:

- Der Vertriebsmitarbeiter muss sein Beratungsangebot mit seinen Leistungsmerkmalen und dem daraus folgenden Nutzen für das Kundenunternehmen kennen.

- Der Vertriebsmitarbeiter muss den objektiven Bedarf und die subjektiven Bedürfnisse der Kunden so gut kennen, dass er beurteilen kann, mit welchem Leistungsprogrammausschnitt er den Bedarf/die Bedürfnisse am besten befriedigen kann.

- Der Vertriebsmitarbeiter muss in der Lage sein, durch angemessenes Verhalten das Kundenunternehmen zu der Überzeugung kommen zu lassen, dass bei ihm seine Wünsche am besten erfüllt werden.

Da die vom Kunden gewünschte Beratungsleistung (= Anforderungsprofil) häufig mit dem (Erst-)Angebot des Beratungsunternehmens (= Leistungsprofil) nicht übereinstimmt bzw. nicht deckungsgleich ist, ist es Aufgabe des Vertriebsmitarbeiters, Abweichungen zu analysieren, zu bewerten und zu priorisieren. Abweichungen treten immer dann auf, wenn aus Kundensicht ein Teil der Beratungsleistung die Anforderungen nicht abdeckt, oder dann, wenn die angebotene Leistung mehr bietet als nachgefragt bzw. honoriert wird (siehe Abbildung 6-10).

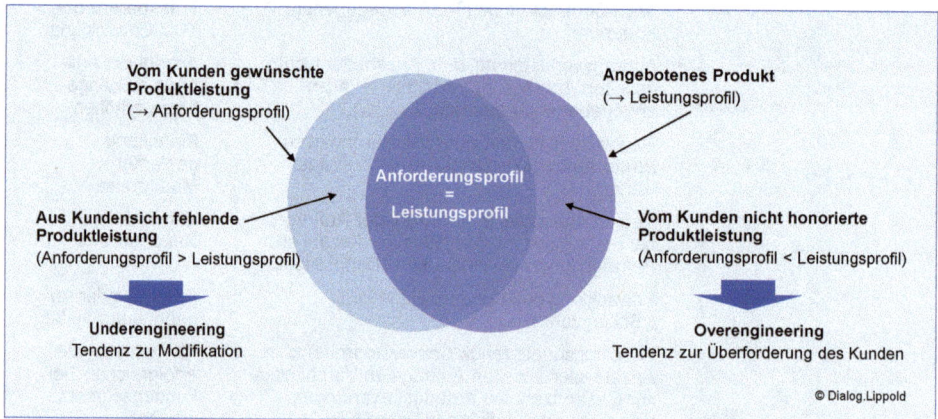

Abb. 6-10:   Gegenüberstellung von Anforderungsprofil und Leistungsprofil

Beim Akquisitionsgespräch lassen sich nach den *Gesprächsphasen* das **Kontaktgespräch**, das **Vertiefungsgespräch** und das **Abschlussgespräch** unterscheiden. Nach dem *Gesprächsinhalt* kann zwischen dem **Fachgespräch** und dem (reinen) **Informationsgespräch** differenziert werden.

Besonders wichtig ist die Einteilung des Verkaufsgesprächs nach dem *Standardisierungs- bzw. Strukturierungsgrad* (siehe Abbildung 6-11).

Ein standardisiertes Gespräch wird in aller Regel nur im **Telefonverkauf** (vornehmlich durch Call Center) durchgeführt. Der persönliche direkte Vertriebskontakt wird im Beratungsgeschäft in Form eines **nicht-standardisierten Gesprächs** wahrgenommen. Verlässt sich der Verkäufer dabei ausschließlich auf seine Intuition und seine „Tagesform", so wird er ein **nicht-strukturiertes Gespräch** führen. Eine solche unvorbereitete Gesprächsform ist allerdings nicht zu empfehlen, denn angesichts unterschiedlicher Zielsetzungen zwischen Käufer und Verkäufer sollte ein Verkaufsgespräch gut vorbereitet und zuvor gedanklich strukturiert sein. Daher wird für den Vertrieb von komplexen Beratungsleistungen immer das **strukturierte Verkaufsgespräch** die Grundlage für einen erfolgreichen Abschluss bilden.

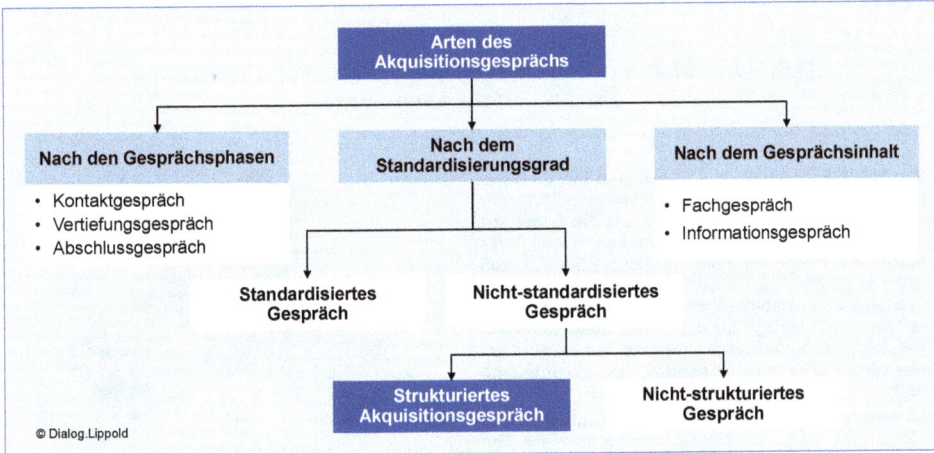

Abb. 6-11:   Arten des Akquisitionsgesprächs

Im Folgenden werden sechs Phasen des Verkaufsgesprächs unterschieden (siehe Abbildung 6-12).

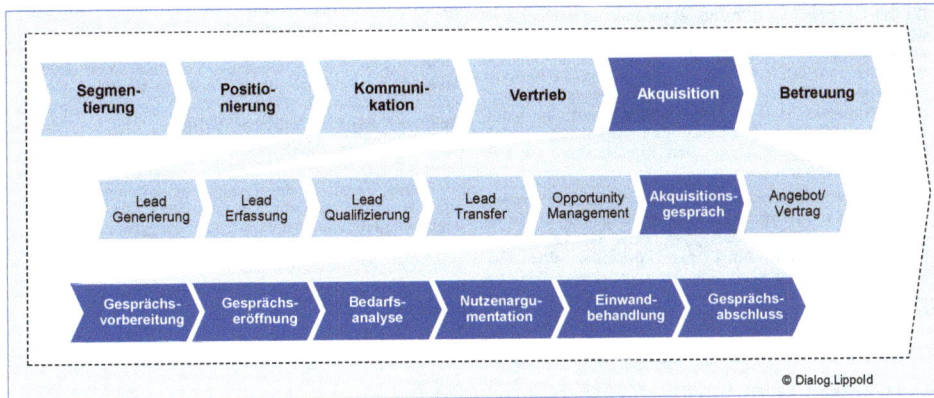

Abb. 6-12:   Phasen des Akquisitionsgesprächs

Diese Phasen werden im Laufe eines Verkaufsgesprächs durchlaufen und stellen einen vorgedachten Gesprächsaufbau im Sinne eines strukturierten Verkaufsgesprächs dar [vgl. Heitsch 1985, S. 181 ff.].

Wesentlich dabei ist, dass diese Phasen nicht zwingend in obiger Reihenfolge durchlaufen werden müssen. Auch kann es sein, dass die eine oder andere Phase übersprungen werden kann. So wird ein Abschlussgespräch andere Schwerpunkte bei den Gesprächsphasen legen als ein Kontaktgespräch oder ein Informationsgespräch. Prinzipiell sollte sich aber jeder Verkäufer im Vorfeld eines Verkaufsgesprächs darüber im Klaren sein, dass die in diesen Phasen zu berücksichtigenden Punkte im Verkaufsgespräch auch tatsächlich auf ihn zukommen.

Insert 6-06 liefert eine kurze Zusammenfassung über die sechs Bausteine (Phasen), die den Vertriebserfolg ausmachen.

Insert

Das Verkaufsgespräch im B2B-Bereich – sechs Bausteine, die den Erfolg ausmachen

Vorgedachte Wirklichkeit, 30 Sekunden bis zur Sympathie, die Frage als Informationsbagger, Hoffnung statt Kosmetika, lästige Einwände und die Angst des Schützen wie beim Elfmeterschießen – das alles macht die Erfahrung eines Verkäufers im Rahmen eines Akquisitionsgesprächs für erklärungsbedürftige Produkte und Leistungen aus. Sechs Bausteine sind es, die die Grundlage für den Erfolg eines Verkaufsgesprächs darstellen. Nichts wirklich Neues, aber immer wieder in Erinnerung gerufen, sind sie unbezahlbar!

(1) Bevor es überhaupt zum Gespräch kommt, ist ein entscheidender, allererster Schritt vorzunehmen: die **Gesprächsvorbereitung**. Durch eine sorgfältige Vorbereitung erhöhen wir die Erfolgschancen, weil damit die Bedeutung von Intuition und Tagesform verringert wird. Wer genau ist mein Kunde und was will **er** erreichen? Welche Erwartungen hat **er** an das Gespräch? Mit anderen Worten, es ist wichtig, dass man sich in die Lage des Gesprächspartners versetzt. Denn: **Vorbereitung ist vorgedachte Wirklichkeit.**

(2) Die **Gesprächseröffnung** ist deshalb so wichtig, weil der erste Eindruck, den sich ein Gesprächspartner von seinem Gegenüber macht, sehr viel nachhaltiger ist, als die Zeitabschnitte, die dann folgen. Verhaltensforscher haben nachgewiesen, dass es max. 30 Sekunden dauert, bis zwei wissen, ob sie sich sympathisch sind oder nicht. Der **erste Eindruck bestimmt das Verkaufsgespräch** also in hohem Maße, wobei auch "Kleinigkeiten" wie z.B. Kleidung zählen.

(3) In der anschließenden **Bedarfsanalyse** sind Fragen der Schlüssel zur Informationsgewinnung. Die Frage ist ein richtiger „Informationsbagger", aber sie kann noch mehr: **Mit Fragen führt der Verkäufer das Gespräch.** Eine Frage kann eine neue Weichenstellung für das Gespräch sein. Fragen beweisen Interesse am Gesprächspartner und erzeugen Zuwendung.

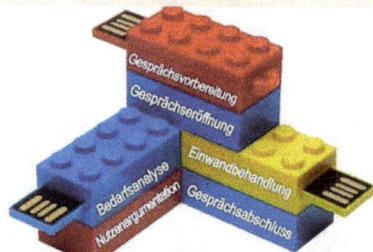

(4) In der Phase der **Nutzenargumentation** steht nicht das Produkt an sich, sondern der Nutzen des Produkts im Vordergrund. "In der Fabrik produzieren wir Kosmetika, über den Ladentisch verkaufen wir Hoffnung", sagte einmal ein bekannter Kosmetikhersteller. Und dieser Nutzen sollte in der **Argumentation mit dem Kaufmotiv** (z.B. Anerkennung, Sicherheit, Entlastung, Entdeckung, Gewinn oder Gesundheit) verknüpft werden.

(5) Die **Einwandbehandlung** ist ein weiterer wichtiger Aspekt des Verkaufsgesprächs. Einwände sind – ob begründet oder nicht – für jeden Verkäufer lästig. Sie ziehen seine Glaubwürdigkeit in Zweifel oder zeigen, dass der Kunde die Argumente nicht verstanden hat oder nicht verstehen will. Ein guter Verkäufer beherrscht die **Methoden der Einwandbehandlung**.

(6) Beim **Gesprächsabschluss** kommt die Entscheidung für den Kunden fast immer zu früh, denn es besteht in aller Regel – trotz bester Argumente – immer noch ein Stück Restunsicherheit. Trotzdem: Wenn alle Fragen geklärt sind und keine Einwände mehr bestehen, ist die Zeit für eine Entscheidung reif. Generell stellt der Gesprächsabschluss für jeden Vertriebsmitarbeiter besondere Anforderungen an seine **Abschlusssicherheit**.
[Quelle: Lippold 2022]

Insert 6-06:   *Sechs Bausteine des Verkaufsgesprächs*

6.6.1 Gesprächsvorbereitung

Vorbereitung ist vorgedachte Wirklichkeit, d. h. durch eine sorgfältige Vorbereitung lassen sich die Erfolgschancen im Verkaufsprozess erhöhen. In der Phase der Gesprächsvorbereitung sollte sich der Vertriebsmitarbeiter über die Situation seines Gesprächspartners (Zielsetzungen, Erwartungshaltung, Einfluss auf die Kaufentscheidung) informieren. Gleichzeitig muss der Vertriebsmitarbeiter die Situation seines eigenen Unternehmens im Hinblick auf die spezifische Kundensituation reflektieren (Kundenzufriedenheit, Kaufhistorie etc.). Auch muss er seine eigenen Vertriebsziele und seine Vorgehensweise abstecken sowie evtl. Konfliktstoffe ins Kalkül ziehen.

Was bei der Gesprächsvorbereitung im Einzelnen zu beachten ist und welches die wichtigsten Punkte dieser Phase sind, ist in Abbildung 6-13 zusammengetragen.

Was bei der Gesprächsvor- bereitung zu beachten ist	Wichtige Punkte der Gesprächsvorbereitung	Die Bedeutung der Gesprächsvorbereitung
• Wer ist mein Kunde und was will er erreichen? • Was möchte ich erreichen, wenn es gut läuft? • Was möchte ich erreichen, wenn ich merke, dass ich nicht weiter-komme? • Wo treffen sich Kundeninteressen mit meinen eigenen? • Wo liegt Konfliktstoff? • Wie will ich vorgehen?	• Sorgfältige Vorbereitung, nicht auf eigene Intuition verlassen • In die Lage des Partners versetzen • Gesprächsziel definieren • Grobe Vorgehensweise vordenken • Hilfsmittel planen (Demo, PC, Beamer, Präsentationsunterlagen) • Mentale Einstellung auf Fragen und Einwände	• Durch sorgfältige Vorbereitung Erfolgschancen erhöhen • Misserfolgssituation mindern • Bedeutung von Intuition und Tagesform verringern • Zeit sparen • Stress vermindern • Denn: Vorbereitung ist vorgedachte Wirklichkeit

[Quelle: Lippold 2015a, S. 376]

Abb. 6-13: Die Gesprächsvorbereitung im Überblick

6.6.2 Gesprächseröffnung

Die Gesprächseröffnung ist deshalb so wichtig, weil der erste Eindruck, den sich ein Gesprächspartner von seinem Gegenüber macht, sehr viel nachhaltiger ist, als die Zeitabschnitte, die dann folgen. So haben Verhaltensforscher nachgewiesen, dass es max. 30 Sekunden dauert, bis zwei wissen, ob sie sich sympathisch sind oder nicht. Der erste Eindruck bestimmt das Akquisitionsgespräch also in hohem Maße, wobei auch "Kleinigkeiten" wie z.B. Kleidung zählen. Hinzu kommt, dass es wesentlich leichter ist, einen guten Eindruck aufrechtzuerhalten als einen negativen Eindruck aufzuheben und positiv neuzugestalten. Da es dem Gesprächspartner an Erfahrung mit seinem Gegenüber mangelt, wird er alles an Vorurteilen und Augenblickseindrücken heranziehen, um sich ein Urteil über sein Gegenüber zu bilden [vgl. Heitsch 1985, S. 275].

In diesem Zusammenhang ist es wichtig, dass der Vertriebsmitarbeiter auf seine Sprache, Gestik, Mimik und Körperhaltung besonders achtet. Auch muss er sich ein genaues Bild von der Gesprächsatmosphäre, von der Rollen- und Machtverteilung seiner Gesprächspartner und von der eigenen Situation im Gespräch machen [vgl. Homburg/Krohmer 2009, S. 862].

Die wichtigsten Punkte der Gesprächseröffnung sind in Abbildung 6-14 festgehalten.

Was bei der Gesprächs-eröffnung zu beachten ist	Wichtige Punkte der Gesprächseröffnung	Besonderheiten der Gesprächseröffnung
• Verhaltensforscher haben nachgewiesen, dass es max. 30 Sekunden dauert, bis zwei wissen, ob sie zueinander passen oder nicht • Der erste Eindruck bestimmt das Verkaufsgespräch (auch "Kleinig-keiten", z.B. Kleidung, zählen) • Es ist wesentlich leichter, einen guten Eindruck aufrechtzuerhalten als einen negativen Eindruck aufzuheben und positiv neuzugestalten	• Lernbereitschaft herstellen • Positive Erwartungshaltung wecken • "Selbstmorderöffnungen" vermeiden • Grund und Nutzen des Besuches nennen • Zeitlichen und inhaltlichen Rahmen nennen • Positiv bleiben, auch wenn es am Anfang nicht so recht läuft	• Da es dem Gesprächspartner an Erfahrung mit seinem Gegenüber mangelt, wird er alles an Vorurteilen und Augenblickseindrücken heranziehen, um sich ein Urteil über sein Gegenüber zu bilden! • Versuchen Sie nicht, zurückzurudern – es wird dann meistens nur schlimmer!

© Dialog.Lippold

Abb. 6-14:   Gesprächseröffnung im Überblick

6.6.3 Bedarfsanalyse

Der Bedarfsanalyse kommt bei Erst- und Kontaktgesprächen eine besondere Bedeutung zu. Hier geht es darum, die Kaufmotive des Kunden zu ergründen. Diese Kaufmotive sind perso-nenbezogen und haben einen Einfluss auf die einzusetzenden Argumente des Verkäufers. Ist das dominante Kaufmotiv des Ansprechpartners bspw. *Sicherheit*, so sollte der Vertriebsmitar-beiter mit Formulierungen wie „ … das sichert Ihnen …" oder „…das gewährleistet Ihnen …" verstärkt den Sicherheitsaspekt ansprechen. Ist das Kaufmotiv dagegen *Kosten* oder *Gewinn*, so sind Verbalisierungen wie „ … das bringt Ihnen …" oder „ … damit erreichen Sie …" wir-kungsvolle Formulierungen. In dieser Phase gilt es, konzentriert *aktiv* (z. B. in Form von Fra-gen) oder *passiv* (z. B. in Form von signalisierter Zuwendung und Interesse) zuzuhören. Der Einsatz von Fragetechniken (offene und geschlossene Fragen) steht im Zentrum der Bedarfsa-nalyse, denn wer fragt, führt das Gespräch.

Abbildung 6-15 gibt einen Überblick über wichtige Punkte dieser Phase.

Was bei der Bedarfsanalyse zu beachten ist	Wie bei der Bedarfsanalyse vorzugehen ist	Fragetechniken bei der Bedarfsanalyse
• Kunde erwirbt nur Produkte/ Leistungen – die seine **subjektiven Bedürfnisse** und seinen objektiven Bedarf befriedigen (Bedarf sind konkretisierte Bedürfnisse) – von deren **Nutzen/Vorteil** er überzeugt ist • **Kaufmotive** des Kunden ergründen, damit nutzen-orientiert argumentiert werden kann	• Konzentriert **passiv** zuhören – Ungeteilte Aufmerksamkeit zuwenden – Körpersprache einsetzen – Interesse signalisieren • **Aktiv** zuhören – Paraphrasieren – Verbalisieren – Kontrollierter Dialog – Fragen stellen **Wer fragt, führt das Gespräch!**	• **Offene Fragen (W-Fragen)** – wer, wann, wo, womit, was, wozu, weshalb, welche, wie, ... – erfragen Meinungen – lassen sich nicht mit Ja oder Nein beantworten • **Geschlossene Fragen** – beginnen mit einem Verb und lassen sich mit Ja oder Nein beantworten – haben lenkende Wirkung – können unbedenklich verwendet werden, um sich über Übereinstimmung zu versichern

[Quelle: Lippold 2015a, S. 378]

Abb. 6-15:   Bedarfsanalyse im Überblick

6.6.4 Nutzenargumentation

Die Nutzenargumentation im Rahmen des Verkaufsgesprächs (engl. *Benefit Selling*) sollte vor dem Hintergrund erfolgen, dass der Kunde keine Leistungen oder Produkte erwerben will, sondern den Nutzen bzw. den Vorteil, den er sich von den Leistungen erhofft. D. h. die verwendeten Argumente müssen den Nutzen von Leistungsmerkmalen anschaulich und glaubhaft machen. Solche **Merkmals-/Nutzen-Argumentationen** werden dann zu schlagenden Argumenten, wenn sie zusätzlich die Motivlage des Ansprechpartners treffen („Der Köder soll dem Fisch schmecken und nicht dem Angler").

In Abbildung 6-16 ist an einem einfachen Beispiel illustriert, wie nachteilig eine Argumentation, die sich auf reine Leistungseigenschaften konzentriert (engl. *Character Selling*), im Vergleich zu einer Merkmals-/Nutzen-Argumentation wirkt.

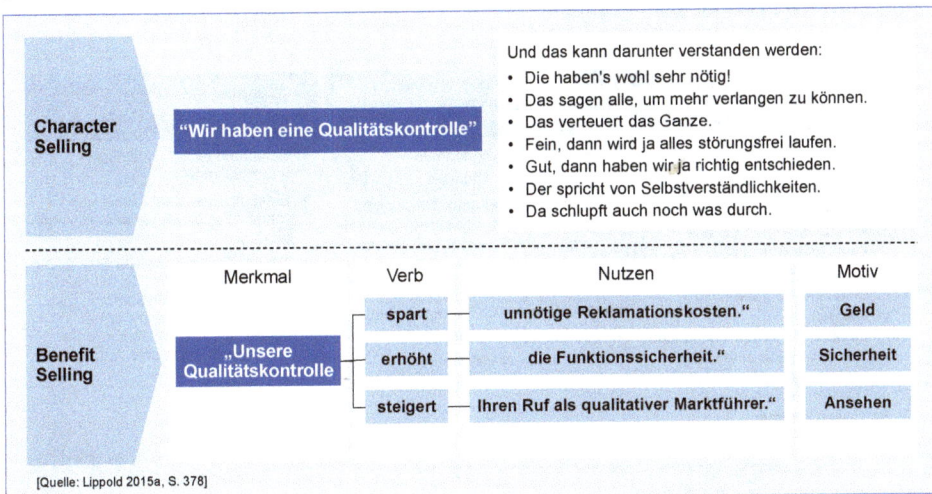

Abb. 6-16:   Gegenüberstellung von Character Selling und Benefit Selling

Wichtig bei der Nutzenargumentation ist darüber hinaus, dass der Verkäufer diskutierte Leistungsmerkmale *zweiseitig* argumentiert. Dadurch erhöht er die Glaubwürdigkeit seiner Aussagen, denn nur Vorteile gibt es nicht. Dem erwarteten Nutzen stehen zumindest immer Kosten gegenüber. Ferner sollten Fachausdrücke vermieden werden (es sei denn, der Kunde spricht sie aus). Auch sollte der Vertriebsmitarbeiter die Lernbereitschaft des Kunden nicht überfordern, sondern die Argumente zusammenfassen, Zwischenergebnisse festhalten und die vom Gesprächspartner akzeptierten Argumente wiederholen. Auch sollte man mit der Argumentation erst dann fortschreiten, wenn Einigkeit über ein wichtiges Argument erzielt worden ist.

6.6.5 Einwandbehandlung

Einwände sind für jeden Verkäufer lästig. Sie ziehen seine Glaubwürdigkeit in Zweifel oder zeigen, dass der Kunde die Argumente nicht verstanden hat oder nicht verstehen will. In jedem Fall verzögern Einwände das Verkaufsgespräch. Ursachen für Einwände können sein, dass die gegebenen Informationen nicht verstanden werden. Es kann aber auch sein, dass der Gesprächspartner die Information sehr wohl verstanden hat, diese aber anders bewertet. Schließlich kann es auch sein, dass der Kunde im Vorfeld des Verkaufsgesprächs andere Informationen hatte, die ihn zu anderen Schlüssen kommen lässt.

Ziel der Einwandbehandlung ist es, eine gemeinsame Informationsbasis zwischen Verkäufer und Kunden zu schaffen, d. h. es sollte eine Einigung über die Bewertung der Informationen geben, ohne dass es Sieger oder Besiegte gibt.

Die Einwandbehandlung wird in den einschlägigen Vertriebstrainings und Verkäuferschulungen immer wieder geprobt. Bewährte **Einwandbehandlungstechniken** – wie in Abbildung 6-17 gezeigt – stehen dabei im Vordergrund.

Bei der Behandlung von Einwänden geht es letztlich nicht darum, wer Recht hat. Selbst wenn der Verkäufer immer Recht bekommt, unterliegt er mindestens einmal: Wenn er die Unterschrift unter den Vertrag nicht bekommt.

Was bei der Einwandbehandlung zu beachten ist	Wie bei der Einwandbehandlung vorzugehen ist	Ziele der Einwandbehandlung
• Einwände sind lästig. • Einwände ziehen die Glaubwürdigkeit in Zweifel oder zeigen die Begriffsstutzigkeit des Kunden. • Einwände verzögern sie das Verkaufsgespräch. **Ursachen für Einwände** • Informationen wurden nicht verstanden. • Informationen wurden verstanden, werden aber anders bewertet. • Kunde hat andere Informationen und lassen ihn zu anderen Schlüssen kommen.	• Einwand vorwegnehmen • "Ja—Aber"—Methode • Bumerang-Methode, bei der ein Einwand in ein positives Argument umgewandelt wird (… ja, gerade deshalb …") • "Gesetzt—den—Fall—dass" • Wiederholen und versachlichen • Verbalisieren von Emotionen • "Pro-und-Kontra"-Methode • Einwände zusammenfassen	• Schaffung einer gemeinsamen Informationsbasis • Einigung über deren Bewertung (ohne dass es Sieger oder Besiegte gibt!) • Bei der Behandlung von Einwänden geht es nicht darum, wer Recht hat. Selbst wenn der Verkäufer immer Recht bekommt, unterliegt er mindestens einmal: wenn er die Unterschrift unter den Vertrag nicht bekommt!

© Dialog.Lippold

Abb. 6-17:   Einwandbehandlung im Überblick

6.6.6 Gesprächsabschluss

Für den Kunden kommt die Entscheidung fast immer zu früh, denn es besteht in aller Regel – trotz bester Argumente – immer noch ein Stück Restunsicherheit. Trotzdem: Wenn alle Fragen geklärt sind und keine Einwände mehr bestehen, ist die Zeit für eine Entscheidung reif. Häufig sendet der Kunde auch bereits **Kaufsignale**, z. B. wenn er sehr häufig und unaufgefordert zustimmt oder Fragen stellt, die erst nach dem Kauf relevant sind. Weitere Kaufsignale können sein, dass sich der Kunde über die Erfahrung anderer Kunden (= Referenzen) informiert, um die eigene Entscheidung final abzusichern. Ein recht zuverlässiges Kaufsignal ist auch, wenn der Kunde bereits nach Zahlungsterminen fragt oder sich mit Details beschäftigt, die ebenfalls erst nach dem Kaufabschluss zu Tragen kommen. Wenn der Kunde ungeduldig wird, sollte man darauf verzichten, seine noch so guten Argumente fortzuführen. Der Kunde entscheidet!

Häufig muss dem Gesprächspartner beim Abschluss über die Schwelle hinweg geholfen werden. Hierzu bietet sich dem Verkäufer die direkte Aufforderung ("Ich meine, wir sind uns einig, was meinen Sie?") oder die indirekte Aufforderung ("Was steht aus Ihrer Sicht einer Entscheidung noch im Wege?") an.

Sollte allerdings keine Entscheidung erreichbar sein, so müssen die Teilergebnisse gesichert und das weitere Vorgehen vereinbart werden (z. B. Aktionsplan, Referenzbesuch, Termin bei der Geschäftsführung).

Generell stellt der Gesprächsabschluss für jeden Vertriebsmitarbeiter eine besondere Herausforderung dar. Die Anforderung, die in diesem Zusammenhang an die Qualifikation des erfolgreichen Verkäufers zu stellen ist, betrifft seine **Abschlusssicherheit**. Da ganz offensichtlich die Dauer der Auswahl- und Entscheidungsprozesse mit der Komplexität der einzusetzenden Lösung zunimmt, droht häufig die Gefahr, dass sich die Prozesse schier endlos und für beide Seiten unbefriedigend hinziehen.

Die wichtigsten Punkte beim Gesprächsabschluss sind in Abbildung 6-18 zusammengefasst.

Kaufsignale, die beim Gesprächsabschluss zu beachten sind	Wie beim Gesprächsabschluss vorzugehen ist	Die wichtigsten Punkte beim Gesprächsabschluss
• Kunde stimmt häufig ohne Aufforderung zu • Kunde stellt Fragen, die erst nach dem Kauf wichtig werden • Kunde fragt nach der Erfahrung anderer Kunden (Referenzen), um eigene Entscheidung abzusichern • Kunde beschäftigt sich bereits mit Details • Kunde formuliert immer öfter Zustimmung • Kunde fragt nach Zahlungsterminen	• Direkte Aufforderung zur Entscheidung • ("Ich meine, wir sind uns einig, was meinen Sie?) • Indirekte Aufforderung zur Entscheidung ("Was steht einer Zusammenarbeit noch im Wege?) • Bei Nichteinigung einen Aktionsplan vereinbaren (Referenzbesuch, Termin bei der Geschäftsleitung)	• Für den Kunden kommt die Entscheidung fast immer zu früh (Restunsicherheit) • Trotzdem: Wenn alle Fragen geklärt sind und keine Einwände mehr bestehen, ist die Zeit für eine Entscheidung reif • Dem Gesprächspartner über die Schwelle hinweghelfen • Falls keine Entscheidung erreichbar, Teilergebnisse sichern und weiteres Vorgehen vereinbaren

© Dialog.Lippold

Abb. 6-18: Gesprächsabschluss im Überblick

6.7 Angebots- und Vertragsgestaltung

Das Aktionsfeld *Akquisition* wird in der Regel mit der Angebots- und Vertragsgestaltung abgeschlossen. Die Aufforderung zur Abgabe eines Angebotes kann mündlich („Senden Sie uns doch bitte ein Angebot zu") oder formal als „Request for Proposal – RfP" erfolgen.

6.7.1 Vertragliche Grundlagen

Mit der Abgabe eines Angebots existiert aber noch kein Vertrag. Ein Vertrag kommt grundsätzlich erst durch die Übereinstimmung von Antrag und Annahme zustande. Da der Antrag sowohl vom Auftragnehmer als auch vom Auftraggeber ausgehen kann, kommt ein Vertrag zustande durch

- Angebot des Auftragnehmers *und* Auftrag (Bestellung) des Auftraggebers oder durch
- Auftrag (Bestellung) des Auftraggebers *und* Auftragsbestätigung des Auftragnehmers.

In der Beratungsbranche ergeben sich somit für den Vertragsabschluss folgende Möglichkeiten:

- Der Berater macht ein Angebot, das Kundenunternehmen erteilt den Auftrag rechtzeitig und ohne Abänderungen. Damit ist der Vertrag zustande gekommen.

- Der Berater unterbreitet ein Angebot, das Kundenunternehmen bestellt zu spät oder mit Abänderungen (Erweiterungen oder Einschränkungen). Die verspätete Annahme des Antrages oder eine Annahme mit Änderungen gelten als neuer Antrag. Der Vertrag kommt erst durch Annahme des neuen Antrags zustande.

- Das Kundenunternehmen erteilt einen Auftrag ohne vorhergehendes Angebot, der Berater bestätigt den Auftrag. Der Vertrag kommt mit der Annahme des Auftrages zustande.

Da es sich bei dem Angebot von Beratungsunternehmen in aller Regel um ausgesprochen erklärungsbedürftige Leistungen handelt, wäre die Abfassung und Unterzeichnung eines **formellen (schriftlichen) zweiseitigen Vertrages**, in dem das Kundenunternehmen die Rechtsposition des Beraters ausdrücklich zur Kenntnis nimmt, der beste Weg zur Eingrenzung der vertraglichen Rechte und Pflichten beider Vertragspartner.

Wie heißt es so schön: „Die besten Verträge sind die, die in der Schublade bleiben können." Nun zeigt die Praxis allerdings immer wieder, dass eben nicht alle Verträge in der Schublade bleiben – auch nicht in der Beratungsbranche. In solchen Fällen, d. h., wenn Konfliktsituationen zwischen Auftraggeber und Auftragnehmer auftreten, dann stellen gute Verträge so etwas wie ein „Krisenmanagement" dar. Das Ergebnis schlechter Verträge sind dagegen ganz oder teilweise „uneinbringliche Forderungen". Die Lehre daraus lautet: Wer in Verträgen für Konfliktlösungen vorgesorgt hat, kann sich erlauben, Konflikte geschäftspolitisch großzügig zu klären.

Wie die Praxis aber auch immer wieder zeigt, werden solche zweiseitig entwickelten Vertragsentwürfe im Allgemeinen eingehenden, vor allem aber zeitraubenden Prüfungen durch die Rechtsabteilungen der Kundenunternehmen unterzogen.

Im Sinne einer zügigen Vertragsabwicklung haben sich daher viele Beratungsunternehmen nicht für die Aushandlung eines formellen zweiseitigen Vertrages, sondern mit dem Aufbau und der Vorlage eines ausführlichen Angebots auf der Basis von Angebotsbausteinen mit entsprechenden Mustertexten für eine etwas elastischere Vorgehensweise entschieden. Zwar handelt es sich dabei aus juristischer Sicht nur um den zweitbesten, allerdings deutlich schnelleren Weg der Vertragsgestaltung:

- Der potenzielle Auftraggeber, also das Kundenunternehmen, erhält vom Berater zunächst ein ausführliches, **schriftliches Angebot**, an das der Berater sechs Wochen gebunden ist.

- Das Kundenunternehmen erteilt dem Berater einen **schriftlichen Auftrag**, in dem es sich auf das ihm vorliegende Angebot bezieht. Sollte das Kundenunternehmen den Auftrag zu spät, d. h. nach Ablauf von sechs Wochen, oder mit Abänderungen erteilen, so gilt dies wieder als neuer Antrag. Die Reaktion des Beraters auf ein solches Vorgehen muss entweder die Formulierung eines neuen Angebotes oder die Bestätigung dieser Bestellung sein.

- Das Kundenunternehmen erhält in jedem Fall eine abschließende **schriftliche Auftragsbestätigung** vom Berater.

Somit orientieren sich die Rechtsgeschäfte dieses vereinfachten Verfahrens an der dreistufigen Kette: „**Angebot – Auftrag (Bestellung) – Auftragsbestätigung**".

Sollte ein Kundenunternehmen dem Berater einen schriftlichen Auftrag erteilen, indem es von dem vorliegenden Angebot abweicht, so muss der Berater sofort, prompt und unverzüglich reagieren, da Schweigen als Bestätigung der Abänderung betrachtet werden kann. Derartige **Abweichungen** können sein:

–   Geänderte Preise
–   Veränderte Termine
–   Einkaufsbedingungen des Auftraggebers als Grundlage der Bestätigung
–   Haftungserweiterungen
–   Änderungen der Gewährleistungsfristen
–   Geänderte Zahlungsbedingungen
–   Änderung des Gerichtsstandes.

Abbildung 6-19 verdeutlicht die unterschiedlichen Möglichkeiten, bei denen ein Vertrag im Beratungsgeschäft zustande kommen kann.

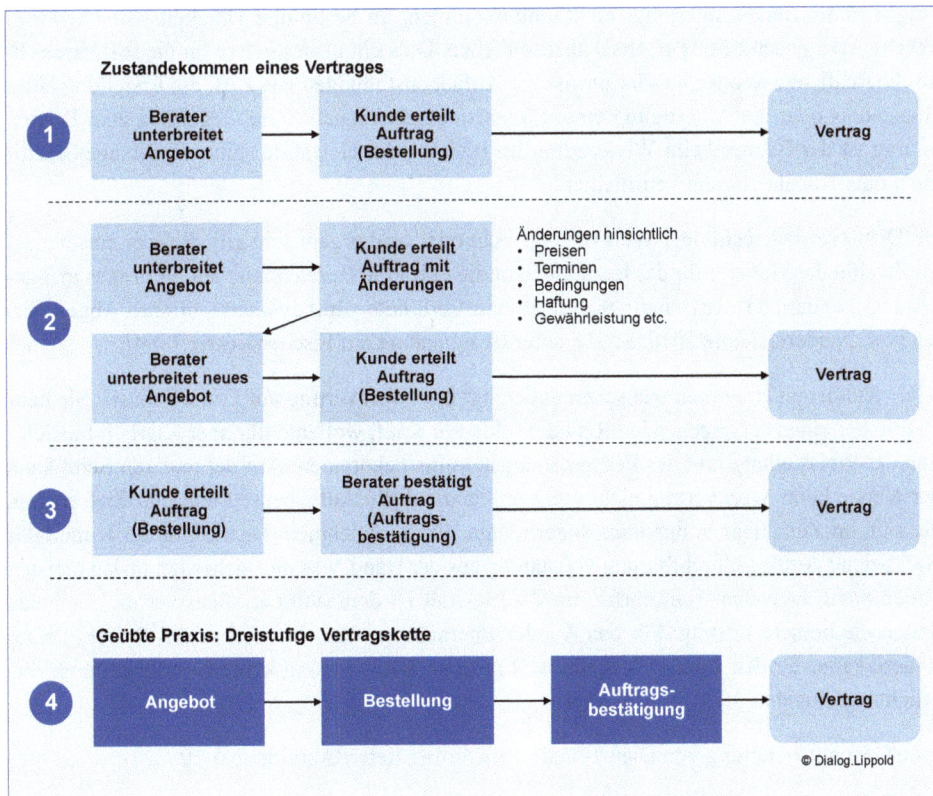

Abb. 6-19:   Möglichkeiten des Vertragsabschlusses in der Beratungsbranche

6.7.2 Dienstvertrag vs. Werkvertrag

Die nächste wichtige Frage, die sich im Zusammenhang mit der Vertragsgestaltung stellt, ist die Frage nach der schuldrechtlichen Zuordnung des Vertrages. Handelt es sich bei der Beratungstätigkeit also um einen Dienstvertrag oder um einen Werkvertrag?

Die Abgrenzung ist im Wesentlichen dahingehend vorzunehmen, dass ein Dienstvertrag dann vorliegt, wenn die Tätigkeit *selbst* geschuldet wird, ein Werkvertrag dagegen dann, wenn der *Erfolg* der Tätigkeit geschuldet wird. Beim Werkvertrag ist das Tätigwerden lediglich Mittel zum Zweck der Vertragserfüllung, beim Dienstvertrag dagegen die fachlich qualifizierte Tätigkeit die Vertragserfüllung selbst.

Praktisch gesehen hängt die vertragliche Zuordnung vom Grad der Aufgabenstellung ab: Liegt eine klar abgegrenzte, wohldefinierte Aufgabenstellung vor, bei der entsprechende Voraussetzungen und Vorleistungen zu erfüllen sind, so handelt es sich regelmäßig um einen Werkvertrag. Sind diese Bedingungen nicht erfüllt, so dass sich der Berater nicht in der Lage sieht bzw. auch gar nicht sehen kann, den Erfolg seiner Tätigkeit zu garantieren, ist die rechtliche Basis der Dienstvertrag.

Reine Beratung ist also regelmäßig eine Dienstleistung. Besonders bei der IT-nahen Dienstleistung wird der Berater allerdings nicht umhinkommen, für bestimmte Tätigkeitsbereiche einen Werkvertrag nach §§ 631 ff. BGB abzuschließen. Dies gilt insbesondere für die softwaretechnische Realisierung oder für klar umrissene Aufgabenstellungen wie z. B. die Erstellung eines Gutachtens oder die Anfertigung eines Organisationshandbuches. Im Gegensatz zum Dienstvertrag ist der Berater beim Werkvertrag im Rahmen der Gewährleistung zur Mängelbeseitigung oder Nachbesserung verpflichtet.

Ob Dienstvertragsrecht oder Werkvertragsrecht oder beides gemischt gilt, darüber entscheidet im Zweifel das Gericht, für das letztlich nicht die gewählte Bezeichnung des Vertrages maßgebend ist, sondern das wirtschaftlich Gewollte in Verbindung mit dem tatsächlichen Abgelieferten [vgl. Niedereichholz 2010, S. 315 unter Bezugnahme auf Fischer/Küster 1994].

Viele Kundenunternehmen wünschen unbedingt den Werkvertrag auf Festpreisbasis. Sie nehmen lieber einen entsprechenden Risikozuschlag in Kauf, wollen dafür aber Klarheit hinsichtlich der Preisstellung und des Fertigstellungstermins bekommen. Auf der anderen Seite kann der Kunde beim Werkvertrag nicht mehr lenkend auf die Aufgabenstellung und Zielsetzung, die sich im Zeitablauf ja durchaus ändern kann, Einfluss nehmen. Damit gibt der Kunde das Heft bei der Auftragsdurchführung vollständig aus der Hand, was ihm sicherlich in den meisten Fällen nicht angenehm sein dürfte. Im Zweifelsfall ist demnach der Dienstvertrag für beide Seiten die bessere Lösung: Für das Kundenunternehmen deshalb, weil es das Projekt besser steuern kann, für den Berater deshalb, weil er beim Dienstvertrag keine Gewährleistungsverpflichtung eingeht.

Eine Gegenüberstellung von Dienst- und Werkvertrag liefert Abbildung 6-20.

	Dienstvertrag § 611 ff. BGB	Werkvertrag § 631 ff. BGB
Gegenstand	Leistung von Diensten (Arbeit)	Herstellung eines körperlichen oder unkörperlichen Werks
Kennzeichen	tätigkeitsbezogen	erfolgsbezogen (§ 631 Abs. 2)
Beispiele	• Beratung und Unterstützung, z.B. bei Erstellung eines Pflichtenhefts • Supportleistungen (Hotline) • Schulung	• Erstellung eines Pflichtenhefts • Software-Erstellung oder Anpassung • Implementierung • Erstellung eines Pflichtenhefts
Vergütung	i.d.R. nach Aufwand, laufend zu entrichten	• i.d.R. Festvergütung, fällig mit Abnahme (§ 641) • Anspruch auf Abschlagszahlungen (§ 632a)
Abnahme	nicht erforderlich	(Haupt-)Pflicht des Auftraggebers (§ 640)
Mitwirkung des Auftraggebers	grundsätzlich nicht geschuldet	Obliegenheit, § 642 BGB
Rechtsfolgen bei Mängeln	• keine Sachmängelgewährleistung • Schadensersatz nach allgemeinen Regeln (§ 280) • ordentliche Kündigung (§ 621) • außerordentliche Kündigung (§ 626)	• Sachmängelgewährleistung inkl. Schadensersatz (§ 634) • freie Kündigung (§ 649) • ggf. außerordentliche Kündigung (§ 314)
Vertragsdauer und Beendigung	Dauerschuldverhältnis: • auf bestimmte Zeit (§ 620 Abs. 1) • auf unbestimmte Zeit (§ 620 Abs. 2) • außerordentliche Kündigung möglich (§ 626)	bis zur Vollendung des Werks: • Kündigungsrecht des Auftraggebers (§ 649) • Kündigungsrecht des Beraters (§ 642) • außerordentliche Kündigung möglich (§ 314)

[Quelle: Schneider-Brodtmann 2007, S. 25 ff.]

Abb. 6-20:   Gegenüberstellung von Dienst- und Werkvertrag

6.7.3 Aufwandsbezogene Vergütung vs. Festpreis

Häufig wird unterstellt, dass ein Werkvertrag auch immer eine fixe Vergütung erfordert, während der Dienstvertrag zwingend mit einer **aufwandsbezogenen Vergütung** in Verbindung gebracht wird. Das muss aber nicht so sein, denn der Gestaltungsfreiheit der Vertragsparteien sind keine Grenzen gesetzt, d. h. die Ausprägung eines Vertragsverhältnisses ist grundsätzlich unabhängig von der Art der Vergütung. So kann ein Werkvertrag durchaus vorsehen, dass sich die Vergütung nach der Höhe des Aufwands bemisst. Ebenso kann ein Dienstvertrag eine Pauschalvergütung beinhalten.

Wird ein Werkvertrag zu einem **Festpreis** abgeschlossen, so übernimmt der Berater neben der Ergebnisverantwortung auch das Risiko, dass sein Aufwand den vereinbarten Festpreis nicht übersteigt. Umgekehrt hat das Kundenunternehmen beim Festpreis das Risiko, dass im Festpreis viele Reserven zugunsten des Beraters einkalkuliert sind, so dass diese Reserven bei optimalem Projektverlauf einen Extraprofit für den Berater darstellen. Als Alternative wird daher häufig eine **Vergütung nach Aufwand mit einer Obergrenze** vereinbart, die nicht überschritten werden darf. Zwar hat das Kundenunternehmen hierbei die Chance, keine Risikoprämie für das Einhalten des Festpreises zahlen zu müssen, für den Berater gibt es aber keinen Anreiz, mit seinem Aufwand unter der Höchstgrenze zu bleiben [vgl. Clifford Chance 2004, S. 6 f.].

Insbesondere bei *IT-Projekten* setzen sich in der Praxis zunehmend **gemischt-typische Verträge** durch. Die werkvertragliche Komponente umfasst dabei die Realisierung (Entwicklung, Customizing, Modifikationen) und ggf. die Installation von Software und Datenbanken. Mit dem Projekt einhergehende Schulungsleistungen sowie sonstige Beratungs- und Unterstützungsleistungen sind dagegen dienstvertragliche Komponenten.

In Abbildung 6-21 sind wichtige Preisgestaltungsmodelle dargestellt.

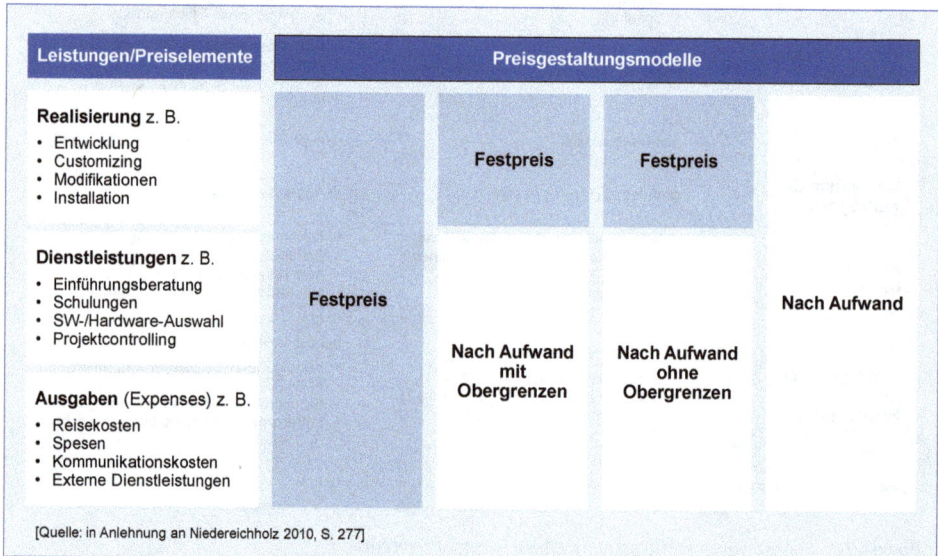

Leistungen/Preiselemente	Preisgestaltungsmodelle		
Realisierung z. B. • Entwicklung • Customizing • Modifikationen • Installation	**Festpreis**	**Festpreis**	**Festpreis**
Dienstleistungen z. B. • Einführungsberatung • Schulungen • SW-/Hardware-Auswahl • Projektcontrolling	**Festpreis**	**Nach Aufwand mit Obergrenzen**	**Nach Aufwand ohne Obergrenzen**
Ausgaben (Expenses) z. B. • Reisekosten • Spesen • Kommunikationskosten • Externe Dienstleistungen			**Nach Aufwand**

[Quelle: in Anlehnung an Niedereichholz 2010, S. 277]

Abb. 6-21:   Preiselemente und Vertragstypen bei IT-Projekten

Aus werkvertraglicher Sicht besonders wichtig ist in diesem Zusammenhang die **Leistungsbeschreibung**. Sie bildet letztlich die Grundlage für die Festlegung der vereinbarten Beschaffenheit der bereitzustellenden Leistung i. S. d. §§ 434 Abs. 1, 633 Abs. 2 BGB. Die Leistungsbeschreibung, die in der Regel in einem **Pflichtenheft** festgelegt ist, ist somit die Basis für die Prüfung, ob die erbrachte Leistung frei von Sachmängeln ist [vgl. Schneider-Brodtmann 2007, S. 21 ff.].

6.7.4 Allgemeine Auftragsbedingungen

Was nützen die besten Verträge, wenn sie sich gegenüber wirtschaftlich übermächtigen Auftraggebern nicht durchsetzen lassen? Sich der Bedeutung solcher guten, allseits akzeptierten Verträge bewusst, hat der BDU bereits sehr frühzeitig Allgemeine Geschäftsbedingungen (AGBs) für seine Mitgliedsfirmen erarbeitet und als „ Allgemeine Beratungsbedingungen der Unternehmensberatungen" dem Bundeskartellamt zur Genehmigung vorgelegt. Solche Geschäftsbedingungen stellen quasi das „Kleingedruckte" dar und regeln rechtliche Tatbestände wie *Haftung* oder *Gewährleistung*. Sie werden dem Angebot beigefügt und erlauben dem Kundenunternehmen, sich nach einmaliger Prüfung des rechtlichen Rahmens direkt auf den sachlichen Inhalt eines Angebots zu konzentrieren. Dieses Bedingungswerk des BDU, das inhaltlich der **Strategieberatung** zuzuordnen ist, enthält folgende Abschnitte:

Nach **§ 1 (Geltungsbereich)** gelten die Allgemeinen Beratungsbedingungen für Verträge, „*deren Gegenstand die Erteilung von Rat und Auskünften durch den Auftragnehmer an den Auftraggeber bei der Planung, Vorbereitung und Durchführung unternehmerischer oder fachlicher Entscheidungen und Vorhaben*" ist. Damit nimmt der Berater dem Kundenunternehmen keine Entscheidung ab, sondern agiert ausschließlich als Helfer zur Selbsthilfe und Vorbereiter von Entscheidungen des Kunden. Die Entscheidung, ob die Beraterempfehlungen auch umgesetzt werden sollen, bleibt ausschließlich dem Kunden vorbehalten [vgl. Niedereichholz 2010, S. 314].

Der **§ 2 (Vertragsgegenstand; Leistungsumfang)** weist darauf hin, dass die im Vertrag (Angebot) vereinbarte und bezeichnete Beratungstätigkeit *und „nicht die Erzielung eines bestimmten wirtschaftlichen Erfolges oder die Erstellung von Gutachten oder anderen Werken*" Gegenstand des Auftrages ist. Unerheblich ist, ob und wann der Kunde die Empfehlungen umsetzt. Damit soll deutlich gemacht werden, dass es sich von vornherein um einen **Dienstvertrag** nach §§ 611 ff. BGB handeln soll, denn der Berater haftet im Rahmen dieses Vertrages nicht für den aus seiner Arbeit erwarteten Erfolg.

Mit **§ 3 (Leistungsänderungen; Schriftform)** wird dem Umstand Rechnung getragen, dass das Kundenunternehmen im Zeitablauf einer Beratung – insbesondere bei längeren und komplexeren Projekten – immer wieder zu neuen Erkenntnissen gelangt. Dadurch kann es zu Planungskorrekturen und zu Änderungen der ursprünglichen Zielsetzungen kommen. Solche Fälle, deren Mehraufwand angemessen zu vergüten ist, müssen protokolliert und von beiden Seiten schriftlich bestätigt werden.

In **§ 4 (Schweigepflicht; Datenschutz)** ist geregelt, dass der Berater zeitlich unbegrenzt verpflichtet ist, „über alle als vertraulich bezeichneten Informationen oder Geschäfts- und Betriebsgeheimnisse des Auftraggebers, die ihm im Zusammenhang mit dem Auftrag bekannt werden, Stillschweigen zu wahren". Die Weitergabe an Dritte darf nur mit schriftlicher Einwilligung des Kunden erfolgen. Der Berater ist aber befugt, die ihm anvertrauten Daten unter Beachtung der Datenschutzbestimmungen (z. B. für Benchmarks) zu verarbeiten.

Der **§ 5 (Mitwirkungspflichten des Auftraggebers)** macht deutlich, dass der Berater bei der Durchführung des Auftrags auf eine umfassende Unterstützung des Kundenunternehmens und seiner Mitarbeiter angewiesen ist.

In **§ 6 (Vergütung; Zahlungsbedingungen; Aufrechnung)** wird betont, dass die Vergütung des Beraters entweder „*nach den für die Tätigkeit aufgewendeten Zeiten berechnet (Zeithonorar) oder als Festpreis schriftlich vereinbart*" wird. Die Zahlung eines Erfolgshonorars ist in jedem Fall ausgeschlossen, da es den Dienstleistungscharakter in Frage stellen kann. Eine Aufrechnung gegen Forderungen des Beraters auf Vergütung und Auslagenersatz ist nur mit rechtskräftig festgestellten Forderungen zulässig.

Gemäß **§ 7 (Haftung)** haftet der Berater grundsätzlich für Schäden, die von ihm vorsätzlich oder grob fahrlässig verursacht wurden. Bei leichter Fahrlässigkeit tritt der Berater für die von ihm (mit-)verursachten Schäden nur dann ein, *„wenn und soweit diese auf der Verletzung solcher Pflichten beruhen, deren Erfüllung die ordnungsgemäße Durchführung des Vertrags überhaupt erst ermöglicht und auf deren Einhaltung der Auftraggeber regelmäßig vertrauen darf".* Die Haftungshöhe ist für den einzelnen Schadensfall auf 250.000 Euro begrenzt.

Gemäß **§ 8 (Schutz des geistigen Eigentums)** darf das Kundenunternehmen die vom Berater gefertigten Berichte, Organisationspläne, Entwürfe, Zeichnungen, Aufstellungen, Berechnungen etc. nur für die vertraglich vereinbarten Zwecke verwenden und nicht ohne ausdrückliche Zustimmung verbreiten.

In **§ 9 (Treuepflicht)**, der sich auf die Mitarbeiter beider Vertragspartner bezieht, verpflichten sich Berater und Kundenunternehmen zur gegenseitigen Loyalität. *„Sie informieren sich unverzüglich wechselseitig über alle Umstände, die im Verlauf der Projektausführung auftreten und die Bearbeitung nicht nur unerheblich beeinflussen können".*

Der **§ 10 (Höhere Gewalt)** enthält keine beratungsspezifischen Besonderheiten.

In **§ 11 (Kündigung)** ist geregelt, dass – sofern nichts anderes vereinbart ist – der Auftrag durch den Kunden jederzeit, durch den Berater mit einer Frist von 14 Tagen zum Monatsende gekündigt werden kann. Hierbei handelt es sich allerdings um eine Regelung, die nicht unbedingt als ausgewogen bezeichnet werden kann, so dass sich der Berater in jedem Fall um eine Einzelfallregelung bemühen sollte.

Der **§ 12 (Zurückbehaltungsrecht; Aufbewahrung von Unterlagen)** gibt vor, dass der Berater bis zur vollständigen Begleichung seiner Forderungen ein Zurückbehaltungsrecht an den ihm überlassenen Unterlagen hat.

In **§ 13 (Sonstiges)** sind schließlich ein mögliches Abtretungsrecht an den Vertragsrechten sowie der Gerichtsstand geregelt. Schließlich wird darauf hingewiesen, dass Änderungen der Bedingungen oder des Vertrages in jedem Fall schriftlich erfolgen müssen.

6.7.5 Angebotstypen

Es existieren nahezu genauso viele Angebotstypen wie es Beratungsleistungen gibt. Viele Beratungsunternehmen haben sich einen Vorrat an Standardtextbausteinen für die verschiedenen Angebotstypen zugelegt, um eine möglichst einheitliche und zeitsparende Angebotsgestaltung vornehmen zu können. Mit solch einem Reservoir an Textbausteinen ist es für Vertriebs- und Fachmitarbeiter relativ leicht, ein individuelles (maßgeschneidertes) Angebot zusammenzustellen. Wichtige Angebotstypen für die *„klassische"* Unternehmensberatung sind:

- Angebotstyp **„Situationsanalyse"** (auch: Schwachstellenanalyse) → Dienstvertrag
- Angebotstyp **„Analyse/Planung"** (auch: Strategische Planung) → Dienstvertrag
- Angebotstyp **„Realisierung"** (vor allem Gutachten) → vorwiegend Werkvertrag
- Angebotstyp **„Unterstützung"** → Dienstvertrag
- Angebotstyp **„Rahmenplanung"** → Dienstvertrag.

Speziell für die *IT-nahe* Unternehmensberatung kommen folgende Angebotstypen in Betracht:

- Angebotstyp **„Projektplanung und Beratung"** → vorwiegend Dienstvertrag
- Angebotstyp **„Hard- und Softwareüberlassung"** → vorwiegend Kauf- bzw. Nutzungs- vertrag
- Angebotstyp **„Anpassung von Standardsoftware"** → vorwiegend Werkvertrag
- Angebotstyp **„Erstellung von Individual-Software"** → Werkvertrag
- Angebotstyp **„Implementierung und Schulung"** → Dienstvertrag
- Angebotstyp **„Betrieb von Hard- und Software"** → spezifischer Outsourcing-Vertrag
- Angebotstyp **„Wartung und Pflege"** → Wartungsvertrag.

Die Standard- und Individualtexte für die o. g. Angebotstypen sollten folgenden Gliederungs- punkten zugeordnet werden:

- Ausgangssituation (obligatorisch für jedes Angebot)
- Aufgabenstellung und Zielsetzung (obligatorisch für jedes Angebot)
- Lösungsidee (sollte nur dann aufgenommen werden, wenn entsprechende Vorüberlegun- gen gemacht wurden)
- Vorgehensweise (kann beim Angebotstyp ‚*Unterstützung*' entfallen)
- Projektdurchführung (mit möglichen Hinweisen auf Projektverantwortung, Entschei- dungs- und Abstimminstanzen sowie Projektmanagement)
- Arbeitsort, Sachmittel, Arbeitszeit (obligatorisch für jedes Angebot)
- Daten, Test, Entwicklungsumgebung (nur beim Angebotstyp ‚*Realisierung*')
- Zeitlicher Rahmen (obligatorisch für jedes Angebot)
- Personaleinsatz (obligatorisch für jedes Angebot)
- Honorare und Konditionen (obligatorisch für jedes Angebot).

7. Betreuung – Optimierung der Kundenzufriedenheit

7.1 Aufgabe und Ziel der Betreuung

Die *Betreuung* ist das sechste und letzte wichtige Aktionsfeld im Rahmen des Vermarktungsprozesses von Beratungsleistungen (siehe Abbildung 7-01). Da die Marketingaktivitäten eines
Unternehmens nicht mit dem Auftragseingang enden, zielt die Betreuung auf die Optimierung
der *Kundenzufriedenheit* ab:

Kundenzufriedenheit = f (Betreuung) → optimieren!

Die Komponente *Betreuung* unterscheidet sich insofern von den übrigen Aktionsfeldern der
Marketing-Gleichung, weil sie erst *nach* der Auftragsvergabe zur Wirkung gelangt. Innerhalb
des Vermarktungsprozesses ist sie der *Post-Sales-Phase* zuzuordnen.

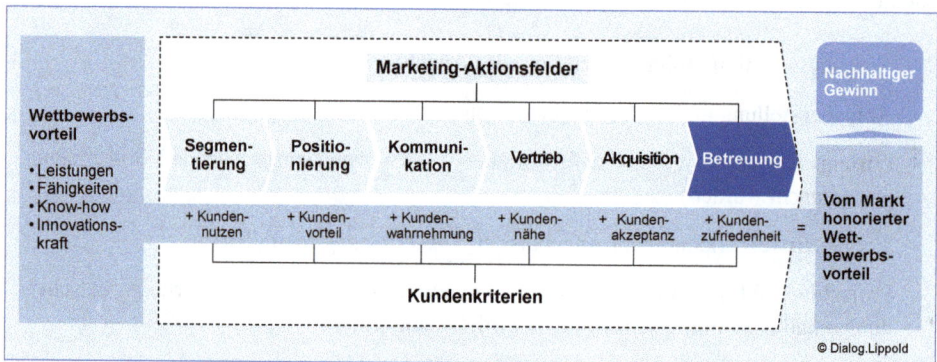

Abb. 7-01:   Die Betreuung als sechstes Aktionsfeld der Marketing-Gleichung

Dem Aktionsfeld *Betreuung* kommt in zweifacher Hinsicht eine besondere Bedeutung zu [vgl.
Lippold 1998, S. 237 f.]:

Zum einen ist die vorhandene Kundenbasis immer dann das am leichtesten zu erreichende Absatzpotenzial für das **Folgegeschäft**, wenn es gelingt, die bisherige Beziehung zur Zufriedenheit
des Kunden zu gestalten. Im B2C-Marketing lässt sich die Kundenzufriedenheit relativ leicht
an den unmittelbaren Wiederholungskäufen festmachen. Im Beratungsmarketing mit komplexen Leistungen ist dies dann der Fall, wenn das Projekt aufwandsgerecht durchgeführt wird,
der Funktionsumfang den Erwartungen entspricht und das Kundenunternehmen auch nach dem
Projekteinsatz das Gefühl hat, jederzeit kompetent (und bevorzugt) betreut zu werden. Mit den
daraus resultierenden Folgeaufträgen wächst das Unternehmen mit seinem Kunden. Kurzum:
Die verkauften Leistungen sollten dem abgegebenen Nutzen- und Qualitätsversprechen entsprechen und damit Wiederholungsaufträge initiieren.

Zum anderen ist ein gut betreuter Kunde in idealer Weise auch immer eine **Referenz** für das
Neugeschäft, d. h. zur Gewinnung neuer Kunden. Besonders im Beratungsgeschäft sind Referenzen in einem Markt, dessen Entscheidungsprozesse häufig vom Kaufmotiv *Sicherheit* geprägt sind, in vielen Fällen ein wesentlicher Schritt zur Absicherung der Kaufentscheidung.

In diesem Zusammenhang ist anzumerken, dass dem Aktionsfeld *Betreuung* in der Marketing-literatur im Rahmen des marketingpolitischen Instrumentariums (Marketing-Mix) generell keine sehr große Bedeutung beigemessen worden ist. Im Mittelpunkt stand das „Neukunden-Marketing" und nicht das „Bestandskunden-Marketing". Erst mit dem Aufkommen der Idee des Customer Relationship Managements (CRM) ist die Beziehung zu den Bestandskunden stärker in das Bewusstsein der verschiedenen Marketingansätze gerückt.

Um die Betreuung, d. h. um die Bearbeitung der Bestandskunden zu optimieren, ist es erforder-lich, sich zunächst mit den Aspekten des Kundenbeziehungsmanagements zu befassen.

7.2 Grundlagen der Kundenbeziehung

Das Beziehungsmarketing (engl. *Relationship Marketing*), das eine Zeit lang unter dem Begriff *Beziehungsmanagement* diskutiert wurde, wird inzwischen als **Customer Relationship Ma-nagement (CRM)** immer stärker als ein wesentlicher, erfolgsbestimmender Marketingansatz gesehen. Das Beziehungsmarketing hat seinen Ursprung im B2B-Bereich und hier insbesondere im System- und Anlagengeschäft, wo besonders vielschichtige und intensive Kundenbeziehun-gen typisch sind.

Prinzipiell steht das Beziehungsmarketing im Gegensatz zum Transaktionsmarketing. Beim **Transaktionsmarketing** steht die „übliche instrumentelle, eher auf den kurzfristigen Erfolg ausgerichtete Einwegbetrachtung" [Meffert et al. 2008, S. 41] – also der reine Verkaufsakt – im Vordergrund.

Das **Beziehungsmarketing** betrachtet dagegen die Austauschbeziehungen zwischen Anbieter und Nachfrager prozessual und ganzheitlich. Damit wird es beeinflusst von den betriebswirt-schaftlichen Zusammenhängen zwischen **Kundenbindung und Gewinnerzielung**.

Abbildung 7-02 zeigt die wesentlichen Unterschiede zwischen dem Transaktions- und dem Be-ziehungsmarketing auf. Die Gegenüberstellung darf aber nicht so verstanden werden, dass das Beziehungsmarketing dem Transaktionsmarketing immer und in jeder Weise überlegen ist. Die Entscheidung, ob Transaktionsmarketing oder Beziehungsmarketing der bessere Weg ist, hängt auch von den Wünschen und Vorstellungen des einzelnen Kunden ab. Eine Vielzahl von Kun-den schätzt ein umfassendes Leistungsangebot des Beratungsunternehmens und bleibt lange Zeit Stammkunde. Andere Kunden hingegen zielen auf Kostenvorteile und wechseln bei nied-rigeren Kosten sofort den Anbieter.

Insofern ist das Beziehungsmarketing nicht bei allen Kunden der richtige Ansatz, da sich die hohen Aufwendungen der Beziehungspflege nicht immer bezahlt machen. Bei Kunden jedoch, die sich gern auf ein bestimmtes Leistungspaket festlegen und zudem eine kontinuierliche und gute Betreuung erwarten, ist das Beziehungsmarketing ein außerordentlich wirkungsvolles In-strument [vgl. Kotler et al. 2007, S. 842 unter Bezugnahme auf Anderson/Narus 1991, S. 95 ff.].

Transaktionsmarketing	Beziehungsmarketing
Orientierung am kurzfristigen Transaktionserfolg	**Orientierung am langfristigen Beziehungserfolg**
• Priorität der kurzfristigen Kundenabschöpfung	• Langfristige Ausschöpfung aller Kundenpotentiale
• Wachstum durch neue Kunden	• Wachstum durch Kundenbindung
• Transaktionsorientierte Sicht der Kundenbeziehung	• Evolutorisches Verständnis der Kundenbeziehung
Prioritäten des Produkterfolges	**Priorität des Kundenerfolgs**
• Umsatz und Marktanteil als oberste Marketing-Ziele	• Kundennähe, -zufriedenheit und -bindung als Ziele
• Gesamtmarkt – oder Segmentbetrachtung	• Individuelle Steuerung von Kundenbeziehungen
• Kontrolle der Vorteilhaftigkeit von Transaktionen	• Vertrauen in Fairness der Geschäftsprozesse
Aktionistische Marketingprozesse	**Interaktive Marketingprozesse**
• Breitangelegte Kommunikation	• Dialog-Kommunikation
• Standardisierte Marketingaktivitäten	• Individualisierte Marketingaktivitäten
• Klare Grenzen zum Kunden	• Integration des Kunden

© Dialog.Lippold

Abb. 7-02:   Transaktionsmarketing vs. Relationship Marketing

Die Akquisition von Folgeaufträgen und die Steigerung des Umsatzes mit Kunden, für die bereits Beratungsaufgaben wahrgenommen wurden (engl. *Repeat Business*), sind für alle Unternehmensberatungen von hoher Bedeutung.

Wie eine Untersuchung der Universität Mannheim aus dem Jahre 2003 zeigt, werden rund 80 Prozent des gesamten Umsatzes von Beratungsunternehmen aller Sparten mit Aufträgen bei bestehenden Kunden erzielt (siehe Insert 7-01). Damit wird zugleich deutlich, dass die nachhaltige Pflege der Kundenbeziehung zugleich auch zur Steigerung des Unternehmenswertes beiträgt [vgl. Becker 2009, S. 631].

Auch das Beratungsmarketing hat erkannt, dass eine auf Dauerhaftigkeit angelegte Beziehungspflege von besonderer Bedeutung für den Geschäftserfolg ist. Grundvoraussetzung einer dauerhaften Beziehung ist der Aufbau von **Vertrauen**. So verwundert es auch nicht, dass die Deutsche Bank ihren Slogan „Vertrauen ist der Anfang von allem" zur Grundlage ihrer Geschäftsbeziehung gemacht hat. Beratung hat fast ausschließlich mit Vertrauen zu tun – Vertrauen in die Verschwiegenheit (= Vertraulichkeit), aber auch Vertrauen in die professionelle Erfüllung eines Auftrags [vgl. Berger 2004, S. 12].

Der **Wert einer Geschäftsbeziehung** ist auch deshalb für den Beratungsbereich von besonderer Bedeutung, weil die Unsicherheit gegenüber der Leistung einer Beratung immer dann am geringsten ist, wenn der betreffende Kunde bereits in einem Projekt mit dem Berater zusammengearbeitet hat und wenn diese (positive) Zusammenarbeit auf das neue Projekt übertragen werden kann. So ist es auch wenig verwunderlich, dass Kundenunternehmen häufig, überwiegend oder sogar ausschließlich einen bestimmten Berater zur Lösung betrieblicher Probleme heranziehen [vgl. Schade 2000, S. 200 f.].

Insert

Repeat Business: Die Bedeutung von Folgeaufträgen für das Beratungsgeschäft
- Aus dem Ergebnisbericht einer Befragung im Frühjahr 2003* -

Frage: Welchen Anteil am Gesamtumsatz erzielten Sie im Jahr 2002 durch a) Folgeaufträgen aus laufenden Projekten und b) durch neue Aufträge mit bestehenden Projekten?

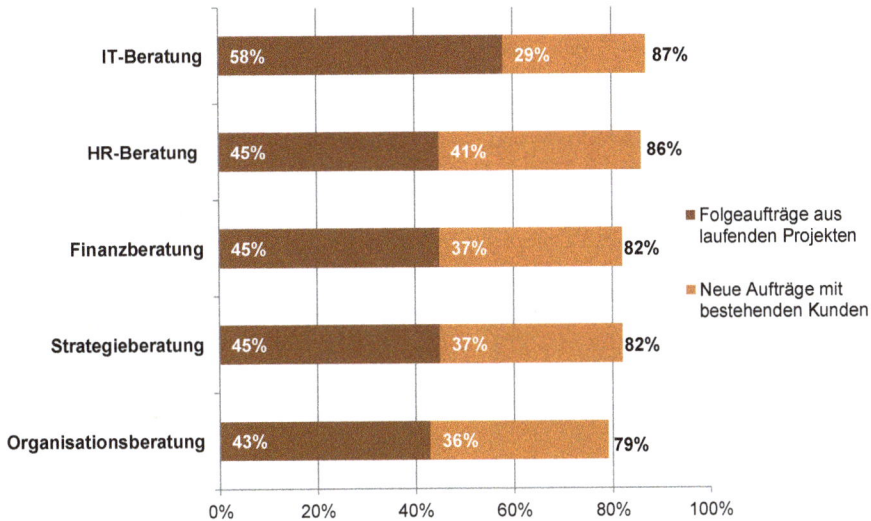

Branche	Folgeaufträge	Neue Aufträge	Gesamt
IT-Beratung	58%	29%	87%
HR-Beratung	45%	41%	86%
Finanzberatung	45%	37%	82%
Strategieberatung	45%	37%	82%
Organisationsberatung	43%	36%	79%

Legende: Folgeaufträge aus laufenden Projekten; Neue Aufträge mit bestehenden Kunden

[Quelle: Kieser 2003, S. 20 f.]

Die Akquisition von Aufträgen bei bestehenden Kunden ist für Beratungsunternehmen aller Sparten von großer Bedeutung, da durchschnittlich 80 Prozent des Umsatzes durch Aufträge von Kunden, für die bereits Beratungsaufgaben wahrgenommen wurden, generiert werden. Es ergeben sich sowohl Anschlussaufträge aus bestehenden Projekten, die einen engen zeitlichen und inhaltlichen Bezug zum Vorgängerprojekt aufweisen, als auch neue Aufträge von Kunden, für die bereits in anderen Unternehmensbereichen oder zu einem früheren Zeitpunkt eine Beratungstätigkeit ausgeübt wurde. Insbesondere bei IT-Beratungen spielen Folgeaufträge aus laufenden Projekte mit durchschnittlich 58 Prozent Umsatzanteil eine sehr große Rolle. HR-Beratungen und IT-Beratungen wiesen den höchsten durchschnittlichen Repeat Business-Anteil von fast 90 Prozent auf.

* An der im Frühjahr 2003 von der Universität Mannheim (Prof. A. Kieser) durchgeführten Befragung zum Thema „Beratungsmarketing und Projektorganisation von Unternehmensberatungen" haben 180 von über 1.000 angeschriebenen Unternehmensberatungen teilgenommen.

Insert 7-01: Repeat Business im Beratungsgeschäft

Eine gute Geschäftsbeziehung ist darüber hinaus auch Ursprung einer **Referenz**. Speziell im Beratungsgeschäft kann zwischen Personen-Referenzen und Know-how-Referenzen unterschieden werden. *Know-how-Referenzen* beziehen sich auf die Beratungsleistungen an sich und stellen einen wichtigen Grund dafür, dass ein Anbieter nach entsprechenden Vorgesprächen und Angebotspräsentation den letztendlichen Zuschlag erhält. *Personen-Referenzen* werden von Personen abgegeben, die positive Erfahrungen mit dem Berater gemacht haben und entweder bereit sind, sich als Referenz nennen zu lassen (passive Referenz) oder aktiv als Referenz wirksam zu werden (aktive Referenz) [vgl. Schade 2000, S. 216 f.].

7.3 Customer Relationship Management

Customer Relationship Management (CRM) steht für die konsequente Ausrichtung aller Unternehmensprozesse auf den Kunden. Der Kerngedanke des CRM ist die Steigerung des Unternehmens- und Kundenwerts durch das systematische Management der existierenden Kundenbeziehungen. Mit CRM lassen sich besonders wertvolle Kundengruppen identifizieren und mit gezielten Maßnahmen der Kundenbindung (engl. *Customer Retention*) an das Unternehmen binden. Dies wird durch Konzepte wie Loyalitätsmaßnahmen, Personalisierung und Dialogmanagement erreicht [vgl. Rapp 2000, S. 42 f.].

Wie eine CRM-Untersuchung aus dem Jahre 2009 zeigt, sind die Erhöhung der Kundenbindung, der Aufbau von Kundenwissen und die Steigerung der Vertriebseffizienz die Hauptziele der 110 befragten Unternehmen (siehe Insert 7-02). Bei dieser CRM-Untersuchung handelt es sich allerdings nicht um eine Befragung innerhalb der Zielgruppe der Beratungsunternehmen. Da der größte Teil der befragten Unternehmen jedoch dem B2B-Bereich zuzuordnen ist, können die Erkenntnisse dieser Untersuchung durchaus auf Beratungsunternehmen übertragen werden. Ohnehin zählt die CRM-Beratung bei vielen Beratern zum Leistungsportfolio und was für die Kundenunternehmen richtig ist, sollte auch für die Anbieter von CRM-Konzepten gelten.

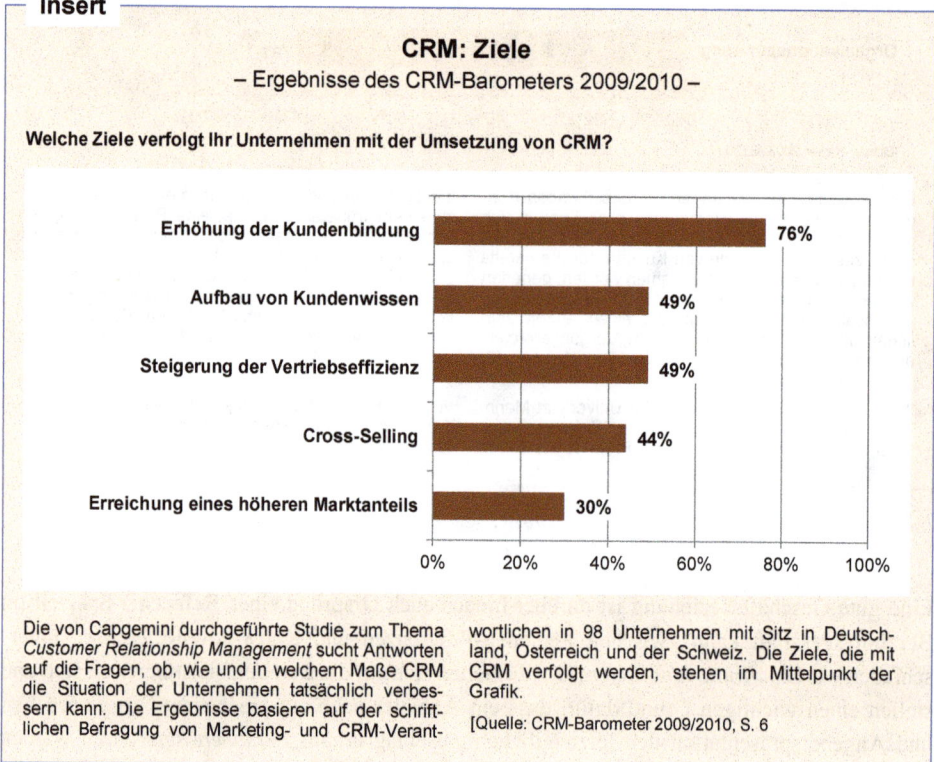

Insert 7-02:   CRM-Ziele

Generell beruht der Erfolg von CRM auf der Beantwortung folgender strategischer Fragen [vgl. Rapp 2000, S. 46 f.]:

- Welche Kunden sind die profitabelsten in der Dauer der Kundenbeziehung und wie unterscheiden sich diese in ihrem Verhalten und ihren Prozessen?

- Welche Leistungen und Personalisierungsangebote müssen geboten werden, damit sie dem Unternehmen langfristig verbunden bleiben?

- Wie können ähnliche neue profitable Kunden nachhaltig gewonnen werden?

- Wie lässt sich ein differenziertes Leistungsangebot für unterschiedliche Kunden entwickeln ohne die Kosten zu erhöhen?

Zur Beantwortung dieser Fragen benötigen Unternehmen differenzierte Daten über ihre Kunden. Diese sind zumeist in mehr oder weniger strukturierter Form (als numerische Daten, als Fließtext, als Grafiken etc.) in verschiedenen Kunden- oder Produktdatenbanken des Unternehmens vorhanden. Für Zwecke des Customer Relationship Management müssen diese Daten in geeigneten IT-gestützten CRM-Systemen zusammengefügt werden, um die notwendigen Kundeninformationen herausfiltern zu können. Wesentliche Instrumente dazu sind Data Warehouse- und Data Mining-Systeme [vgl. Becker 2009, S. 633].

Beim **Data Warehouse** handelt es sich um ein speziell für die Entscheidungsfindung aufgebautes Informations- bzw. Datenlager, in dem Daten aus unternehmensweiten, operativen IT-Systemen (Call Center, Internet, Vertrieb etc.) gesammelt, transformiert, konsolidiert, gefiltert und fortgeschrieben werden. Das **Data Mining** wiederum dient nun dazu, aus diesem Datenberg wertvolle Informationen zu extrahieren, um Aussagen im Sinne der Kundenorientierung und Gewinnmaximierung treffen zu können [vgl. Rapp 2000, S. 73 ff.].

Wie die Umfrageergebnisse des CRM-Barometers 2009/2010 weiter zeigen, wird die Vielzahl der gesammelten Daten von der Mehrheit der befragten Unternehmen analytisch ausgewertet. So nehmen zwei Drittel der befragten Unternehmen eine Effektivitätsmessung in Marketing, Vertrieb und Service vor. Hier wird die Profitabilität von Marketingkampagnen oder die Effektivität von Vertriebs- und Serviceprozessen gemessen (siehe Insert 7-03).

Die Umsetzung von CRM-Maßnahmen ist allerdings nicht frei von Problemen und Herausforderungen. Keine klare Zielsetzung und zu viele Aktivitäten, die nicht priorisiert wurden, sind bei 55 Prozent der befragten Unternehmen das entscheidende Umsetzungsproblem [Quelle: CRM-Barometer 2009/2010, S. 8].

CRM muss nicht zwingend als ein umfassendes Maßnahmenpaket im Rahmen eines Großprojektes eingeführt werden. Oft ist es effektiver, die Umsetzung – entsprechend der unternehmerischen Priorisierung und der Gesamtstrategie – in Einzelteile zu zerlegen. Geschieht dies, können zahlreiche CRM-Aktivitäten auch parallel mit Erfolg umgesetzt werden. Diese Vorgehensweise hat neben dem Vorteil des geringeren Umsetzungsrisikos auch den Vorzug, dass die Mitarbeiter CRM als schrittweisen Veränderungsprozess erkennen und dadurch den eingeschlagenen Weg nicht nur mitgehen, sondern im Idealfall sogar aktiv unterstützen [vgl. CRM-Barometer 2009/2010, S. 7 f.].

Schließlich noch ein weiterer Aspekt, der beim Auf- und Ausbau eines nachhaltigen CRM – zumindest in weiten Teilen des B2C- und B2B-Marketing – zukünftig eine bedeutende Rolle spielen wird: der Trend zur Kommunikation über **Social Media**. Bereits in wenigen Jahren wird es selbstverständlich sein, Kundenanfragen über Blogs zu beantworten oder Podcasts zur Erläuterung der Produktnutzung online anzubieten. Ob dies auch im sehr erklärungsbedürftigen Beratungsgeschäft der Fall sein wird, bleibt allerdings abzuwarten.

Insert

CRM: Analyse-Tools
– Ergebnisse des CRM-Barometers 2009/2010 –

Welche CRM-Analysetools werden in Ihrem Unternehmen technologisch unterstützt und aktiv genutzt?

Effizienzmessung (Marketing/Vertrieb/Service)	67%
Profitabilitätsmessung (Kunde, Produkte)	49%
Data Mining (Mustererkennung, Cross-Selling Potenziale)	43%
Kundenwertbestimmung (z. B. Umsatzanalyse, Kundenlebenszyklusrechnung etc.)	39%
Kein Einsatz analytischer Tools	14%

Die von Capgemini durchgeführte Studie zum Thema *Customer Relationship Management* sucht Antworten auf die Fragen, ob, wie und in welchem Maße CRM die Situation der Unternehmen tatsächlich verbessern kann. Die Ergebnisse basieren auf der schriftlichen Befragung von Marketing- und CRM-Verantwortlichen in 98 Unternehmen mit Sitz in Deutschland, Österreich und der Schweiz. Die Analyse-Tools, mit denen die CRM-Aktivitäten gemessen werden sollen, stehen im Mittelpunkt der Grafik.

[Quelle: CRM-Barometer 2009/2010, S. 12]

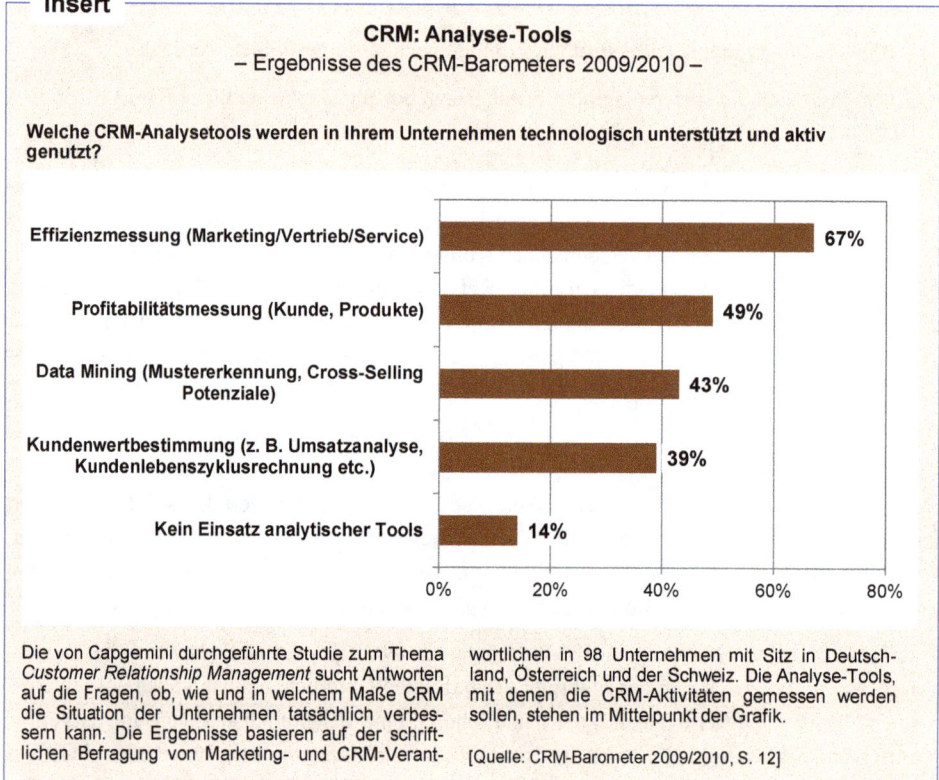

Insert 7-03: CRM-Analyse-Tools

70 Prozent der Teilnehmer einer Detecon-Studie zum „Kundenservice der Zukunft" glauben, dass Social Media ein bedeutender Servicekanal der Zukunft ist. Unternehmen werden künftig wesentliche Prozesse des Kundenservice über öffentliche Dialoge abwickeln und Kundenbindung auf einer neuen, viel persönlicheren Ebene etablieren. Social Media wird so immer mehr zu einer Herausforderung im Rahmen des Zufriedenheits-, Beschwerde- und Kündigungsmanagements – zum Social CRM. Diesen Austausch aktiv zu gestalten, ihn zu moderieren, wird ein wichtiges Merkmal des Kundenservice der Zukunft sein [vgl. Detecon 2010, S. 4].

7.4 Kundenbindungsprogramme

Um die Stabilität der Geschäftsbeziehung und damit ihre Wettbewerbsposition zu verbessern, tun Unternehmensberater gut daran, wenn sie auch nach dem Projektende Maßnahmen zum Aufbau und zum langfristigen Erhalt der Kundenbindung einsetzen. Zu solchen Maßnahmen im After-Sales (zuweilen auch als *Post-Sales* bezeichnet) zählen vor allem Kundenbindungs-programme, wie sie seit Jahren im Konsumgüterbereich obligatorisch sind. Kundenbindungs-programme zeichnen sich im B2B-Marketing dadurch aus, dass sie sich wesentlich stärker personifizieren lassen. Die Anzahl der Kunden/Organisationen und damit auch die Anzahl der Zielpersonen für Bindungsmaßnahmen sind im Gegensatz zum Konsumgüterbereich zumeist sehr überschaubar. Aus diesem Grunde werden Bonusprogramme, Kundenkarten und das Couponing im B2B-Marketing weniger eingesetzt. Zu den wichtigsten Kundenbindungsmaßnahmen im B2B-Geschäft zählen hingegen

– Kundenveranstaltungen,
– Kunst- und Sportveranstaltungen,
– Kundenclubs sowie
– Kundenzeitschriften.

Zu Kundenveranstaltungen wird in mehr oder weniger regelmäßigen Abständen ein relativ kleiner Kreis aus Geschäftskunden eingeladen. Besonders bewährt hat sich auch hier die Form des *Kamingesprächs*, bei dem zu Beginn der Veranstaltung ein politisches oder wirtschaftliches Thema von allgemeiner Bedeutung referiert wird. Ein solches Referat bietet den Aufhänger für Diskussionen und für das anschließende Get-together. Die Exklusivität der Veranstaltung vermittelt bei den eingeladenen Gästen den Eindruck, besonders bevorzugt behandelt zu werden.

Eine ähnliche Zielsetzung verfolgen Kunst- und Sportveranstaltungen. Auch hier steht im Hintergrund, bewusst geschäftsfremde Themen (wie Ballett, Theater, Malerei, Konzert oder Sport) zum Anlass für ein Get-together auszusuchen. Besonders die VIP-Bereiche bei großen Sportveranstaltungen (Fußball, Basketball, Handball, Eishockey) bieten eine gute Gelegenheit, unmittelbar mit dem Kunden ins Gespräch zu kommen. Besonders nachgefragt sind in jüngster Zeit Einladungen zu firmeneigenen Golfturnieren. Sehr häufig sind diese Veranstaltungen, die von unternehmensfremden Organisatoren initiiert und durchgeführt werden, in engem Zusammenhang mit den Sponsoring-Aktivitäten des Unternehmens zu sehen (siehe hierzu auch Abschnitt 3.4.6.3).

Kundenclubs, die ihren Ursprung im Endkundensegment haben (z. B. Dr. Oetker-Back- Club), werden zunehmend von Softwarehäusern (und bislang weniger von Beratungsunternehmen) als Bindungsmaßnahme ins Leben gerufen. Solche Clubs bieten einem ausgewählten Segment exklusive Leistungen und Services an. Durch regelmäßige Kontakte und eine intensive Kommunikation bauen sie eine emotionale Bindung zum Unternehmen auf.

Eine weitere, sehr häufig angewendete Kundenbindungsmaßnahme sind Kundenzeitschriften, die einem ausgewählten Verteilerkreis zugänglich gemacht werden. Informationen über neue Managementansätze, Kundenlösungen, Service Offerings und Aktivitäten im Bereich des Corporate Social Responsibility (CSR) bilden den Inhalt dieser teilweise sehr hochwertig aufgemachten Zeitschriften.

Das Beratungsgeschäft ist im Wesentlichen ein transaktionales Geschäftsmodell. Das bedeutet, dass Kundenbeziehungen auf einzelnen Transaktionen basieren. Im Gegensatz zum vertragsbasierten Geschäftsmodell gibt es beim transaktionalen Geschäftsmodell keine feste

Vertragsbindung und Kunden können jederzeit entscheiden, erneut einen Auftrag zu vergeben oder eben nicht.

Daher bauen größere Beratungsunternehmen vermehrt Kundenportale auf, die den Kunden einen Vorteil ermöglichen und gleichzeitig die Kunden identifizierbar machen, um daraus Kundenprofile zu erzeugen. Diese Kundenbindungsprogramme haben den Vorteil, dass die Unternehmensberatungen Daten sammeln können, ohne dass dafür ein Auftrag vergeben werden muss. Da Berater i.d.R. nicht wissen, wann eine Kundenbeziehung zu Ende ist, wie hoch der Wert zukünftiger Aufträge sein wird und ob ihre Kunden wiederkommen, werden sie Kundenbindungsmaßnahmen wie Print-Mailings, Online-Kampagnen und E-Mail-Marketing durchführen. Gleichzeitig ist es eine Herausforderung, das verfügbare Werbebudget nicht mit der Gießkanne über alle Kunden gleichmäßig auszuschütten, sondern nach Wertbeitrag für das Unternehmen zu steuern. Daher ist es in transaktionalen Geschäftsmodellen ein zentraler Anwendungsfall für **Künstliche Intelligenz**, die Ausgaben des Marketingbudgets in Hinblick auf die Kundenbindung zu optimieren. Ob auf der Website, in der App oder im E-Mail-Marketing, personalisierte Kommunikation nutzt das historische Kundenverhalten, um daraus für jede Werbemaßnahme eine kundenindividuelle Anpassung vorzunehmen [vgl. Wuttke 2022, S. 114 f.].

7.5 After-Sales im Produktgeschäft

Für Beratungsunternehmen, die mit einem Bein auch im (Standard-)Softwaregeschäft tätig sind, bietet sich in der After-Sales-Phase eine Reihe von Möglichkeiten an, das Absatzpotenzial bei bestehenden Kunden zu nutzen, obwohl viele Unternehmen dem akquisitorischen Potenzial im Kundenstamm häufig nicht die gleiche Bedeutung wie dem Neugeschäft beimessen. Erst wenn sich das Wachstum verlangsamt, das Innovationspotenzial erlahmt oder der Wettbewerb bereits eine neue Produktgeneration einführt, wenden sich die Softwareunternehmen verstärkt dem Folgegeschäft in der eigenen Kundenbasis zu. Das Absatzpotenzial bei bestehenden Kunden ist wiederum in zweierlei Hinsicht von strategischer Bedeutung [vgl. Lippold 1998, S. 238 ff.]:

Zum einen besteht die Möglichkeit, im Rahmen der bereits installierten Produktleistung zusätzliche Leistungen wie Ergänzungskomponenten, Organisationsberatung u. ä. m. zu verkaufen. Diese Vorgehensweise bietet sich immer dann an, wenn der Kunde zunächst lediglich ein Basissystem oder nur bestimmte Teilkomponenten erworben hat.

Zum anderen bietet der aktuelle Kundenkreis eine ideale Basis, um in dieser Zielgruppe die **nächste Produktgeneration** zu akquirieren. Da sich eine neue Produktgeneration i. d. R. weniger durch gravierende organisatorische, sondern mehr durch technologische Neuerungen auszeichnet, lässt sie sich innerhalb dieser Zielgruppe wesentlich leichter, d. h. ohne große Eingriffe in die bestehende Aufbau- und Ablauforganisation, einführen. Naturgemäß reicht das Absatzpotenzial im bestehenden Kundenstamm für sich genommen nicht aus. Als Plattform für die Ausweitung auf neue Segmente und Zielgruppen sowie zur Überbrückung schwerfälliger Anlaufphasen ist es aber sehr gut geeignet.

Zu den wichtigsten Instrumenten, die im Rahmen der After-Sales-Phase für das Softwaregeschäft sinnvoll und nützlich sind, zählen

- die Zusammenarbeit mit **Benutzergruppen**,
- die Organisation von **Benutzertreffen** sowie
- die Organisation von **Referenzbesuchen**.

7.5.1 Benutzergruppen

Verfügen Produkte über eine hinreichend große Installationszahl und darüber hinaus über einen entsprechend großen (strategischen) Stellenwert bei den Anwenderunternehmen, so kommt es häufig zur Bildung von Benutzergruppen (engl. *User-Groups*). Dabei geht es zunächst um einen informellen Informations- und Erfahrungsaustausch unter Fachleuten der Anwenderunternehmen, die in regelmäßigen Zeitabständen zusammentreffen. Im Zusammenhang mit der Systemeinführung wird in diesen Gruppen vor allem auch erörtert, inwieweit die Hersteller ihren werblichen und verkaufspolitischen Versprechungen gerecht geworden sind. Die damit vorgenommene Bewertung des Anbieterunternehmens kann dessen Image u. U. erheblich beeinflussen. Softwareunternehmen sind somit vor die Entscheidung gestellt, ob sie die User-Groups zum Gegenstand ihres Marketing machen sollen oder nicht [vgl. Strothmann/Kliche 1989, S. 119].

Hat sich das Herstellerunternehmen für eine aktive und konstruktive Mitarbeit in diesen Anwendergremien entschieden, so kann es die Zusammenkünfte der Anwender dazu nutzen, kompetente Referenten für Fachvorträge abzustellen und damit zum Abbau der kognitiven Dissonanz beizutragen. Insofern bietet die Benutzergruppe einerseits eine ideale Möglichkeit für den Absatz evtl. Zusatzleistungen (Erweiterungsmodule, Ergänzungsbausteine, Beratungsleistungen) und andererseits dient sie als Referenz zur Gewinnung neuer Kundenpotenziale [vgl. Baaken/Launen 1993, S. 168].

Die Einrichtung einer User-Group muss allerdings nicht nur positive Wirkungen auf das Anbieter-Image haben, sondern kann auch Risiken für das Unternehmen in sich bergen. So kann der Einfluss der Benutzer dazu führen, dass der Anbieter seine Entwicklungspolitik entgegen den ursprünglichen Planungen verändern muss. Ggf. müssen eliminierungswürdige Teilsysteme (Module) auf Druck der User in der Produktpalette verbleiben oder bestimmte Produktfunktionen ins Angebot aufgenommen werden, ohne dass jemals eine Amortisierung der Entwicklungskosten in Aussicht steht [vgl. Baaken/Launen 1993, S. 168 f.].

Besonders hinzuweisen ist schließlich auf die Möglichkeit, sich mit der Etablierung einer Benutzergruppe zugleich auch eine wichtige **Informationsquelle** zu erschließen, die für das Gebiet der Marktforschung von erheblichem Wert ist. Erhebungen innerhalb der Anwenderschaft können nicht nur wichtige Hinweise für die Weiterentwicklung des Produktes liefern, sondern auch evtl. Unzulänglichkeiten in der Einführungsphase oder in der Funktionalität aufzeigen [vgl. Strothmann/Kliche 1989, S. 121].

7.5.2 Benutzertreffen

Unabhängig davon, ob für ein Produkt eine Benutzervereinigung existiert oder nicht, in jedem Fall bietet sich zur Intensivierung der Kundenbetreuung die periodische Organisation und Durchführung von Benutzertreffen an. In diesen Veranstaltungen kann der gastgebende Hersteller sein gesamtes Marketing-Instrumentarium gezielt und ohne Streuverluste einsetzen. Der Veranstaltungserfolg hängt entscheidend von der *Programmgestaltung* ab. Themen- und Referentenauswahl sind dabei ebenso wichtig wie Organisation und Inhalt des Rahmen- und Beiprogramms. Insbesondere durch das Angebot themen- bzw. problembezogener Workshops, die den Benutzern die Möglichkeit zum Informations- und Erfahrungsaustausch bieten, kann es dem Veranstalter gelingen, eine besonders starke Bindung zum Geschäftskunden herzustellen.

Zweifellos sind Benutzertreffen neben ihrer Funktion als Informationsbörse zugleich auch immer Verkaufsveranstaltungen. So sind Vorträge über die künftige Unternehmens- und Entwicklungsstrategie ebenso fester Programmbestandteil wie die Präsentation neuer Programmbausteine oder die Vorstellung eines Kooperationspartners mit seinem ergänzenden Produkt- und Leistungsangebot. Darüber hinaus kann ein Benutzertreffen in ähnlicher Form der Informationsbeschaffung dienen wie eine User-Group. Entsprechend konzipierte Fragebögen, die im Rahmen der Veranstaltung ausgeteilt werden, können dabei wichtige Aufschlüsse über zukünftige Benutzeranforderungen und damit über Teilaspekte der einzuschlagenden Entwicklungsstrategie geben.

7.5.3 Referenzbesuche

Insbesondere im Geschäft mit komplexen Produkten und Leistungen gehört der Nachweis von Referenzen zu einem der wichtigsten Marketing-Bestandteile überhaupt. Als Referenzen werden Kunden bezeichnet, bei denen ein Produkt oder Projekt erfolgreich und zur Zufriedenheit des Kunden durchgeführt wurde. Die Nachfrage nach Referenzen drückt in besonderem Maße das hohe Sicherheitsbedürfnis des potenziellen Anwenders bei der Beschaffung von Produkten oder Systemen aus. Grundsätzlich ist zu unterscheiden zwischen *aktiver* und *passiver* Form des Referenznachweises [vgl. Strothmann/Kliche 1989, S. 122].

Eine aktive Referenzpolitik liegt dann vor, wenn auf Referenzunternehmen bereits hingewiesen wird, ohne dass ein darauf gerichtetes Kundeninteresse erkennbar ist. Die aktive Form des Referenznachweises setzt voraus, dass der Anbieter über eine hinreichend große Anzahl von Kunden verfügt, bei denen das Produkt zur Zufriedenheit der Benutzer eingeführt wurde und die *jederzeit bereit sind*, Auskunft über die Tauglichkeit des Systems - auch gegenüber möglichen Wettbewerbern - zu geben. Wird bei der Angabe von Referenzen Zurückhaltung geübt und werden Referenzadressen nur dann genannt, wenn der potenzielle Kunde darauf besteht, so wird von einer passiven Referenzpolitik gesprochen. Die passive Form des Referenznachweises ist in der Praxis wesentlich häufiger anzutreffen, weil die meisten Anwender (trotz allgemeiner Zufriedenheit mit dem installierten Produkt) i. d. R. nicht bereit sind, einem Dritten ohne entsprechende „Vorwarnung" durch den Anbieter Auskunft über die Installation zu geben [vgl. Strothmann/Kliche 1989, S. 122].

Besonders wirkungsvoll sind Referenzanwender, die ihre Räumlichkeiten zur *Besichtigung* oder zum *Test* des bei ihnen installierten Produkts durch den potenziellen Kunden zur Verfügung stellen. Ein solcher Besichtigungstermin sollte jedoch sehr gut vorbereitet sein, da Komplikationen bei der Vorführung das Entscheidungsrisiko der potenziellen Investoren nicht gerade abbauen hilft [vgl. Baaken/Launen 1993, S. 170].

Dies alles setzt voraus, dass sich Anbieter eine Datei von potenziellen Referenzanwendern anlegen. In dieser **Referenzdatei** sollten alle Funktionsbausteine, die der jeweilige Anwender im Einsatz hat, aufgeführt sein. Weiterhin sollten die technologische Infrastruktur sowie Strukturmerkmale, wie Unternehmensgröße und Branchenzugehörigkeit, in der Datei festgehalten werden.

In der Systematik der Referenzdatei spiegeln sich somit im Prinzip nichts anderes wider als die Kriterien der *Makrosegmentierung* (siehe auch Abschnitt 3.2.3), die der Festlegung des relevanten Marktausschnittes dienen. Eine solche Systematik ist insbesondere deshalb von Bedeutung, weil viele potenzielle Kunden bei einem Referenzbesuch besonderen Wert auf eine vergleichbare Systemumgebung legen. Der Referenznehmer verspricht sich davon den Vorteil, den Systemeinsatz unter ähnlichen Bedingungen zu erleben [vgl. Strothmann/Kliche 1989, S. 124].

Unter dem Gesichtspunkt unterschiedlicher Branchenanforderungen kommt der Etablierung eines *Lead User* pro Branche eine besondere Bedeutung zu. Als Lead User werden Referenzkunden bezeichnet, die den Produktentwicklungsprozess aktiv mitgestalten und somit Einfluss auf das Entwicklungsergebnis nehmen.

Besonders wichtig bei der Auswahl der Lead User ist, dass diese zu den *typischen* Vertretern ihrer Branche gehören und über ein entsprechend positives Image verfügen [vgl. Baaken/Launen 1993, S. 170 unter Bezugnahme auf von Hippel 1986, S. 791-805].

In Abbildung 7-03 sind die wichtigsten Instrumente im After-Sales-Geschäft im Überblick dargestellt.

Gründung von Benutzergruppen (User-Groups)	Organisation von Benutzertreffen	Organisation von Referenzbesuchen

• Informeller Erfahrungsaustausch unter Fachleuten (User)
• Eine aktive und konstruktive Mitarbeit des Herstellers bietet sich an
• Ideale Möglichkeit um Zusatzbausteine und Ergänzungsleistungen anzubieten
• Einbindung der User in die künftige Entwicklungspolitik
• Erheblicher Wert für die Marktforschung
	• Intensivierung der Kundenbetreuung durch periodische Organisation von Zusammenkünften
	• Gesamtes Marketing-Instrumentarium kann ohne Streuverluste eingesetzt werden
	• Neben der Funktion als Informationsbörse zugleich auch Verkaufsveranstaltung
	• Ggf. auch Einbindung von Kooperationspartnern
		• Aktive Referenzpolitik:
		  - Setzt voraus, dass genügend zufriedene Kunden bereit sind, Auskunft zu geben
		• Passive Referenzpolitik
		  - In der Praxis wesentlich häufiger anzutreffen
		  - Viele Kunden sind nicht bereit, ohne entsprechende Vorwarnung Auskunft zu geben
		• Besonders wirkungsvoll, wenn der Kunde seine Räumlichkeiten für den Referenzbesuch zur Verfügung stellt

© Dialog.Lippold

Abb. 7-03:   Instrumente im After-Sales-Geschäft

7.6 Kundenlebenszyklus

Trotz aller bindungserhaltenden und -steigernden Maßnahmen halten Geschäfts- bzw. Kunden-beziehungen nicht ewig. Ähnlich wie bei Produkten unterliegt auch die Kundenbeziehung ei-nem Lebenszyklus. Der Kundenbeziehungs- bzw. **Kundenlebenszyklus** (engl. *Customer Life-cycle*) beschreibt idealtypisch die verschiedenen Phasen einer (langfristigen) Geschäftsbezie-hung. Nach diesem Konzept, das Steuerungsansätze zur systematischen Kundenbindung in den Mittelpunkt stellt, können sechs Phasen unterschieden werden [vgl. Becker, J. 2009, S. 632 ff. und Dwyer et al. 1987, S. 15]:

- Anbahnungsphase
- Explorationsphase
- Expansionsphase
- Reife- bzw. Gefährdungsphase
- Kündigungsphase
- Revitalisierungsphase.

Zielgruppe der **Anbahnungsphase** sind Interessenten, die bislang noch keine Kunden sind. Im Mittelpunkt steht das Interessentenmanagement, dessen Ziel die Anbahnung von neuen Ge-schäftsbeziehungen ist. In dieser Phase kommen vornehmlich die Kommunikationsinstrumente des Beratungsunternehmens zum Einsatz (Werbung, Direktmarketing, Messen, Fachartikel etc.).

Die **Explorationsphase** beschreibt die frühe Entwicklung der Kundenbeziehung. Im Mittel-punkt steht das Neukundenmanagement, das in der Regel durch geringfügige Umsätze bei ho-hen (kundenbezogenen) Kosten gekennzeichnet ist. Erst-, Kontakt- und Informationsgespräche der Vertriebsmitarbeiter des Beratungsunternehmens kennzeichnen diese Phase. Inhaltlich steht hierbei die Bedarfsanalyse im Vordergrund.

Bei der **Expansionsphase** geht es um die Stärkung einer stabilen Kundenbeziehung mit signi-fikant steigenden Umsätzen und sinkenden Kosten. Im Mittelpunkt steht das Zufriedenheitsma-nagement. Die Expansion einer Kundenbeziehung ist die typische Aufgabe eines Key Account Managers.

Die **Reifephase** einer Kundenbeziehung ist zugleich auch die Phase der höchsten Gefährdung. Einer hohen Kundenbindung mit minimalen Kosten und maximalen Umsätzen kann hier die Gefahr sich beschwerender Kunden gegenüberstehen. Beschwerdemanagement bzw. Kündi-gungspräventionsmanagement ist hier die zielführende Managementaufgabe des Beratungsver-triebs.

Ziel der **Kündigungsphase** sollte es sein, dass der Kunde seine Kündigungsabsicht überdenkt und ggf. zurücknimmt. Ein hierfür eingesetztes Kündigungsmanagement kann dieses Ziel un-terstützen.

Die **Revitalisierungsphase** ist auf die Wiederanbahnung einer stabilen Geschäftsbeziehung ausgerichtet. Das hierzu eingesetzte Rückgewinnungsmanagement ist demnach ein Spezialfall des Kundenbeziehungsmanagements.

Damit konzentrieren sich die Aufgaben des Vertriebsmanagements einer Unternehmensberatung im Rahmen des Kundenlebenszyklus auf die drei Schwerpunkte Interessentenmanagement, Kundenbindungsmanagement und Rückgewinnungsmanagement.

In Abbildung 7-04 sind die Phasen des Kundenlebenszyklus sowie die entsprechenden Managementaufgaben dargestellt.

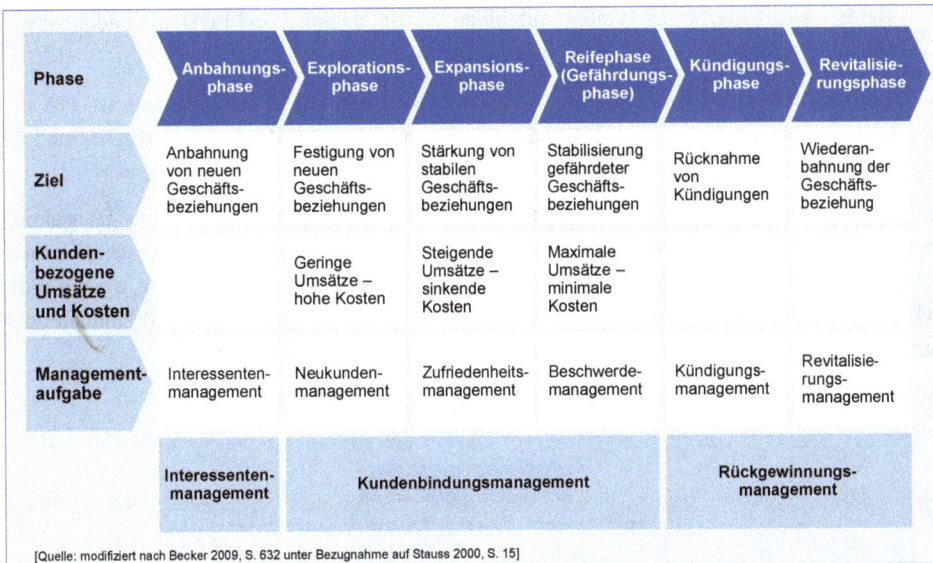

Phase	Anbahnungs-phase	Explorations-phase	Expansions-phase	Reifephase (Gefährdungs-phase)	Kündigungs-phase	Revitalisie-rungsphase
Ziel	Anbahnung von neuen Geschäfts-beziehungen	Festigung von neuen Geschäfts-beziehungen	Stärkung von stabilen Geschäfts-beziehungen	Stabilisierung gefährdeter Geschäfts-beziehungen	Rücknahme von Kündigungen	Wiederan-bahnung der Geschäfts-beziehung
Kunden-bezogene Umsätze und Kosten		Geringe Umsätze – hohe Kosten	Steigende Umsätze – sinkende Kosten	Maximale Umsätze – minimale Kosten		
Management-aufgabe	Interessenten-management	Neukunden-management	Zufriedenheits-management	Beschwerde-management	Kündigungs-management	Revitalisie-rungs-management

Interessenten-management	Kundenbindungsmanagement			Rückgewinnungs-management	

[Quelle: modifiziert nach Becker 2009, S. 632 unter Bezugnahme auf Stauss 2000, S. 15]

Abb. 7-04: Phasen des Kundenlebenszyklus

7.7 Kundenwert und Customer Lifetime Value

Es ist wissenschaftlich und praktisch nachgewiesen, dass der unternehmerische Erfolg durch eine systematische Pflege der Kundenbeziehungen gesteigert werden kann. Folgeaufträge, Weiterempfehlungen (engl. *Reference Selling*), Loyalität, Überkreuz-Verkauf (engl. *Cross Selling*) und eine geringere Preissensibilität sind Belege für die hohe Bedeutung langfristiger Kundenbeziehungen. Der Wert eines Kunden bzw. die monetäre Bewertung von Beziehungsinvestitionen ist somit eine wichtige Steuerungsgröße für das **Kundenbindungsmanagement** [vgl. Bruhn 2012, S. 245 f. und die dort angegebene Literatur].

Der (monetäre) **Kundenwert** ist die Differenz zwischen den zum Aufbau und zur Aufrechterhaltung einer Kundenbeziehung entstehenden Kosten und den Umsätzen, die vom Kunden über den gesamten Kundenlebenszyklus generiert werden.

Auf der Erlösseite setzt sich der Kundenwert aus folgenden Teilwerten zusammen [vgl. Bauer et al. 2006, S. 49 ff.]:

- **Basiswert** als jährlicher monetärer Mindestbeitrag eines Kunden aus dem Basisgeschäft,

- **Loyalitätswert** als zusätzlicher Wertbeitrag eines Kunden, der durch zusätzliche Intensivierung der Geschäftsbeziehung verursacht wird,

- **Cross-Selling-Wert**, der beim „Überkreuz-Verkauf" von Produkten und Dienstleistungen für einen anderen Geschäftsbereich entsteht (z.B. Geschäftsbereich ‚Wirtschaftsprüfung' empfiehlt Leistungen des Geschäftsbereichs ‚Unternehmensberatung'),

- **Referenzwert**, der durch Weiterempfehlung von zufriedenen und loyalen Kunden außerhalb der bestehenden Geschäftsbeziehung entsteht,

- **Informations- und Kooperationswert**, der durch einen intensiven Informations- und Erfahrungsaustausch zwischen dem Anbieterunternehmen und dem Kunden entsteht und zu zusätzlichen Wertbeiträgen führt.

Umsätze aus dem Basis-, Loyalitäts- und Cross-Selling-Wert entstehen direkt aus Transaktionen und werden daher als **Transaktionswerte** bezeichnet. Im Gegensatz dazu beschreiben der Referenz- sowie der Informations- und Kooperationswert die **Interaktionswerte**, die nur indirekt monetär sind und auf Interaktionen des Kunden mit anderen (potenziellen) Kunden oder auf Kunden-Anbieter-Interaktionen basieren [vgl. Bauer et al. 2006, S. 49].

In Abbildung 7-05 sind die Kundenwertbestandteile im Überblick dargestellt.

Abb. 7-05:   Komponenten des Kundenwerts

Der Kundenwert kann zur Planung, Steuerung und Kontrolle sämtlicher Marketingmaßnahmen eingesetzt werden, um den richtigen Kunden zum richtigen Zeitpunkt mit den richtigen Argumenten ein entsprechendes Angebot zu unterbreiten. Dabei spielt es keine Rolle, in welcher Phase des Kundenlebenszyklus sich die Kundebeziehung gerade befindet.

Dieser Kundenwert gilt für jeden Kunden individuell, denn Kunde ist nicht gleich Kunde. Erst wenn bekannt ist, welchen Kundenwert das einzelne Kundenunternehmen hat, lässt sich das Marketingbudget gezielt einsetzen. Um das Problem der Marketingbudget-Allokation zu lösen, bietet sich das Konzept des **Customer Lifetime Value** (CLV) an.

Der Customer Lifetime Value ist eine kundenindividuelle Kennzahl, die nicht nur historische Werte betrachtet, sondern auch eine Prognose für die zukünftige Wertentwicklung jedes Kunden gibt. Der CLV hat folgende Funktionen [vgl. Wuttke 2022, S. 126]:

–   Steuerung von Marketingmaßnahmen und Investitionshöhe durch Priorisierung nach dem Customer Lifetime Value.
–   Konzentration auf langfristig wertvolle Geschäftsbeziehungen
–   Nutzung von Upselling- und Cross-Selling-Potenzialen
–   Gewinnung wichtiger Erkenntnisse über das Kundenunternehmen.

Es gibt eine Vielzahl verschiedener Definitionen und Berechnungsmethoden für den Customer Lifetime Value. In der Marketingpraxis hat sich die Vorhersage des CLV auf Basis von maschinellem Lernen (Künstliche Intelligenz) durchgesetzt. Dieses Vorgehen eliminiert die Schwachstellen traditioneller Ansätze und liefert den individuellen Wertbeitrag für jedes einzelne Kundenunternehmen. Der Wertbeitrag kann je nach Unternehmensdefinition und Zielstellung der Umsatz oder eine Form des Deckungsbeitrags sein [vgl. Wuttke 2022, S. 126 f.].

Dabei werden die historischen Daten wie Transaktionen, Kundenstammdaten und das Klickverhalten jedes Kundenunternehmen speziell für die Algorithmen aufbereitet. Diese lernen die Muster und Zusammenhänge der historischen Werte, um eine präzise Vorhersage für die Zukunft zu erstellen (siehe Insert 7-04).

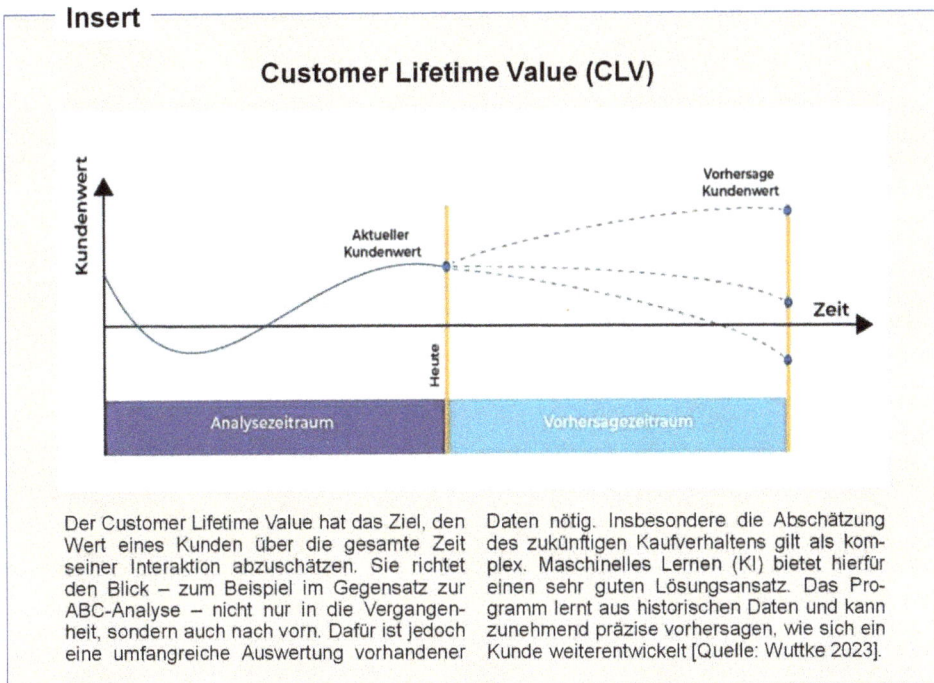

Insert

Customer Lifetime Value (CLV)

Der Customer Lifetime Value hat das Ziel, den Wert eines Kunden über die gesamte Zeit seiner Interaktion abzuschätzen. Sie richtet den Blick – zum Beispiel im Gegensatz zur ABC-Analyse – nicht nur in die Vergangenheit, sondern auch nach vorn. Dafür ist jedoch eine umfangreiche Auswertung vorhandener Daten nötig. Insbesondere die Abschätzung des zukünftigen Kaufverhaltens gilt als komplex. Maschinelles Lernen (KI) bietet hierfür einen sehr guten Lösungsansatz. Das Programm lernt aus historischen Daten und kann zunehmend präzise vorhersagen, wie sich ein Kunde weiterentwickelt [Quelle: Wuttke 2023].

Insert 7-04:   Customer Lifetime Value (CLV)

Literatur

Aaker, D. A. (1984): Strategic Market Management, New York 1984.

Abell, D. F. (1980): Defining the Business. The Starting Point of Strategic Planning, Englewood Cliffs, N. J. 1980.

Alderson, W. (1957): Marketing Behavior and Executive Action, Homewood (Il.) 1957.

Amthor, A./Brommund, T. 2010: Mehr Erfolg durch Web Analytics: Ein Leitfaden für Marketer und Entscheider, München 2010.

Anderson, J. C./Narus, J. A. (1991): Partnering as a Focused Market Strategy, in: California Management Review, Spring, 1991, S. 95–113.

AUMA (2011), URL.: Internationale Messen/ 010101_Hallenkapazitaeten.aspx

AUMA Messe Trends (2016), URL.: http://www.auma.de/de/DownloadsPublikationen/ Publication Downloads/AUMA_MesseTrend2016.pdf

AUMA 2021: Messe Trends 2020

Baaken, T./Launen, M. (1993): Software-Marketing, München 1993.

Backhaus, K./Voeth, M. (2014): Industriegütermarketing. Grundlagen des Business-to-Business-Marketings, 10. Aufl., München 2014.

Bamberger, I./Wrona, T. (2012): Konzeptionen der strategischen Unternehmensberatung, in: Bamberger, I./Wrona, T. (Hrsg.): Strategische Unternehmensberatung. Konzeptionen – Prozesse – Methoden, 6. Aufl., Wiesbaden 2012.

Bänsch, A. (2002): Käuferverhalten, 9. Aufl., München, Wien 2002.

Barchwitz, C./Armbrüster, T. (2007): Marktmechanismen und Marketing in der Beratungsbranche, in: Nissen, V. (Hrsg.): Consulting Research. Unternehmensberatung aus wissenschaftlicher Perspektive, Wiesbaden 2007.

Bauer, H. H./Stokburger, G./Hammerschmidt, M. (Bauer et al. 2006): Marketing Performance. Messen – Analysieren – Optimieren, Wiesbaden 2006.

BDU (Hrsg.) (2008-2023): Facts & Figures zum Beratermarkt.

BDU-Studie: Honorare in der Unternehmensberatung 2019 (BDU 2019)

Becker, J. (2019): Marketing-Konzeption. Grundlagen des ziel-strategischen und operativen Marketing-Managements, 11. Aufl., München 2011.

Bergemann, B. (2019): Marketing 4.0. In: Erner, M. (Hrsg.): Management 4.0 – Unternehmensführung im digitalen Zeitalter, Wiesbaden 2019.

Berger, R. (2004): Unternehmen und Beratung im Wandel der Zeit, in: Niedereichholz et al. (Hrsg.): Handbuch der Unternehmensberatung, Bd. 1, 0100, Berlin 2010.

Bidlingmaier, J. (1973): Marketing, Bd. 1, Reinbeck bei Hamburg 1973.

Binckebanck, L. (2016): Digital Sales Excellence: Neue Technologien im Vertrieb aus strategischer Perspektive, in: Binckebanck, L./Elste, R. (Hrsg.): Digitalisierung im Vertrieb. Strategien zum Einsatz neuer Technologien in Vertriebsorganisationen, Wiesbaden 2016.

Bitkom (Hrsg.) (2006): Vertriebskennzahlen für ITK-Unternehmen. Leitfaden Vertriebs-Measurement.

Bitkom (2016a): Industrie 4.0: mit Sicherheit, in: https://www.bitkom.org/Themen/Digitale-Transfor-mation-Branchen/Industrie-40/Industrie-40-mit-Sicherheit.html

Bitkom (2016b): Die Zukunft von ERP im Kontext von Industrie 4.0 (Positionspapier).

Bitkom (2017a): Nutzung von Cloud Computing in Unternehmen boomt (Pressemitteilung vom 14.03.2017).

Bitkom (2017b): ERP nach der digitalen Transformation (Positionspapier).

Bitkom (2020): Deutsche Wirtschaft läuft der Digitalisierung weiter hinterher (Pressemitteilung vom 03.01.2020).

Bittner, L. (1994): Innovatives Software-Marketing, Landsberg/Lech 1994.

Blake, R. R./Mouton, J. S. (1972): Besser verkaufen durch GRID, Düsseldorf - Wien 1972.

Bruhn, M. (2007): Kommunikationspolitik, 4. Aufl., München 2007.

Bruhn, M. (2012): Kundenorientierung. Bausteine für ein exzellentes Customer Relationship Manage-ment (CRM), 4. Aufl., München 2012.

Bünte, C./Wecke, B. (2022): Künstliche Intelligenz – die Zukunft des Marketings. Ein praktischer Leit-faden für MarketingmanagerIinnen, 2. Aufl., Wiesbaden 2022.

Clifford Chance (Hrsg.) (2004): IT-Projekt-Vertragsmanagement. Kritischer Erfolgsfaktor und Fels in der Krise, URL: www.intargia.com/misc/filePush.php?id=118&name...it...pdf

CRM-Barometer 2009/2010, hrsg. v. Capgemini Consulting.

Dallmer, H. (2002): Direct Marketing, in: Das System des Direct Marketing – Entwicklung und Zu-kunftsperspektiven, in: Dallmer, H. (Hrsg.): Das Handbuch Direct Marketing & More, 8. Aufl., Wiesbaden 2002, S. 3-32.

Deiwick, H. (2023): Künstliche Intelligenz im Online-Marketing. KI-Whitepaper der Löwenstark Di-gital Group (Hrsg.).

Detecon (2010): Kundenservice der Zukunft. Mit Social Media und Self Services zur neuen Autonomie des Kunden. Empirische Studie: Trends und Herausforderungen des Kundenservice-Managements.

Düweke, E./Rabsch, S. (2012): Erfolgreiche Websites: SEO, SEM, Online-Marketing, Usability, 2. Aufl., Bonn 2012.

Dwyer, R. F./Schurr, P. H./Oh, S. (Dwyer et al. 1987): Developing Buyer-Seller Relationships, Journal of Marketing, 51, 11-27.

Eberle, M. (2016): Die Rolle der internen Kommunikation bei der Weiterentwicklung einer dialogge-steuerten Unternehmenskultur, in: Rolke, L./Sass, J. (Hrsg.): Kommunikationssteuerung. Wie Un-ternehmenskommunikation in der digitalen Gesellschaft ihre Ziele erreicht, Berlin/Boston 2016.

Eckardt, G. H. (2010): Business-to-Business-Marketing. Eine Einführung für Studium und Beruf, Stutt-gart 2010.

Fassnacht, M. (2003): Preisdifferenzierung, in: Diller, H./Herrmann, A. (Hrsg.): Handbuch Preispolitik. Strategien – Planung – Organisation, Wiesbaden 2003, S. 481-502.

Festinger, L.: Theory of Cognitive Dissonance, Stanford, Cal. 1957.

Fohmann, L. (2005): Projektergebnisrechnung in Beratungsunternehmen, in: Stolorz, C./ Fohmann, L. (Hrsg.): Controlling in Consultingunternehmen. Instrumente, Konzepte, Perspektiven, 2. Aufl., Wiesbaden 2005, S. 61-166.

Freter, H. (1983): Marktsegmentierung, Stuttgart 1983.

Fritz, W./Effenberger, J. (1998): Strategische Unternehmensberatung. Verlauf und Erfolg von Projekten der Strategieberatung, in: Die Betriebswirtschaft, vol. 58, no. 1, 1998, S. 103-118.

Furth, D./Griebsch, L. (2021): Was ist eigentlich ein Advertorial und welche Vorteile bringt es im B2B Marketing? In: https://www.marconomy.de/was-ist-eigentlich-ein-advertorial-und-welche-vorteile-bringt-es-im-b2b-marketing-a-1006432/

Godefroid, P./Pförtsch, W. A. (2008): Business-to-Business-Marketing, 4. Aufl., Ludwigshafen 2008.

Grosse-Oetringhaus, W. (1986): Die Bedeutung des strategischen Marketings für den Vertrieb, Siemens-interne Vortragsvorlage, München 1986.

Hansen, H. R./Amsüss, W. L./Frömmer, N. S. (Hansen et al. 1983): Standardsoftware. Beschaffungspolitik, organisatorische Einsatzbedingungen und Marketing, Berlin - Heidelberg - New York 1983.

Heitsch, D. (1985): Das erfolgreiche Verkaufsgespräch, 2. Aufl., Landsberg am Lech 1985.

Heßler, A,/Mosebach, P. (2012): Strategie und Marketing im Web 2.0: Handbuch für Steuerberater und Wirtschaftsprüfer, Wiesbaden 2012.

Hippel, E., von (1986): Lead Users: A Source of Novel Product Concepts, in: Management Science, 32 (July 1986), S. 791-805.

Holland, H. (2014): Dialogmarketing – Offline und Online, in: Holland, H. (Hrsg.): Digitales Dialogmarketing. Grundlagen, Strategien, Instrumente, Wiesbaden 2014, S. 3-28.

Holland, H./Flocke, L. (2014): Customer-Journey-Analyse – Ein neuer Ansatz zur Optimierung des (Online-) Marketing-Mix, in: Holland, H. (Hrsg.): Digitales Dialogmarketing. Grundlagen, Strategien, Instrumente, Wiesbaden 2014, S. 825-855.

Homburg, C./Krohmer, H. (2006): Grundlagen des Marketingmanagements. Einführung in Strategie, Instrumente, Umsetzung und Unternehmensführung, Wiesbaden 2006.

Homburg, C./Krohmer, H. (2006): Marketing-Management, 2. Aufl., Wiesbaden 2006.

Homburg, C./Krohmer, H. (2009): Marketingmanagement. Strategie – Umsetzung – Unternehmensführung, 3. Aufl., Wiesbaden 2009.

IT Business Edge (2011): Gartner: SaaS Growth Shows No Signs of Slowing, URL: http://www.itbusinessedge.com/cm/blogs/all/gartner-saas-growth-shows-no-signs-of-slowing/?cs=48600

IT-Trends 2009, hrsg. v. Capgemini 2010.

Kleinaltenkamp, M. (2000): Einführung in das Business-to-Business Marketing, in: Kleinaltenkamp, M./Plinke, W. (Hrsg.): Technischer Vertrieb: Grundlagen des Business-to-Business Marketing, 2. Aufl., Berlin 2000, S. 171-247.

Kotler, P. (1977): Marketing-Management. Analyse, Planung und Kontrolle, Stuttgart 1977.

Kotler, P./Keller, K. L./Bliemel, F. (Kotler et al. 2007): Marketing-Management. Strategien für wertschaffendes Handeln, 12. Aufl., München 2007.

Kotler, P./Armstrong, G./Wong, V./Saunders, J. (Kotler et al. 2011): Grundlagen des Marketing, 5. Aufl., München 2011.

Kuß, A. (2013): Marketing-Theorie. Eine Einführung, 3. Aufl., Wiesbaden 2013.

Lippold, D. (1993): Marketing als kritischer Erfolgsfaktor der Softwareindustrie. In: Arnold, U./Eierhoff, K. (Hrsg.): Marketingfocus: Produktmanagement, Stuttgart 1993, S. 223-236.

Lippold, D. (1998): Die Marketing-Gleichung für Software. Der Vermarktungsprozess von erklärungsbedürftigen Produkten und Leistungen dargestellt am Beispiel von Software, 2. Aufl., Stuttgart 1998.

Lippold, D. (2010): Die Marketing-Gleichung für Unternehmensberatungen, in: Niedereichholz et al. (Hrsg.): Handbuch der Unternehmensberatung, Bd. 2, 7440, Berlin 2010.

Lippold, D. (2012): Die Marketing-Gleichung. Einführung in das wertorientierte Marketingmanagement, München 2012.

Lippold, D. (2015): Die Unternehmensberatung. Von der strategischen Konzeption zur praktischen Umsetzung, 2. Aufl., Wiesbaden 2018.

Lippold, D. (2015a): Die Marketing-Gleichung. Einführung in das prozess- und wertorientierte Marketingmanagement, 2. Aufl., Berlin/Boston 2015.

Lippold, D. (2015b): Theoretische Ansätze in der Marketingwissenschaft. Ein Überblick, Wiesbaden 2015.

Lippold, D. (2015c): Marktorientierte Unternehmensplanung. Eine Einführung, Wiesbaden 2015.

Lippold, D. (2018): Die Unternehmensberatung. Von der strategischen Konzeption zur praktischen Umsetzung, 3. Aufl., Wiesbaden 2018.

Lippold, D. (2020): Digital (mit)denken – analog lenken. Eine Roadmap durch die digitale Transformation, Berlin/Boston 2020.

Lippold, D. (2021): Marktorientierte Unternehmensführung und Digitalisierung. Management im digitalen Wandel, 2. Aufl., Berlin/Boston 2021.

Lippold, D. (2022): Die Unternehmensberatung. Von der strategischen Konzeption zur praktischen Umsetzung, 4. Aufl., Berlin/Boston 2022.

Lippold, D. (2022a): Einführung in das Consulting. Strukturen – Trends – Geschäftsmodelle, Berlin/Boston 2022.

Lünendonk-Studie 2016: Consulting 4.0. Mit Analytics ins digitale Beraterzeitalter.

Marketing.ch – Das Schweizer Fachportal für Marketing. URL: http://www.marketing.ch/wissen/ suchmaschinenmarketing/textanzeigen.asp

Meffert, H. (1998): Marketing. Grundlagen marktorientierter Unternehmensführung. Konzepte – Instrumente – Praxisbeispiele, 8. Aufl., Wiesbaden 1998.

Meffert, H./Bruhn, M. (1995): Dienstleistungsmarketing. Grundlagen – Konzepte - Methoden, Wiesbaden 1995.

Meffert, H./Burmann, C./Kirchgeorg, M. (Meffert et al. 2008): Marketing. Grundlagen marktorientierter Unternehmensführung. Konzepte – Instrumente – Praxisbeispiele, 10. Aufl., Wiesbaden 2008.

Menzenbach, J. (2012): Visionäre Unternehmensführung. Grundlagen, Erfolgsfaktoren, Perspektiven, Wiesbaden 2012.

Mühlenhoff, M./Hedel, L. (2014): Internet als Marketinginstrument – Werbeorientierte Kommunikationspolitik im digitalen Zeitalter, in: Holland, H. (Hrsg.): Digitales Dialogmarketing. Grundlagen, Strategien, Instrumente, Wiesbaden 2014, S. 517-535.

Müller, W. (1995): Geschäftsfeldplanung, in: Tietz, B. (Hrsg.): Handwörterbuch des Marketing, 2. Aufl., Stuttgart 1995, Sp. 760-785.

Müller-Stewens, G./Drolshammer, J./Kriegmeier, J. (Müller-Stewens et al. 1999): Professional Service Firms – Branchenmerkmale und Gestaltungsfelder des Managements. In: Müller-Stewens, G./Drolshammer, J./Kriegmeier, J. (Hrsg.): Professional Service Firms. Wie sich multinationale Dienstleister positionieren, Frankfurt a. M. 1999, S. 11-153.

Müller-Stewens, G./Lechner, C. (2001): Strategisches Management. Wie strategische Initiativen zum Wandel führen, Stuttgart 2001.

Niedereichholz, C. (2010): Unternehmensberatung, Band 1, Beratungsmarketing und Auftragsakquisition, 5. Aufl., München 2010.

Nissen, V./Kinne, S. (2008): IV- und Strategieberatung: eine Gegenüberstellung, in: Loos, P./Breitner, M./Deelmann, T. (Hrsg.): IT-Beratung. Consulting zwischen Wissenschaft und Praxis, Berlin 2008, S. 89-106.

Nissen, V./ Seifert, H. (2016) Virtualisierung in der Unternehmensberatung. Eine Studie im deutschen Beratungsmarkt. BDU e.V., Bonn 2016.

Nissen, V./Füßl ,A./Werth, D./Gugler, K./Neu C. (Hrsg.) (Nissen et al. 2018): Zum aktuellen Stand der digitalen Transformation im deutschen Markt für Unternehmensberatung. Eine Studie in Kooperation von BDU e.V., AWSi und TU Ilmenau (WID) zum Status Quo 2017, Bonn 2018.

Nissen, V./Füßl, A./Drewes, L. (Hrsg.) (Nissen et al. 2020): Status und Zukunft der Unternehmensberatung im Rahmen der digitalen Transformation der Consultingbranche: Status Quo 2019/20. (= Forschungsberichte zur Unternehmensberatung)

Porter, M. E. (1986): Competition in Global Industries. A Conceptual Framework, in: Porter, M. E. (Hrsg.): Competition in Global Industries. Harvard Business School Press, Boston, 1986, 15-60.

Porter, M. E. (1986): Wettbewerbsvorteile, Frankfurt-New York 1986.

Porter, M. E. (1995): Wettbewerbsstrategie, 8. Aufl., Frankfurt-New York 1995.

Rapp, R. (2000): Customer Relationship Management. Das neue Konzept zur Revolutionierung der Kundenbeziehungen, Frankfurt/Main 2000.

Roddewig, S. (2003): Website Marketing. So planen, finanzieren und realisieren Sie den Marketing-Erfolg Ihres Online-Auftritts, Braunschweig/Wiesbaden 2003.

Runia, P./Wahl, F./Geyer, O./Thewißen, C. (Runia et al. 2011): Marketing. Eine prozess- und praxisorientierte Einführung, 3. Aufl., München 2011.

Schade, C. (2000): Marketing für Unternehmensberatung. Ein institutionenökonomischer Ansatz, 2. Aufl., Wiesbaden 2000.

Schade, C./Schott, E. (1993): Kontraktgüter im Marketing, in: Marketing – Zeitschrift für Forschung und Praxis, Jg. 15, S. 15-25.

Schildhauer, T. (1992): Strategisches Softwaremarketing. Übersicht und Bewertung, Wiesbaden 1992.

Schneider-Brodtmann, J. (2007): IT-Projekte mit System: Vertragsmanagement als Erfolgsfaktor, URL: http://www.ttr-gmbh.de/ttr/download/dokument/106601.pdf

Schulte, M. (2006): Kunden-Berater-Beziehung – Partnerschaft mit Ergebnisverantwortung, in: Fink et al. (Hrsg.): Consulting Kompendium 2006. Das Jahrbuch für Managementberatung, Unternehmensführung, Human Resources und Informationstechnologie, Frankfurt am Main 2006.

Schweiger, G./Schrattenecker, G. (2005): Marketing, 6. Aufl., Stuttgart 2005.

Sebastian, K.-H./Maessen, A. (2003): Pricing-Strategie. Wege zur nachhaltigen Gewinnmaximierung, in: Preismanagement, hrsg. v. Simon, Kucher & Partners, Bonn 2003.

Simon, H. (1988): Management strategische Wettbewerbsvorteile, in: ZfB, 58. Jg. (1988). Heft 4, S. 461-480.

Stauss, B. (2000): Perspektivenwandel: Vom Produktlebenszyklus zum Kundenbeziehungslebenszyklus, in Thexis 2/2000, S. 15-18.

Strothmann, K.-H./Kliche, M. (1989): Innovationsmarketing. Markterschließung für Systeme der Bürokommunikation und Fertigungsautomation, Wiesbaden 1989.

Tüschen, N. (1989): Unternehmensplanung in Softwarehäusern. Entwurf und Weiterentwicklung eines Bezugsrahmens auf der Basis empirischer Explorationen in Softwarehäusern in der Bundesrepublik Deutschland, Bergisch-Gladbach, Köln 1989.

Unger, F./Durante, N.-V./Gabrys, E./Koch, R./Wailersbacher, R. (Unger et al. 2004): Mediaplanung. Methodische Grundlagen und praktische Anwendungen, 4. Aufl., Heidelberg 2004.

Webster, F. E./Wind, Y. (1972): Organizational Buying Behavior, Englewood Cliffs, N. J. 1972.

Wind, Y./Cardozo, R.: Industrial Market Segmentation, in: IMM, 3 (1974), S. 153-166.

Wirtz, B. W. (2009): Medien- und Internetmanagement, 6. Aufl., Wiesbaden 2009.

Wirtz, B. W. (2013): Electronic Business, 4. Aufl., Wiesbaden 2013.

Wolle, B. (2005): Grundlagen des Software-Marketing. Von der Softwareentwicklung zum nachhaltigen Markterfolg, Wiesbaden 2005.

Wuttke, L. (2022): Praxisleitfaden für Künstliche Intelligenz in Marketing und Vertrieb Beispiele, Konzepte und Anwendungsfälle, Wiesbaden 2022.

Wuttke, L. (2023: Kundenwert: wie wertvoll ist jeder einzelne Kunde? In: https://datasolut.com/kundenwert/

Abbildungsverzeichnis

Insertverzeichnis

Sachwortverzeichnis

Weitere Bücher von Dirk Lippold

Die Unternehmensberatung
Von der strategischen Konzeption zur praktischen Umsetzung
4. Aufl., 2022, ISBN 978-3-11-078550-0

Dieses „Standardwerk für angehende und praktizierende Unternehmensberater" (Lünendonk), das den konzeptionellen Ansatz in der Unternehmensberatung begründet hat, behandelt in sechs Kapiteln die grundlegenden Konzepte und Methoden von Beratungsunternehmen. Jedes Kapitel ist in sich abgeschlossen und kann quasi als „Buch im Buch" betrachtet werden. Auf diese Weise ist es möglich, das Grundlagenwerk einerseits als Fundament einer „Consulting-Lehre" und andererseits als Handbuch und Glossar für viele Fragen und Aufgabenstellungen in der täglichen Beratungspraxis zu benutzen.

Grundlagen der Unternehmensberatung
Lehrbuch für angehende Consultants
3. Aufl., 2023, ISBN 978-3-11-132136-3

Tauchen Sie ein in die faszinierende Welt der Beratungsbranche Mit einem klaren didaktischen Aufbau ist dieses Lehrbuch ideal für alle, die ihre Karriere in der Beratungsbranche starten oder ihr Wissen erweitern möchten. Der Autor teilt seine wertvollen Erfahrungen und Erkenntnisse und veranschaulicht sie mit zahlreichen praxisnahen Beispielen. Sie werden in die Lage versetzt, das Gelernte sofort in die Tat umzusetzen. Dass Buch vermittelt Ihnen zudem die wichtigsten Managementtools und -techniken.

Einführung in das Consulting
Strukturen – Trends – Geschäftsmodelle
2022, ISBN 978-3-11-077399-6

Die Beratungsbranche ist die Wunschbranche vieler Hochschulabsolventen. Warum ist die Consulting Profession so faszinierend? Welchen Nutzen, welchen Mehrwert bieten Beratungsleistungen? Wo kann man Consulting studieren? Was ist der ideale Weg in die Beratung? Welches sind die Voraussetzungen für den Einstiegsjob? Welche Hochschulen bieten dafür die besten Chancen? Dieses Buch beantwortet diese und ähnliche Fragen und gibt damit einen fundierten Einstieg in die professionelle Unternehmensberatung.

Die 80 wichtigsten Management- und Beratungstools
Von der BCG-Matrix zu den agilen Tools
2. Aufl., 2023, ISBN 978-3-11-116410-6

Die 80 wichtigsten Beratungstools, die zugleich auch immer Managementtools darstellen, sind in diesem Buch zusammengestellt. Eines der Hauptanliegen ist es, die Vielzahl der Tools nicht nur inhaltlich zu erläutern, sondern sie entlang den einzelnen Phasen des Beratungsprozesses zu ordnen und gleichzeitig die entsprechende Einsatzumgebung vorzustellen. Die Reihe der vorgestellten Tools reicht von der BCG-Matrix über die Marketing-Gleichung bis hin zu den agilen Tools wie Scrum, Kanban und Design Thinking.

B2B-Marketing und -Vertrieb
Die Vermarktung erklärungsbedürftiger Produkte und Leistungen
2021, ISBN 978-3-11-075668-5

Vier von fünf B2B-Unternehmen erzielen heute bereits signifikante Umsätze mit dem Online-Vertrieb erzielen, stellen viele Unternehmen im B2B-Bereich vor zunehmend große Herausforderungen. Gleichzeitig bieten sich damit eine Reihe neuer Perspektiven für eine reibungslose Zusammenarbeit auf der Vermarktungsseite. Marketing und Vertrieb obliegen somit die spannende Aufgabe, die effiziente Gestaltung der Vertriebskanäle vorzunehmen und die besonderen Herausforderungen des E-Commerce umzusetzen.

Digital (mit)denken – analog lenken
Eine Roadmap durch die Digitale Transformation
2020, ISBN 978-3-11-070593-5

Für unsere Unternehmenslenker kommt es darauf an, den digitalen Wandel im Unternehmen zu steuern und die Mitarbeiter mit auf den chancenreichen Weg der digitalen Transformation zu nehmen. Gefragt ist die hybride Führungskraft, die sowohl im digitalen wie auch im analogen Arbeitskontext Präsenz zeigt. Das Buch ist eine Roadmap für alle Stakeholder: vom CEO bis zum interessierten Studierenden, der vielleicht die Gründung eines Startups ins Auge fasst.